KB269619

CRM을 넘어 CEM으로

번트 H. 슈미트 지음
정해동 · 임도영 옮김

한언 HANEON.COM

CRM을 넘어 CEM으로

펴 냄	2004년 3월 25일 1판 1쇄 박음 / 2011년 2월 15일 1판 7쇄 펴냄
지은이	번트 H. 슈미트
옮긴이	정해동 · 임도영
펴낸이	김철종
펴낸곳	(주)한언
	등록번호 제1-128호 / 등록일자 1983. 9. 30
주 소	서울시 마포구 신수동 63-14 구 프라자 6층(우 121-854)
	TEL. 02-701-6616(대) / FAX. 02-701-4449
책임편집	이은정 ejlee@haneon.com
디자인	김희림, 이정아, 백주영
홈페이지	www.haneon.com
e-mail	haneon@haneon.com

이 책의 무단전재 및 복제를 금합니다.
잘못 만들어진 책은 구입하신 서점에서 바꾸어 드립니다.
ISBN 978-89-5596-153-9   03320
　　　89-5596-153-7   03320

CRM을 넘어 CEM으로

To

From

故 빌 브랜트*Bill Brandt*,
그의 친절과 도움과 자애로움에 감사하며

책머리에

필자는 이 책에 앞서 10개 국 이상에서 소개된 베스트셀러 《체험 마케팅 *Experiential Marketing*》을 집필했다. 《체험 마케팅》에서는 제품이나 브랜드에 초점을 맞춘 접근이 아닌 고객에게 초점을 맞춘 새로운 접근방식을 주장하면서, 고객이 다양한 경험(Experience, 감각, 감정, 인식, 행동, 관계 등)을 할 수 있도록, 매니저들이 마케팅 방향을 설정하게 유도하는 새로운 패러다임을 제안했다. 이 책은 체험 마케팅에서 한 단계 더 나아가, 고객의 경험을 전략적이고 창의적인 방식에 따라 체계적으로 관리할 수 있는 이론적 토대를 제공한다. 《체험 마케팅》의 주요 개념들은 이 책에서 다시 간략하게 설명하고 있다.

이 책을 집필하게 된 데는 여러 절실한 필요가 있었다. 첫 번째, 《체험 마케팅》을 읽어본 매니저들은 그 접근방법이 매우 천재적이기는 하지만 '경험 프로젝트'를 관리하는 구체적인 방법론에 대해서는 확신을 가질 수가 없다고 고백해 왔다. 바로 그것이 이 책을 쓴 첫 번째 계기가 되었다. 그래서 고객경험 관리를 위한 5단계 프로세스와 그에 상응하는 방법론에 대한 구체적인 논의를 담는 데 이 책의 지면을 상당 부분 할애했다.

두 번째, 필자가 《체험 마케팅》을 출간할 당시에 마케팅에서는 '경험 *experience*' 이라는 단어가 새로운 용어였다. 그러나 지금은 상황이 전혀 달라졌다. 필자의 책을 비롯한 여러 저술들, 예컨대 고객중심 서비스에 관한 루 카본*Lou Carbone*의 책, Z-met(Zaltman Metaphor Elicitation Technique : 잘트먼 은유추출 기법)을 다룬 제리 잘트먼*Jerry Zaltman*의 책, 파인*Pine*과 길모어*Gilmore*의 경험경제에 관한 책, 패트리샤 세이볼드*Patricia Seybold*가 쓴 고객혁명에 관한 책, 영국에서 출간된 숀 스미스*Shaun Smith*의 '브랜드경험'에 관한 책이나 독일에서 이루어진 게르하르트 슐츠*Gerhald Schulze*의 경험사회에 관한 연구 등을 통해서 '경험'은 이제 모든 매니저들이 사용하는 용어가 되었다. 매니저들은 고객의 경험에 초점을 맞추고, 이를 기반으로 모든 마케팅 활동을 통합하는 것이 얼마나 중요한지에 대해 통감하기 시작했다. 이 책은 경험을 기반으로 한 접근방식을 통해, 모든 접점에서 고객들과 유대관계를 갖는 것이 얼마나 중요한지 매니저들에게 보여주기 위해 구성되었다. 매니저들은 이제 처음으로 고객들에게 단절 없이 완벽히 통합적인 고객경험을 선사하는 법을 배울 수 있게 되었다(고객경험 통합에 대해서는 제8장에 잘 정리되어 있다).

매니저들이 CEM을 성공적으로 시행하기 위해서는 기본적인 프레임워크나 방법론과 모델뿐만 아니라, 벤치마킹할 수 있는 최신 비즈니스 사례가 필요하다. 지난 5년 동안 필자는 컨설턴트이자 EX그룹 CEO로서, 소비재, 자동차, 전자, 소프트웨어, 금융서비스, 제약, 미용제품 및 화장품, 서비스업, 미디어 등 여러 업계 고객들의 브랜딩 전략과 고객경험 전략을 연구하고 개발해 왔다. 이 책을 통해 필자 스스로 경험한 숱한 사례들을 독자들과 공유하고자, 성공적인 고객경험 관리의 탁월한 사례를 상세하게 설명해 놓았다. 그러므로 독자들은 재미있는 에피소드를 읽듯이 가벼운 마음으로 이들 성공 사례를 읽고 벤치마킹 대상으로 활용할 수 있을 것이다.

이 책을 읽는 것이 즐거운 '경험' 이 되길 바란다.

옮긴이의 글

오늘날 많은 기업에서 데이터베이스 활용은 사활이 걸린 중대한 문제가 되었다. 특히, CRM을 채택하고 있는 기업들의 경우는 더욱 그렇다.

CRM을 채택하고 있는 많은 기업들 중에서도 이동통신사, 은행, 보험사, 홈쇼핑 같은 경우는 1천만에서 2천만 이상의 방대한 고객 데이터베이스를 확보하고 있다. 우리나라에서 경제활동을 하는 인구 대부분을 확보하고 있다는 뜻이다. 이 방대한 데이터베이스는 단순히 고객이 많다는 의미만은 아니다. 데이터베이스 상에 기록된 고객들의 구매 정보와 주소, 전화번호, 이메일 주소 같은 커뮤니케이션 채널을 이용해서 그 기업이 고객들과 일대일 쌍방향 커뮤니케이션을 통해 거래를 이끌어낼 수 있다는 뜻이다. 그러나 현실은 어떤가?

CRM을 채택하고 있는 대다수 기업들조차 CRM에 대해 회의를 품고 있다. 2002년 여름 미국의 NCDM(National Center for Database Marketing)에서 발표한 자료를 보면 CRM을 채택한 기업들의 62% 이상이 "실패했다"고 판단한다. 직접 기업들과 상담하고 대화하면서 느낀 체감지수로 볼 때, 우리나라 기업들의 평가도 크게 다르지 않다.

그러나 언제나 지혜는 문제 해결을 낳는다. CRM을 채택한 기업들은 CRM을 채택한 것에서 실패한 것이 아니라 CRM을 활용하는 방식에서 실패했다는 냉정한 판단 아래 올바른 방향을 도출하기 위한 지혜를 모으고 있다.

2003년 여름, NCDM에서는 이 새로운 해결방안을 놓고 무수한 토론이 열렸다. CRM을 채택한 목적이 무엇이었는지 뚜렷하게 재인식하는 것에서부터, 부서간의 협력을 이끌어내야 한다는 반성, 데이터 자체의 중요성에 대한 재인식에 이르기까지 기본적인 개념정립부터 다시 하자는 지혜도 있다. 그리고 Touch Point Mapping(고객들이 자사 브랜드를 경험하는 다양한 접촉점Touch Point을 구매 결정 과정과 연결하여, 주요 접촉점에서 고객기대와 경험을 관리해나가는 기법으로 구매 의사결정 과정과 접촉점을 함께 표현하면 지도 같은 그림이 그려져 붙여진 이름이다)이라든가 Interaction Hub(고객들이 자사상표를 경험하는 다양한 채널을 통합하는 허브, 현재의 콜센터를 Customer Interaction Center로 확장하자는 것이 기본 개념이다)를 만들자는 등 실현 가능한 구체적인 지혜도 등장했다.

이러한 생각의 밑바탕에는 바로 '고객'을 다시 보자는 철학이 깔려 있다. '정말 우리는 고객을 제대로 알고 있기나 한가?' 하는 뼈저린 자기 성찰에서 재출발해보자는 것이다. '우리의 고객은 과연 누구인가? 무엇을 원하고 있으며, 무엇 때문에 우리의 제품이나 서비스를 구입하는가? 고객들은 무엇을 불편해하고 있는가? 그것을 개선하기 위해 어떻게 프로세스를 개선해야 하는가? 하는 새로운 반문들이 그것이다.

이런 관점은 과거에 고객을 규정했던 방식과는 사뭇 다른 것이다. 과거의 관점이 고객지향*Customer Oriented*이라면, 새로운 관점은 고객주도*Customer Driven* 혹은 고객중심*Customer Centric*이라 할 수 있다. 고객지향은 고객의 수요*Demand*나 욕구를 만족시키는 것을 '지향' 해야 한다는 사고다. 그러나 고객주도*Customer Driven*는 고객이 기업활동을 '주도*Drive*' 해야 한다는 사고이며, 고객중심*Customer Centric*은 고객을 기업활동의 '중심*Center*' 에 두어야 한다는 사고다. 이런 고객중심이나 고객주도라는 관점은 고객에 대한 이해를 바탕으로 '고객을 한층 더 만족시키기 위해 내부의 어떤 프로세스를 어떻게 고쳐나가야 하는가' 하는 데 초점을 맞추게 한다는 점에서 CRM에 있어서 혁명적 발상의 전환을 가능케 한다.

이러한 고객중심? 고객주도의 관점 아래서는 마케팅 믹스의 4P's 또한 4C's로 바뀐다. 이전까지 '상품' 은 기술을 바탕으로 소비자의 필요와 욕구를 만족시키는 제품과 서비스를 총칭하는 개념이었지만, 이제는 소비자들의 충족되지 못한 필요와 욕구인 Unmet Needs를 만족시키는 개념으로 변화한다. 그래서 4P's의 'Product' 는 Customer's Needs로 바뀐다. 제품 생산비에 이익마진을 더한 개념이었던 가격Price은, 소비자가 자신의 만족을 위하여 기꺼이 지불하려는 비용Cost의 개념으로 전환된다. 유통Place은 소비자나 고객이 구매하기 편리하게 하는 편익Convenience으로 바뀌며, 판촉Promotion은 고객과의 커뮤니케이션Communication으로 바뀐다. 개념의 전복顚覆이다.

한 발 더 나가보자. 고객중심·고객주도 사고를 바탕으로 프로세스를 바꾸어 나가는 밑바탕에는 자사 브랜드에 대한 고객들의 '경험Experience'이 있다. 자사 브랜드에 대한 고객들의 경험은 매우 다양하지만, 정리한다면 다음 세 가지 영역에서 이루어진다.

첫째, 제품이나 서비스 자체
둘째, 커뮤니케이션
셋째, 사람

첫째, 제품이나 서비스 자체. 이것은 제품이나 서비스를 탐색하고 구매하고 사용하는 모든 단계에서 직접적으로 기업이나 브랜드를 경험하는 것을 말한다. 그러므로 고객들이 만족할 수 있도록 제품의 탐색과 구매결정 및 사용에 이르는 모든 단계의 경험을 올바르게 관리해야 한다.

둘째, 커뮤니케이션. 이는 기업이 고객들을 대상으로 하는 모든 종류의 커뮤니케이션, 즉 광고나 홍보, 판촉, 이벤트 같은 마케팅 커뮤니케이션뿐 아니라 소비자상담, Web 등 다양한 정보서비스를 위한 커뮤니케이션을 포함한 모든 것을 말한다. 이런 커뮤니케이션을 통해 고객들이 자사 브랜드를 경험하는 과정에서 고객의 만족을 이끌어 내고 유지할 수 있도록 관리해야 한다.

셋째, 사람. 고객들은 기업의 임직원을 통해서 기업을 경험한다. 그러므로 인사나 총무 조직을 통해 임직원들을 잘 관리해야 한다. 고객들은 대리점이나 영업소 사원들, 전화상담원, 택배사원, 매스 미디어에 소개된 중역이나 직원 등 다양한 형태로 자사의 사람을 만난다. 그러므로 전체 기업 구성원이 자사 브랜드에 대한 고객의 충성도를 유지할 수 있도록 충실한 교육과 조직, 관리되어야 한다.

기업이 원하건 원하지 않건 지금 이 순간에도 고객들은 당신 회사의 브랜드에 대해 다양한 경험을 하고 있다. 그 다양한 경험은 브랜드에 대한 충성도가 생기게 하기도 하고 무참히 짓밟기도 한다. 뿐만 아니라 이런 다양한 경험이 차츰차츰 축적되고 통합되어 당신 회사의 브랜드에 대한 인식이나 타사와의 차별성이 생겨난다. 그러므로 브랜드를 강화하고 고객의

충성도를 키워나간다는 관점에서 고객의 경험을 관리해 전반적인 기업활
동을 고객주도, 고객중심으로 바꾸어야 한다. 그 방법론을 구체화한 것이
바로 CEM(고객경험 관리 : Customer Experience Management)이다.

그간의 CRM 방법론이 고객을 데이터베이스에 기록된 정보로만 보았다
면, CEM은 고객을 감정을 가진 개인, 심리적인 블랙박스를 가진 개인으로
본다. CRM이 데이터베이스 마케팅을 통해 고객을 이해하는 방식은 고객
들의 구매이력을 분석함으로써 정보를 얻는 것이었다. 반면 CEM에서는
고객이 자사 브랜드를 경험하는 심리적인 과정이나 상태를 분석함으로써
고객을 이해한다.

CEM이라는 대안적인 모델에 대한 논의는 있었지만, 그간 그 방법론은
없었다. 이 책이 최초로 5단계에 걸친 방법론과 실제사례를 제시하는 시금
석이다. 화제작 《체험마케팅》의 저자이기도 한, 번드 H. 슈미트는 통찰력
있는 탁월한 제안을 해 주었다.

이 책을 출간하기로 선정하고 번역한 일은 역자가 몸담고 있는 커스토
머 인사이트 사의 2003년 프로젝트로 시작한 책읽기의 결과다. 그동안 많
은 고민을 함께 하던 CRM 실무자와 임직원, 데이터베이스 활용하는 마케
터들이나 에이전시 분들의 고민을 떠올리며 한줄 한줄 옮기면서, 이 책이

그 분들의 고민을 해결할 수 있는 시작임을 직감했다.

CRM의 올바른 방향이 고객중심이나 고객주도라고 생각하고 있는 분이라면, 혹은 데이터베이스를 활용하는 마케팅 방안에 대해 고민하고 있는 분이라면 이 책으로부터 고객중심 혹은 고객주도적인 활동에 대한 통찰을 얻을 수 있을 것이다. 또한 구체적인 방법론이 머리에 그려지게 될 것이다.

CONTENTS

결국 문제는 고객이다

고객은 왕이다. 고객은 기업의 가장 중요한 자산이다. 오로지 고객을 가진 기업만이 살아남을 수 있고, 또한 기존의 고객들을 유지하면서 새로운 고객을 유치하는 기업만이 성장할 수 있다. 그러므로 기업은 고객중심의 조직을 갖추고 그 바탕 위에서 경영을 해야 한다.

고객을 왕으로 대접하고 있는가?

기업가들의 연설이나 미디어, 출판물에서 귀가 따갑게 들어왔던 말이 바로 '고객이 기업 최대의 자산' 이라는 말이다. 심지어 고객 서비스센터에 전화를 걸어 상담원과의 연결을 기다리고 있을 때도 비슷한 말이 흘러나온다. "저희 ○○사는 고객을 최고의 가치로 생각하고, 고객 여러분의 편의를 위해서…."

필자는 2002년에 콜롬비아 비즈니스 스쿨에서 100여 명 이상의 미국 내 매니저들을 대상으로 설문조사를 한 바 있다. 그 결과, 대부분의 매니저들 역시 '고객에게 초점을 맞추고 있는가?' 하는 점이 최악의 기업과 최고의 기업을 구분 짓는 가장 중요한 잣대로 여긴다는 사실을 재확인할 수 있었다.

그런데 실제 고객은 어떤 경험을 하고 있을까? 고객들은 실제로 어떤 대접을 받고 있는 걸까? 필자가 찾아낸 결론은 '형편없는 대접' 이었다. 고객이 중요하다고 외치는 사람은 많다. 그러나 고객은 여전히 중요한 존재로 여겨지지 않을 뿐더러, 기업의 다른 주요 관심사에 밀려 홀대받고 있는 게 현실이다. 자, 이제 이런 예들을 하나씩 보기로 하자.

고객 울화통 터뜨리기 경쟁

- 당신은 밥 먹듯이 항공사를 이용하는 단골 고객이다. 1년에 무려 70일 이상 공중에서 지내는 당신은 주로 장거리 국제선을 자주 이용하며, 좌석도 주로 퍼스트 클래스나 비즈니스 클래스를 애용하고 있다. 당신은 그 동안 당신이 보여준 충성에 대한 보상을 받고 싶

다. 그간 쌓인 마일리지를 이용해서 가족들과 함께 휴가 여행을 떠나고자 하는 것이다.

그럼 이제 당신이 그토록 애용했던 항공사는 어떤 반응을 보여줄까? "그 동안 저희 항공사를 자주 이용해 주서서 감사합니다. 귀하의 가족여행을 진심으로 축하합니다" 라고 환대할까? No! 마일리지를 사용하는 공짜 손님이 된 순간, 당신은 이미 항공사의 주요 고객도 가치 있는 자산도 아니다. 대부분의 항공사에서 당신은 가장 중요도가 낮은 고객으로 취급된다.

항공사 입장에서 이번 비행은 전혀 수익이 되지 않거나 오히려 수익을 깎아먹는 것이기 때문이다. 당신은 표를 받기 위해 별도의 장황한 신청서를 작성해야 하고, 그 후에도 대기자 리스트에서 기다려야 하는 신세다. 비행기 표를 받아보려면 따로 우편요금을 지불해야 함은 물론이다. 좌석의 업그레이드는커녕 대기자 명단에서도 제일 꼴찌에 위치하게 된다. 악천후나 기기 고장으로 비행이 취소되는 등의 비상사태가 발생할 경우, 당신은 제일 나중에 연락을 받게 될 게 뻔하고 그에 대한 보상 서비스 또한 가장 늦게 받을 것이다. 충성스럽고 가치 있는 고객이 되기 위해 그 동안 당신이 쏟아부은 애정은 헌신짝처럼 버려지고 만다.

- 패스트푸드점에 자주 가는가? 대부분의 패스트푸드점은 어떤가? 식당 안은 더럽고 화장실은 비좁고 불결하다. 빈손보다는 음식을 사들고 나갈 때가 더 힘든데도, 들어갈 때는 문을 밀고 나올 때는 문을 당겨야만 하니 불편하기 그지없다. 식당 전체에 느끼한 기름 냄새가 진동을 한다. 카운터 직원은 당신을 한번도 쳐다보지 않은 채, 기계적으로 주문을 받고 거스름돈을 주고 음식을 내놓는다. 의

자는 바닥에 단단히 고정돼 있는데 테이블과 사이가 너무 멀어 음식을 집을 때 여간 힘이 드는 게 아니다. 물론, 음식값은 싸다. 그래도 이런 취급을 받는다는 건 너무 하지 않은가?

- 애완용품 온라인 쇼핑몰이 새로 생겼다는 얘기를 듣고서, 18킬로그램이나 되는 개 사료를 끙끙대며 힘들게 집에 메고 오느니 온라인 주문을 하는 편이 훨씬 낫겠다는 생각을 해 본다. 홈페이지로 들어가서 이곳저곳을 살펴본 뒤 신용카드를 이용해 어렵사리 주문을 마친다.

다음 날 아침 7시 30분. 고객서비스 담당자에게서 전화가 온다. "회사의 온라인 주문시스템에 에러가 나 어제 입력하신 고객님의 신용카드 정보를 인식하지 못했습니다. 죄송하지만 다시 한 번만 신용카드 번호를 알려주시겠습니까?" 고객서비스의 그 상담원은 나머지 입력 정보는 정상이니 별 탈이 없을 거라는 걸 유독 강조한다.

곰곰이 생각해보니, 주문시스템 하나 제대로 관리하지 못하는 그런 믿지 못할 회사에 자신의 카드번호를 알려주는 것이 못내 불안하다. 생각을 거듭한 끝에 어제 주문을 취소하고 싶다고 말한다.

다음 날 동일한 쇼핑몰의 다른 상담원에게서 전화를 받는다. 주문 입력에 오류가 생겼으니 카드번호를 다시 한 번 알려달라고 한다. 당신은 어제 주문을 취소했는데 무슨 말이냐고 반문한다. 이틀 뒤, 다시 똑같은 일이 발생한다. 세 명의 각기 다른 상담원들은 서로 다른 시간대에 전화를 걸었다는 것, 아니 세 명의 상담원이 같은 회사 직원이라는 것조차 모르는 것 같다. 우여곡절 끝에 거우 주문을 취소했다.

하지만 여기서 끝난 게 아니다. 당신은 주문정보 입력과 동시에 그

쇼핑몰의 뉴스레터 이메일 수신 리스트에 포함되었는데, 이제는 홈페이지 내 이메일 수신거부 기능이 작동하지 않는다.

- 당신은 경영컨설팅 회사를 운영하고 있다. 당신이 IT서비스 제공업체나 그래픽 디자인 회사, 메신저 서비스 회사 같은 공급업자들과 거래하기란 여간 힘든 게 아니다. 인터넷 시대라고 하는 요즘도 여전히 전화로 담당자와 상담한 후 주문을 해야 제품이나 서비스 거래를 할 수 있고, 주문요청서라는 것에 기재 내용을 꼼꼼히 적어 넣어 팩스로 보내주어야 한다. 전화 통화를 할 때도 이 부서 저 부서, 이 담당자 저 담당자가 탁구 치듯 내선을 돌려대 몇 번을 같은 설명을 해야 하거나, 아예 이메일이나 인터넷 홈페이지상으로는 주문 접수조차 할 수 없는 업체도 있다. 이런 공급업체들이 고객회사에 서비스하는 방식을 개선할 수는 없는 걸까?

감동적인 서비스, 그 본질

이 책을 집필하던 도중에 필자 역시 불쾌한 경험을 겪었다. 포장 용기가 잘못 설계된 요구르트를 따다가 셔츠에 쏟고, 고객서비스 센터와 통화하기 위해 25분이나 기다린 적도 있었다. 판매원이 친구와 긴급한 수다를 떠시는 동안 카운터 앞에 무작정 서 있기도 했으며, 엇비슷해 보이는 한 다발의 전선 중에서 제것을 찾아서 컴퓨터 주변기기와 연결시키려고 책상 밑에서 끙끙거리기도 했다.

필자가 특별히 운이 나쁜 사람이 아니라면 당신도 비슷한 경험을 했을 것이다. 인터넷의 안티 사이트를 검색해 보면, 수천 아니 수만 가지의 고객 불만을 찾아낼 수 있을 것이다.

[그림 1.1] **짜증나는 고객경험** : 잘못 만들어진 요구르트 용기 때문에 옷 버리기, 고객서비스 센터와 통화하기 위해 기다리기, 컴퓨터 주변기기 연결하기, 자명종 시계 포장 열다가 손 베이기.

이렇듯 대부분의 고객들이 접하고 있는 불쾌한 대우나 불친절한 서비스가 단지 CRM 과정에서 어쩌다 생기는 사고일 뿐이라고 생각해도 되는 걸까? 웹 사이트를 불완전하게 구축해서, 고객센터 직원이 아침에 배우자랑 한바탕 해서, 제품의 특정 모델이 설계상의 불량을 일으켜서… 오직 이런 것만이 고객이 푸대접을 받는 이유라고 할 수 있을까?

아니다. 고객의 불편함과 불쾌한 경험은 이미 기업 조직 내에 병의 근원이 뿌리 깊게 박혀 있음을 반증하는 증거들이다. 고객이 최우선이라고 구호를 외치지만, 여전히 많은 기업들이 조직적이고 체계적으로 고객에게 긍정적인 경험을 제공하지 못하고 있다. 사실 이러한 문제는 몇몇 기업들만이 가진 문제는 아니다. 산업 전체가 고객관리에 서투르고 고객을 학대하는 몹쓸 병에 걸려 있다는 것이 문제다. 자동차 중개인이나 보험회사, 전자제품 대리점들이 특히 이런 부류에 속한다고 지적을 받고 있다.

고객으로 사는 것도 참 어렵다. 때로는 품질이 떨어지는 제품을 사용해야만 하고 질 낮은 서비스를 받으며 살아야 한다니!

'인생이란 그런 거지 뭐! *C'est la vie!*'

이렇게 절망적인 상황, 고객의 원성이 자자한 몇몇 산업에서도, 두드러지지는 않지만 우수한 고객경험을 제공하는 기업이 몇몇은 있다. 고객이라고 언제나 형편없는 대우만 받아야 하는 법은 아니지 않은가? 다음은 앞에서 다룬 4가지 고객 불편 사례에서 등장한 동일한 업종 중에서도 고객을 전혀 다르게 대우하는 회사들이다.

• 싱가포르 항공 *Singapore Airlines* 은 뛰어난 고객서비스를 통해 특별

한 경험, 즉 '최상의 비행 *a great way to fly*'을 실현하는 데 주력하고 있다. 싱가포르 항공의 연차보고서를 보면 이런 구절이 있다. "우리의 목표는 고객에게 동종업계에서 최고 수준의 서비스를 제공하는 것이다. 좌석등급과 관계없이, 모든 면에서 그 등급에서 경험할 수 있는 최고 수준의 서비스를 제공하는 것이다…." 컨설팅 수행차 여행을 가거나, 직원교육을 위한 강연에 갈 때마다, 필자는 싱가포르 항공을 이용해 본 경험이 있는 수백 명의 기업체 임직원들과 이야기를 나눌 기회가 있었다. 그들 대부분은 싱가포르 항공의 서비스에 대해 칭찬이 대단했다. 싱가포르 항공은 고객경험의 모든 단계를 완전히 이해하고 있었으며, 이코노미 클래스라고 해서 그 시행에 차별이 없었다. 싹싹하고 유능한 예약 대리인이 예약 과정을 도와주고, 탑승수속 절차는 빠르고 효율적으로 진행된다. 승객이 비행기에 탑승할 때 승무원들은 친절한 미소로 맞이하며 모든 승객들을 좌석까지 친절히 안내한다. 좌석에는 비행의 무료함을 달래줄 오락기기가 비치되어 있고 비행 내내 승무원들은 승객들을 세심하게 보살펴 준다. 모든 승객들이 마치 퍼스트 클래스나 비즈니스 클래스를 이용하는 고객처럼 대우받는다. 이 항공사는 지난 수년간 고객의 경험을 관리하는 데 혁신에 혁신을 거듭해왔다. 침대 겸용 좌석 설치, 이코노미 클래스에 수십 개의 엔터테인먼트 채널 배치, 업계 최초 인터넷을 이용한 국제선 예약시스템 채용 등 혁신적인 서비스를 가장 먼저 도입했던 것이다.

• 패스트푸드 업계 중에선 스타벅스 *Starbucks*에 가면 아주 괜찮은 경험을 할 수 있다. 사실 스타벅스를 '패스트푸드'라고 부르긴 좀 어

색하다. 오히려 스타벅스의 서비스는 좀 느리기도 하다. 바로 이 점이 고객경험의 핵심이다. 고객들은 다른 패스트푸드점에서는 느낄 수 없는 것을 경험하고 느낄 수 있다. 스타벅스의 최고경영자가 회사의 포지셔닝 기반으로 설정했던 바대로, 집과 회사 이외의 '제3의 장소*Third Space*' 인 스타벅스는 바로 그 역할을 충분히 수행하고 있으며, 고객에게 훌륭한 경험을 세공하는 장소로 자리를 잡았다.

- 온라인 쇼핑몰은 어떨까? 아마존*Amazon.com*은 놀라우리만큼 굉장한 온라인 쇼핑 경험을 고객에게 제공하고 있다. 이 사이트는 썩 훌륭한 사용자 인터페이스를 제공할 뿐만 아니라, 상품을 찾아보기도 편하고 느낌도 괜찮다. 게다가 아마존은 고객편의성 증대를 위해 끊임없이 노력하고 있다. 제7장에서 온라인 쇼핑몰로 확실하게 기반을 다지고 끊임없이 혁신을 거듭해가는 아마존에 대해 자세히 살펴볼 예정이다.

- 업무상 우편물이나 소포를 보내고자 할 때, 페더럴 익스프레스(Federal Express, 이하 페덱스*FedEx*)만큼 좋은 회사도 없다. 이 회사는 고객이 업무중에 인터넷으로 쉽고 빠르게 주문하고 배송 진척 과정을 확인할 수 있도록 웹 기반의 배송시스템을 개발해 왔으며, 사용해 본 고객들은 그 편리함에 대한 칭찬이 자자하다. 안내데스크에서 단순 업무를 하는 직원조차도 컴퓨터만 있다면 아무런 걱정 없이 페덱스의 웹 기반 배달시스템을 이용하여 배달 신청, 배송 상태 확인, 도착 확인 등이 가능할 정도다. 게다가 페덱스는 이런 시스템이 깔린 컴퓨터를 판매하거나 임대해 주기 때문에, 이 컴퓨터를 사용하여 모든 종류의 송장을 전자적으로 처리할 수 있고 언제 어느 때라도 제품의 운송 경로를 추적할 수 있다.

[그림 1.2] **고객의 즐거운 한 때** : 싱가포르 항공을 이용하는 중 비행기 안에서 카드놀이하기, 스타벅스에서 즐겁게 커피 마시기, 레이저 스쿠터(Razor Scooter, 킥보드의 상표명) 편안히 타기, 오이로 만든 안대를 쓰고 누워 쉬기.

마케팅 접근 방법을 바꿔라

희망은 있다. 기업은 더 나은 고객경험을 제공할 수 있다. 탁월한 고객관리를 하는 회사들이 그 증거다. 나는 첫 번째 책《체험 마케팅》에서 이런 회사들 중 몇 개를 강조해 다루었고, 이제 이 책을 통해 우수한 사례들을 더 많이 제공하려고 한다. 이들 기업은 고객경험에 초점을 맞춘 성공적인 기업들로 벤치마킹의 모델이다.

그렇다면 왜 대부분의 기업들은 고객 서비스를 제대로 못하고 있는 것일까? 싱가포르 항공이나 스타벅스, 아마존, 페덱스 같은 곳이 성공적인 기업이라면 왜 더 많은 기업들이 그들처럼 고객경험을 좀더 진지하게 다루지 못하는 것일까?

명시적으로는 고객이 중요하다고 강조하면서도 왜 대부분의 기업들은 여전히 고객을 제대로 대우하지 않는 것일까? 모든 고객은 정말 제대로 대우받을 만한 가치가 있는데도 말이다. 단지 이들 회사가 냉소적이기 때문일까? "고객 한분 한분의 전화가 저희에게는 모두 소중합니다.", "귀하의 사업이 번창하는 것이 우리의 보람입니다." 회사들이 내건 이런 슬로건은 결국 고객을 혹하게 하기 위한 감언이설일 뿐인가?

물론 그럴 수도 있다. 하지만 대부분의 경우에는 그렇지가 않다. 이들 회사는 고객에게 초점을 맞추려고 애는 쓰지만, 실제는 전혀 회사와 고객을 연결시키지 못하고 있는 진부하고 잘못된 마케팅 접근 방법과 관리 방법이 문제인 것이다. 진부하고 잘못된 마케팅 접근 방법과 관리 방법이란 무엇일까?

세 가지 잘못된 접근법 : 마케팅 컨셉, 고객만족, CRM

고객이 중요하다고 말하는 대다수 기업은 이 3가지 패러다임 중 하나에 의존한다. '마케팅 컨셉', '고객만족', '고객관계관리(Customer Relationship Management, 이하 CRM)'가 그것이다. 이 3가지 패러다임을 필자는 '가면을 쓴 악마'라고 부른다. 그 이유를 상세히 알아보자.

마케팅 컨셉 : 고객중심의 탈을 쓴 판매중심적 컨셉

1990년대 기업들은 제품중심, 기술중심, 판매중심 가치 대신에 '고객중심'과 '시장중심' 가치가 결정적으로 중요하다는 인식을 갖기 시작했다. 고객중심과 시장중심라는 것은 실은 마케팅 학자들이 주장하는 마케팅 컨셉의 핵심이다. 다음은 마케팅 분야의 유명 저술가로 널리 알려진 필립 코틀러*Philip Kotler*가 요약한 마케팅 컨셉의 개념이다.

> 마케팅 컨셉은 조직의 목표를 달성하기 위한 핵심 요소로서, 타깃시장의 필요와 욕구를 분석하고, 고객의 희망사항에 대해 경쟁사보다 더 효과적이고 효율적으로 대응하는 것을 의미한다. 마케팅 컨셉은 명확히 규정된 시장이라는 전제에서 출발하여, 고객의 요구와 고객에게 영향을 미칠 모든 활동의 조직, 그리고 고객만족을 통해 이익을 창출하는 것에 초점이 맞추어져 있다.

'타깃시장의 필요와 욕구를 분석하라', '고객만족을 실현하라', '고객의 요구에 초점을 맞추어라', '고객에게 영향을 미치는 모든 활동을 조직하라' 이 모든 주장이 아주 근사하지 않은가?

사실, 마케팅 매니저는 기업이 이 마케팅 컨셉을 어느 정도 활용하고 있는지를 밝히기 위해 그럴듯한 측정 방법을 숱하게 개발해 왔다. 이 방법을 시장지향적 척도*market orientation scale*라고 부른다. 이 척도는 기업이 고객중심인지 시장중심인지를 판단할 수 있는 20개의 아이템으로 구성된다. 그리고 이 척도에는 마케팅 컨셉의 근간을 이루는 3가지의 하위 요소가 포함된다.

> 1. 지식 생성 : 시장조사를 통해 고객의 니즈와 경쟁상품에 대한 정보를 수집.
> 2. 지식 보급 : 수집된 정보를 조직 전체로 보급하여 확산.
> 3. 반응 : 고객만족을 위해 수집한 정보를 근거로 실행(예 : 고객의 니즈에 따른 신상품 개발)

매니저가 전통적인 마케팅 분야에서 사용한 개념, 모델, 수단을 자세히 들여다보면, 곧 전통적인 마케팅은 고객지향과는 너무나 거리가 멀다는 것을 알 수 있다. 필자가 《체험 마케팅》에서 언급한 대로, 마케팅의 제반 분야는 근본적으로 고객에게 초점을 맞추기보다는 엔지니어링이나 물류를 중심으로 굴러가고 있고, 마케팅은 여전히 제품중심적이며 판매지향적이다. 다음을 보자.

- 대부분의 마케팅 컨셉과 도구는 제품의 기능적 특성과 편익에만 초점을 맞추고 있다. 제품이 제공할 수 있는 이미지나 상상을 자극하는 질적인 면을 나타내는 컨셉이 부족하다.
- '시장' 과 '경쟁' 이란 제품의 특징과 제품이 주는 편익이 얼마나 유사한가를 근거로 정의된다. 그 결과, 소비와 사용 환경을 근거로 하는 '시장' 과 '경쟁' 에 대한 포괄적이고도 적절한 시야를 놓쳐버린다.
- 기존 마케팅에서 고객이란 제품의 기능적 특색에 따라 그것을 사용

하여 얻는 혜택을 견주어보고 구매를 결정하는 이성적인 의사결정자로 간주된다. 그러나 사실 고객은 감정이나 직관을 통해 구입하거나 또는 충동구매를 하는 게 현실이다.

- 시장조사는 아주 분석적인 작업인 반면 대부분 구두로 이루어진다. 고객을 대상으로 한 이런 연구 방법은 신뢰나 유효성이 떨어질 수밖에 없다.

- 마케팅 전략의 제1조는 '차별화'인데 이것은 또 다른 형태의 제품중심 개념일 뿐이다. 소비재 시장에서는 차별화된 상품이 꼭 고객의 삶과 밀접한 연관관계를 가진다고 보장할 수 없다. 또 자본재 시장에서는 차별화된 상품이 꼭 기업고객이 지닌 문제를 해결해 준다는 보장도 없다. 차별화란 그저 기업 간의 상품이 서로 다르다는 것일 뿐, 고객과는 관련이 없는 사소한 부분에 지나지 않을 때가 많다.

- 마케팅은 4P[Product(제품), Price(가격), Promotion(판매촉진), Place(유통경로)]를 통해 실행된다. 4P는 제품중심의 '해야 할 목록'으로 구성되는데, 그 내용은 제품을 포장하고 가격을 정하여 광고를 한 후 제품이 유통되는 단계까지를 구체적으로 적은 것이다. 그런데 4P에서 'C(고객)'는 어디에 있는가?(고객중심의 사고방식인 IMC에서는 4P's를 4C's로 바꾸어야 한다고 주장한다. Product는 Consumer/Customer로, Price는 Cost로, Place는 Convenience로, Promotion은 Communication으로 바꾸어야 한다는 것이다. -옮긴이 주) 과연 고객을 위해 상품기획, 가격결정, 판매촉진, 유통결정 등 일련의 마케팅 활동을 이행하는 제품은 얼마나 될까?

- 마케팅지향 척도는 정보중심이며 상당히 포괄적인 개념이다. 이 개념은 개괄적인 평가도구로서는 유용하지만, 고객지향적 개념을 전

략화하거나 계획할 때는 유용하지 않다. 실증적인 연구에 따르면, 마케팅지향 척도는 기업의 성공과는 상관관계가 별로 없다. 마케팅 컨셉에서 가장 혼란스러운 점은 이것이 실제로는 제품중심의 개념과 방법론을 제시하면서도 스스로를 고객지향적 접근방식이라고 전제하는 데 있다. 따라서 매니저들이 이 개념과 방법론에만 의존할 경우, 고객을 완전히 이해하는 데는 실패할 수밖에 없다.

고 객 만 족 : 고객만족의 경로를 망각한 고객만족

고객에게 초점을 맞춘다고 주장하지만 실제로 그렇지 않은 접근방법이 또 하나 있다. 고객만족이다. 우리는 고객을 만족시킴으로써 고객의 충성을 유도할 수 있다고 생각한다. 따라서 고객만족의 목적은 제품을 구입한 고객에게 확실한 만족을 줌으로써, 고객이 우리 회사에 관심을 갖고 반응하도록 부추기는 것이다.

실제로 고객은 언제 만족할까? 고객만족 모델에 따르면, 만족이란 고객이 제품에 대해 기대했던 '기대치' 와 제품을 사용했을 때 느끼는 '만족도' 를 비교한 상대적 감정이다. 만족도가 기대치 이상이면 고객은 만족할 테고, 반대로 기대치 이하라면 실망할 것이다.

그런데 다시 한번 생각해 보자. 기대치와 만족도의 차이를 통해 보는 고객만족 모델에서 고객의 '기대치' 와 제품의 '만족도' 라는 것은 제품이 제공하는 기능적인 것에 국한된 제품위주의 단어가 아닐까? 고객이 제품의 기능적인 측면에서 기대하는 것은 무엇인가? 제품으로부터 기대하는 것은 무엇인가? 품질과 같은 제품의 실행력은 어떻게 쌓여가는 걸까?

고객만족은 고객이 제품을 사용하면서 얻는 모든 경험을 고려하고 있지 않다. 그런 경험 중에는 다음과 같은 것이 있다. 제품이나 서비스는 고객들로 하여금 어떤 느낌을 갖도록 하는가? 그리고 그때에 제품과 서비스에 대해서 고객이 갖는 감정적인 연상은 무엇인가? 제품이나 서비스는 고객이 다른 사람들과 어떤 관계를 맺도록 도와주고 있는가? 경험과 관계된 분야에는 아직 연구해야 할 영역이 많이 남아 있다. 그리고 진정으로 고객의 경험세계를 이해하고자 한다면 전통적인 고객만족 이론만으로는 절대적으로 부족하다.

고객만족이라는 패러다임은 자동차 산업에서 이미 널리 사용하고 있으며, 이들은 고객을 만족시키기 위해 자동차의 여러 기능을 계속 개선하고 추가해 왔다. 그런데 이 산업에서 바로 고객만족이라는 패러다임의 결정적인 결함이 나타나고 있다. 자동차에 대해 만족한다는 것은 엔진이 부드럽게 움직이는 것 이상의 의미가 있다. 많은 차들은 기능적인 면에서 볼 때 거의 대동소이하다. 중요한 것은 자동차를 운전하고 소유하면서 얻는 스타일링과 미적인 측면, 오락적인 요소와 생활양식에 대한 고려, 위신 같이 '만족도 조사'에서는 거의 점검해 볼 수 없는 요소들이다.

더욱이 고객만족 패러다임이 '만족＝충성'이라는 단순한 공식 위에서 만들어졌다면 대부분의 만족 평가방법은 고객의 충성도를 잘못 평가해 온 것이라 할 수 있다. 따라서 다시 한번 무언가를 잃어버리고 있다.

그것은 아이러니컬하게도 바로 고객이다. 마케팅 컨셉과 마찬가지로 고객만족 모델은 고객의 경험에 신경 쓰기보다는 제품의 기능적 측면에 더 치우치고 있다.

어떤 이들은 "고객경험이란 게 고객만족을 조금 달리 표현한 것 아닙니까?"라고 말할지도 모르겠다. 그러나 결코 그렇지 않다. 이런 식으로 생각해 보자. 섹스를 한 후에 파트너에게 두 유형의 질문을 던진다고 가정해 보자. "당신 만족했어*Were you satisfied*?"라고 묻는 것과 "경험이 어땠어*How was the experience*?"라고 묻는 것에 따른 대답은 사뭇 다를 것이다(남자와 여자가 하는 대답이 다르겠지만 그건 다른 책에서 다룰 주제다). 만족이라는 개념은 결과지향적*Outcome-oriented*이다.

"쇼핑이 만족스러웠습니까?" "물론이요, 원하던 것을 샀습니다."

"당신 차에 만족합니까?" "네, 핸들링이 아주 좋습니다."

"섹스가 만족스러웠습니까?" "＿＿＿＿＿＿＿ (당신이 대답해 보라)."

이와 대조적으로 경험은 과정지향적*Process-oriented*이다. 쇼핑에서 얻는 경험은 단순히 사고 싶던 걸 구입하는 것 이상의 의미가 있다. 이 경험은 쇼핑의 일부가 되는 모든 활동과 관련이 있다. 즉 매장이든 온라인 쇼핑몰이든 그곳의 쇼핑 환경, 직원들의 서비스, 고객을 맞이하는 태도, 경품 제공 여부, 쇼핑 후 느낌 등 이 모든 것이 경험의 영역에 속한다. 자동차의 경우도 마찬가지다. 차 문을 닫을 때 어떤 소리가 나는지, 좌석시트의 느낌은 어떤지, 매장의 영업사원이 어떻게 대하는지 등이 모두 경험의 일부가 된다. 그렇다면 섹스는 어떨까? 감각적이고, 감성적이고, 지적이고, 육체적인 자극… 그렇다면 '트로잔*Trojan*－가장 황홀한 경험'이라는 선전문구가 새겨진, 최근에 가장 잘 나간다는 콘돔의 브랜드 포지션은 어디쯤에 속할까?

이제 매니저로서 자신에게 질문해 보자. '만족'과 '경험', 이 둘 중에 어떤 것이 고객에게 가치를 더해 주는 데 바른 길잡이가 될 수 있을까? 확신컨대 '경험'일 것이다. 왜냐하면 '만족'할 때까지의 상세한 과정이 바로 '경험'이기 때문이다. 고객의 경험을 관리하는 과정을 통하면 만족은 그 결과물로 얻을 수 있다. 그러나 경험은 이해와 관리를 필요로 한다. 경험을 주목해 관리해가면 만족은 자연스레 뒤따른다. 경험은 만족보다 당신의 회사를 훨씬 더 차별화된 기업으로 만들어줄 것이다. 그리고 그 차별화는 고객의 시각에서 보는 것이기에 훨씬 강력하다. 고객경험을 잘 관리할 수 있다면, 단순히 고객만족에만 초점을 맞추는 경쟁사를 저 멀리 따돌릴 수 있을 것이다.

CRM : 효과적 고객관리 도구 VS 비싼 소프트웨어

소위 고객지향이라는 영역에 새로 등장한 것이 바로 고객관계관리, CRM이다. 보는 사람마다 CRM은 다르게 받아들여진다. DM을 의미하기도 하고, 대규모 맞춤서비스 *mass customization*를 뜻하기도 하며, 또한 온라인 분석 절차(OLAP, On-line analytical processing)나 고객센터(CICs, customer interaction center)에서 사용하는 데이터베이스를 가리키기도 한다. 그러나 실질적으로 CRM은 주로 콜센터에서 사용하는 데이터베이스와 소프트웨어 프로그램으로 이루어진다. 1980년대 후반에서 90년대 사이에 유행했던 리엔지니어링*reengineering*이나 품질경영(TQM ; Total Quality management)과 마찬가지로 CRM 프로그램은 커다란 돈벌이가 되었다. 그러나 5천만 달러짜리 CRM 프로그램을 3~5년씩이나 이용하고도 그 실용성에 불만을 표시하는 기업들이 종종 있고, 차별성을 부각시키지도 못할 뿐더러 고객지향적인 정책도 실패했다는 결론을 내리는 기업들도 적지 않다.

이같은 실망스러운 결과가 나타난 이유는 CRM이 '관계' 라는 단어를 사용하고 있음에도, 정작 고객과의 관계를 정립하는 문제보다는 '거래'에 중점을 두기 때문이다. 기업은 측정과 기록이 쉬운 자료들만 데이터 필드에 올린다. 고객을 제대로 이해할 수 있도록 해주는 정보는 수치화하기 힘들다는 이유로 빼놓는다. 뛰어난 성능을 가진 컴퓨터와 프로그램이 있지만, 실제로 수집된 자료들은 고작 금전거래나 서비스관리 기록에 불과할 때가 많다(예를 들어 고객이 구입한 물품목록, 영업사원이 방문한 시간, 교환한 부품내역, 고객이 호텔에 투숙한 시간, 고객이 이용한 식당정보 같은 자료들 말이다).

CRM은 기업에게 중요한 소비자의 행동, 즉 고객의 소비 패턴의 결과 자발적 적응 *operant conditioning* 이라고 불리는 고객 행동이 이루어지도록 하는 데만 초점을 맞춘다는 데 문제가 있다. 기능적인 요소 이외의 다른 욕구들은 제외된다. 고객들의 피드백도 포함되어 있지 않는 경우가 대부분이다. 게다가 CRM 프로그램은 대부분 복제가 가능하다. 기존 시스템과의 통합과정을 약간만 거치면, 거기에 소프트웨어와 '두둑한 지갑' 만 있으면 만사형통이다. 물론 소규모 기업이 선뜻 채용할 만큼 쉬운 조건은 아니지만 그렇다고 기업들이 감당하기 힘든 조건이라고 할 수만은 없다.

실제로 고객과의 관계를 확립하기 위해 가장 중요한 점은 다양한 고객 접점을 서로 연관시켜야 한다는 것이다. 일반적으로 CRM 데이터베이스는 광고나 판촉이나 특별행사 등의 브랜드중심 고객 확보 전략과는 연관성이 거의 없다. 거창한 타이틀이 무색하게도 CRM은 고객과의 관계를 관리하지 못하고 있는 것이다.

새로운 접근방법, CEM

마케팅 컨셉, 고객만족, CRM 등을 주장하는 사람들은 이런 이론들이 고객을 좀더 잘 이해할 수 있도록 돕는다고 주장한다. 그러나 여전히 이런 접근방식 각각은 폭이 너무 좁거나 필요 이상으로 제한적이라는 문제점이 있다. 종종 경영자의 초점을 고객에서 벗어나게 만들기도 한다. 이것이 바로 필자가 이 이론들을 '가면을 쓴 악마'라고 부르는 이유이다.

매니저에게 필요한 것은 고객을 진지하게 대하는 접근방식이다. 이러한 방식은 고객경험을 전반적으로 파악하는 데 도움이 된다. CEM(고객경험 관리, Customer Experience Management) 방법론은 제품의 기능적 특징에 대한 파악이나 개선사항뿐만 아니라, 고객의 의사결정, 구매, 사용 과정 전반에 초점을 맞추고 있기 때문이다. 고객경험은 지속적으로 고객을 만족시키는 동시에 이익을 창출해낼 수 있는 제품과 서비스를 만들어내는 데도 도움이 된다. 고객경험 중심의 접근방식은 사회문화적인 배경과 비즈니스 환경 전반에 대한 폭넓은 접근을 통해 시장과 경쟁자를 파악하는 데 도움을 주므로, 기업은 여기서 얻은 통찰을 활용하여 신제품을 개발하고 출시할 수 있다. 마지막으로 CEM에서는 정확하긴 하지만 쓸모 없는 수치자료 대신에, 폭넓은 기반의 고객정보를 모으기 위한 리서치가 적극적으로 활용될 것이다.

CEM이란 바로 이런 접근방식이다.

간단히 말하면 CEM은 제품이나 회사에 대한 고객의 전반적인 경험을 전략적으로 관리하는 프로세스를 말한다. 책 전반에 걸쳐 나오겠지만, CEM은 마케팅 컨셉이 아니라 완전한 고객중심 경영 전략이다. 또한 결과가 아니라 과정에 중점을 두는 고객만족 개념이다. CEM은 단순한 고객관리 기록에서 벗어나 풍부한 고객관계 구축으로 옮겨가는 개념으로서 CRM을 넘어서고 있다.

CEM은 기업과 제품이 특정한 고객의 삶과 어느 정도 연관성을 갖는지 폭넓게 조망해 준다. CEM은 모든 접점에서 고객과 관계를 맺게 해 주고, 각기 다른 고객경험 요소를 서로 통합해 준다. CEM은 고객이 단지 잘 작동한다고 해서 차를 사는 게 아니며, 충분한 저장용량, 메모리, 플러그인 기능의 편익 때문에 컴퓨터를 사는 것도 아님을 보여준다. 자동차는 개인의 생활방식과 정체성을 드러내는 제품이며, 컴퓨터는 자료저장의 기능과 더불어 상상력을 자극하는 데 필요한 제품이기도 하다. CEM은 판매 결과나 브랜드 선호도와 관련이 있기는 하지만, 그것만을 고려하지는 않는다. CEM은 제품 판매 이전과 이후에도 정보와 서비스를 제공하는 등 고객과 지속적으로 상호작용을 하도록 유도하여, 고객이 감동적인 경험을 갖도록 해 준다. 이와 같이 CEM은 고객의 충성을 유발시켜 기업 가치를 더해 준다.

또한 CEM은 조직에 대한 통합적인 접근방식을 통해, 회사 밖에서 내부를 보는 시각뿐만 아니라 내부에서 내부를 보는 시각까지도 알게 해 준다. 고객이 회사를 이해하는 데 직원들의 역할은 상당히 중요하다. 따라서 직원들의 경험에도 충분히 주의를 기울여야 하며 CEM이 통합적인 접근방식이라는 점을 굳이 명시하는 이유가 여기에 있다. 고객이 즐거운 경험을 갖도록 하려면 직원들 또한 업무를 확실히 꿰뚫고 있어야 하고 동기부여가 되어야 하며 혁신적인 사고방식을 지니고 있어야 한다. 이렇게 되려면 직원들부터 그들의 일터에서 올바른 경험을 할 필요가 있다. 매니저는 탑-다운 방식의 의사결정을 고수해서는 안 된다. 자발성은 조직 전체가 통합되는 데 중요한 역할을 하기 때문이다. 서비스업계에서 그 당위성은 확연히 드러나지만, 여기서 제시한 것은 모든 업계에 두루 통하는 원칙이 될 수 있다. 고객에게 올바른 기업 이미지를 심어주는 직원, 헌신적으로 고객과 상호 작용하는 하는 직원, 시장을 바라보는 혁신적인 사고방식을 지닌 직원. 이런 직원이 되려면 숫자와 액셀 사용에만 능숙해선 안 되며, 고객경험 또한 중요하다는 시각을 가져야 한다.

마지막으로 말하고 싶은 것은 CEM은 결코 정형화된 틀이 없는 비즈니스 철학이 아니라는 점이다. CEM은 고객에게 경험적인 가치를 부여하면 회사가 이를 경제적 가치로 돌려받을 수 있다는 것을 깨닫게 해주는 실용적인 관리도구다.

박스 1.1 고객경험을 측정하는 EX척도

이 질문의 해답을 찾기 위한 수차례의 실증 연구가 있었다. 2001년과 2002년에 ADK라는 통신업체는 20세~49세의 남녀 1,000명 이상을 대상으로 광범위한 일련의 연구조사를 실시했다.

이 연구에서는 고객경험과 광고 효과의 상관관계, 고객경험과 매출 증대의 상관관계, 고객경험과 웹 사이트 효과의 상관관계 등이 각각 산출되었다. 연구는 매장 내 조사와 인터넷 조사를 통해서 이루어졌다.

이 연구조사에서는 경험적 가치를 측정할 목적으로 《체험 마케팅》에서 설명한 바 있는 'EX척도'의 뉴 버전을 사용하였다. 믿을 만하고 신뢰성 있는 척도를 만들기 위해 필자는 수천 명의 소비자를 대상으로 삼았는데, 이는 모든 종류의 변수(제품, 광고, 매장, 웹 사이트 등)에 대한 경험적 가치를 유용하게 측정하기 위해서였다. 조사 결과에 따르면, EX척도 값은 TV 광고, 매장, 웹 사이트 등에 대한 고객의 전반적인 인상, 태도, 구매욕구 등과 상관관계가 있었다.

아래 도표에서 보면 EX척도 값과 고객의 인상, 태도, 구매욕구 사이에 통계적인 상관관계가 있음을 알 수 있다. 모든 상관관계가 .4를 넘어서고 2/3 정도는 .7을 초과하는 데 주목하라.

경험과 고객 행동방식 사이의 상관관계

	고객의 호감도	태 도	구매욕구
TV 광고	.51	.77	.59
매 장	.75	.74	.84
웹 사이트	.81	.45	.76

이렇게 높은 수치와 강한 상관관계에서 알 수 있듯이 광고와 매장, 웹 사이트가 경험적일수록 좀더 높은 호감도와 긍정적인 태도, 더 강한 구매욕구를 불러일으킨다.

다음의 도표는 총시청률(GRP : gross rating points)과 상품의 인지도 사이의 상관관계를 보여준다. 이 조사에서 사용된 13개의 사례 중 12개의 경우에서 경험적 광고의 인지도가 표준 인지도 곡선의 위에 위치하고 있는 것을 볼 수 있다. 경험적 커뮤니케이션은 다른 방법보다 더 커다란 관심을 불러일으키고 더 높은 인지도와 기억력을 만들어내는 것이다.

따라서 경험 프로젝트는 기업에게 커다란 가치를 더해 준다. 더욱이 CEM 프로젝트의 비용은 일반적으로 유사한 종류의 마케팅이나 경영관리에 드는 비용을 넘지 않는다. 특히 다양한 경험이 하나로 통합될 때는 훨씬 적은 비용이 든다(제8장 참조). 결론적으로 CEM 프로젝트의 투자수익률 ROI은 다른 방식의 수익률을 훨씬 뛰어넘는다고 할 수 있다.

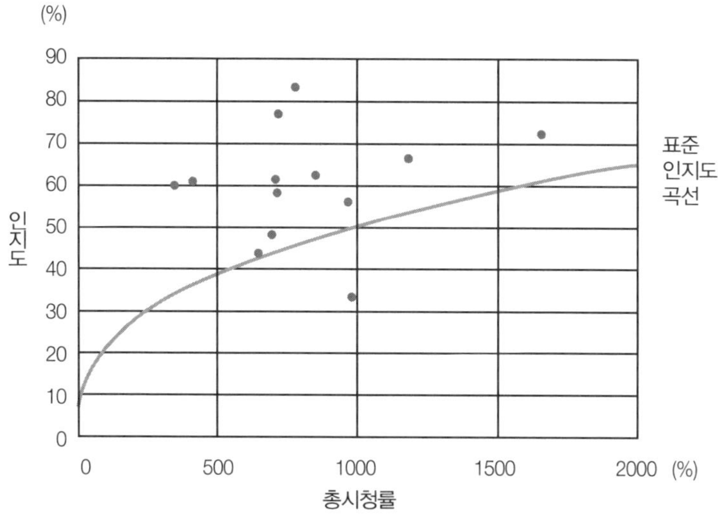

자료 출처 : ADK, EX척도조사 2001/2002.

 CEM은 기존의 마케팅과 경영관리 기법에서 추구하는 접근방식을 과감히 깨뜨리고 혁신적인 패러다임을 새로이 제시한다. CEM은 분석적이면서도 창의적이라, 고객의 실상을 정확히 꿰뚫어 볼 수 있는 통찰력을 얻게 해 준다. CEM은 고객의 경험세계를 파악할 수 있는 전략적 도구를 제시하며, 기업이 고객가치를 증대시킬 수 있도록 효율적인 실행도구를 제공한다. 제2장에서는 당신이 고객과 연결되기 위해 그리고 기업의 가치를 높이기 위해 유용하게 사용할 수 있는 CEM 이론의 5단계 기본 구조를 살펴볼 것이다.

CHAPTER 2

CEM의 기본구조

컨설팅을 위해서 여러 기업들을 접하면서, 고객경험에 초점을 맞춘 이론이

필요함을 절실히 느껴왔다. 기업의 성장과 수익성 극대화를 위한 아주 간단

명료한 공식이 있다. 즉 고객의 경험을 분석하고, 경험중심의 전략을 개발하

고, 고객경험에 초점을 맞추어 통합적인 방식으로 전략을 실행함으로써 가

치를 창출하는 것이다. 이 장에서는 CEM 이론의 5단계 개요를 설명한다.

CEM은 기업의 성장과 수익성을 극대화시켜 줄 수 있을 것이다.

CEM은 기업이 봉착한 여러 문제점을 해결해 준다

CEM 이론은 여러 영역에서 기업이 당면한 문제점을 해결해 줄 수 있다. 아래에서 언급할 프로젝트들은 필자가 지난 몇 년 동안 참여했던 CEM 프로젝트 중 단지 일부분에 불과하다. 상세한 내용에 대해서는 뒤에서 다시 설명할 것이다.

- 한 화장품 회사는 매출정체 상태에 빠진 주력상품에 대한 고객경험을 새롭게 디자인했다.
- 한 제약회사는 연구원들에 의해서만 진행되던 기존의 R&D 방식을 바꿔, 고객의 의견을 반영하고 고객과 직원들의 다양한 경험을 제품개발에 적극적으로 활용하는 활동을 전개하였다.
- 한 IT 비즈니스 회사는 고객경험에 중점을 두는 조직으로 회사의 조직구조를 개편하였다.
- 음악산업의 한 비영리 조직은 브랜드를 다시 포지셔닝하고 고객경험을 넓혔다.
- 미용업을 하는 한 회사는 최신 경향에 어필할 수 있는 새로운 브랜드를 출시하였다.
- 한 광고회사는 고객에게 경험적 커뮤니케이션을 제공할 수 있도록 기획 도구와 성과 추정 척도를 개발하였다.
- 한 전자제품 생산업체는 고객들의 제품 사용소감을 충분히 검토하고, 이를 제품개발에 반영하여 신제품을 출시하였다.

다른 사업 분야에서도 여러 종류의 상황에 대한 경험적 해결책을 개발하기 위해 이 책에 제시된 개념과 방법론이 사용되었다. 이러한 방법론이 적용된 프로젝트의 예는 인도네시아의 한 국내선 항공사를 위한 고객경험 개발에서 스위스의 한 슈퍼마켓 유통업체의 매장 내 경험, 그리고 유력한 어느 소프트웨어 제품의 남미시장 진출에 이르기까지 그 범위가 다양하다.

CEM 이론은 모든 산업 분야에서 기업이 낭년한 과세를 해결하는 데 확실한 해결책을 제시해 준다. 이 책 전체에 걸쳐 이런 CEM 이론의 성공적인 도입과 실행에 대한 예가 숱하게 제시될 것이다. 더욱이 CEM 이론은 고객 세분화 *segmentation*, 타깃고객 선정 *targeting*, 포지셔닝 *positioning*, 브랜딩 *branding* 전략, 서비스 *service*, 혁신 *innovation* 등 마케팅과 경영관리의 핵심 이슈들에 대해 한 줄기 빛을 선사하는 역할을 맡을 것이라 확신한다.

CEM 기본구조의 5단계

CEM 이론은 기본적으로 5단계 구조로 이루어져 있다(그림 2.1 참조). 이 장의 뒷부분에서 다시 언급하겠지만, 이 5단계의 CEM 이론을 현장에 적용할 때, 매니저들은 굳이 순서에 얽매일 필요 없이 유연성을 가져도 좋다. 필자는 편의상 순서대로 각 단계를 설명할 뿐이다.

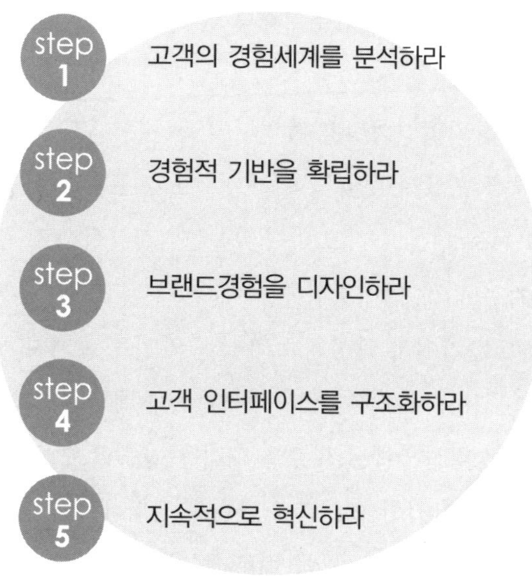

[그림 2.1] CEM 이론의 5단계 구조

제1단계: 고객의 경험세계를 분석하라

CEM 이론의 제1단계는 고객의 세계에 대한 진정한 이해를 가능하게 해 준다. 소매시장에서는 고객의 사회문화적 환경 특히 고객의 니즈와 욕구뿐 아니라 라이프스타일을 분석하는 것이 매우 중요하다. 기업 간 거래, 즉 B2B 시장에서는 고객경험에 영향을 줄 수 있는 비즈니스 상황에서의 요구와 그에 대한 대안을 분석하는 과정이 있어야 한다. 매니저는 라이프스타일과 비즈니스 트렌드가 소비자 상황, 더 나아가서는 브랜드에까지 어떤 영향을 미치는지 광범위한 조사를 해야 한다. 이는 일종의 프로세스로 필자는 이를 '중심으로 좁혀가기*funneling*'라고 이름 지었다.

다음은 필자가 기업컨설팅을 하면서 겪은 경험담으로, 스파클링 와인 세계시장에 관한 프로젝트였다. 전 세계적으로 포도주 산업은 대단히 제품중심적이라는 특성을 가지고 있다. 저자의 컨설팅 프로젝트 목표는 제품에 의해서가 아니라 고객경험에 의해서 고객기업을 경쟁회사와 차별화하는 것이었고, 거기서 핵심은 스파클링 와인을 즐겨 마시는 사람들이었다. 필자는 여기서 이 제1단계의 개념과 방법론을 이용해서 와인을 마시는 사용자와 소비상황에서 새로운 수익을 창출할 수 있는 영역을 찾아보았다. 여기서 말한 상황이나 그와 관련된 경험에는 광범위한 사회문화적 경향이 반영되게 마련이다. 즉 예로 들자면 '특별한 사람과 로맨틱한 저녁을 함께하기', '회사에서 돌아와 자신만의 시간 갖기', '영화를 보고 난 후 와인을 마시며 기분 내기' 같은 상황이다. 이러한 상황과 고객경험을 조사한 다음, 필자는 어떻게 하면 이 기업의 다양한 브랜드가 다른 경쟁사의 틈바구니 속에서 그러한 상황에 꼭 맞는 제품이 될 수 있을지 면밀히 조사하였다. 제3장에서 어떻게 고객의 경험세계를 분석할 수 있는지 세부적으로 거론하겠다.

제 2 단 계 : 경 험 적 기 반 을 확 립 하 라

경험적 기반*experiential platform*은 전략의 수립과 실행 사이에 매우 중요한 연결고리다. 이것은 이미 결정된 포지셔닝을 나타내는 것이 아니며, 일반적인 용어로 이름이 붙어 있는 2차원적인 지각도*perceptual map*도 아니다. 대신 경험적 기반에는 앞서 경험적 포지셔닝이라고 일컬은

'고객이 원하는 경험'에 대한 역동적이고 다차원적인, 그리고 다양한 감각에 의존하는 서술이 포함된다. 경험적 기반은 또한 고객이 제품에서 기대하는 가치 즉 '경험적 가치약속(experiential value promise : EVP)'을 명시해 준다. 경험적 기반은 일련의 마케팅과 커뮤니케이션 노력, 그리고 미래의 혁신을 통합하는 종합적 실행 테마로 완성된다.

필자에게 모든 제품을 하나의 공통된 실행 테마로 통합할 수 있는 경험적 기반을 만들어줄 것을 요청해온 비타민 제조회사가 있었다. 이에 따라 선정된 테마는 'vivere(활력으로 충만한 삶)'라는 개념에 초점을 맞추었으며, 섭취하는 비타민의 종류에 따라 예민한 감각, 긍정적인 마음가짐, 활력으로 충만한 신체 등 특별한 경험적 혜택이 있음을 설득하는 것으로 기획되었다.

제4장에서는 당신의 회사와 브랜드를 위해 경험적 기반을 어떻게 확립할 수 있는지 논할 것이다.

제3단계: 브랜드경험을 디자인하라

경험적 기반에 관한 전략 구상이 끝나면, 이는 브랜드경험에 구현되어야 한다. 어느 시장에 속해 있는 기업이든지 간에 브랜드경험은 제품의 경험적 요소와 더불어 미적 아름다움을 표현하는 것이어야 한다. 고객은 아름다움을 통해 최초로 브랜드경험을 시작하게 되기 때문이다. 그 다음, 브랜드경험은 제품의 로고와 상징, 포장과 매장 분위기를 통해 '보고 느끼는 것'에 호소해야 한다. 마지막으로, 광고와 온라인 그리고 기타 부수적 매체를 통해 적절한 경험적 메시지와 이미지를 전달함으로써 브랜드경험을 완성해야 한다.

필자는 신규 브랜드를 출시하고 기존 브랜드를 다시 포지셔닝하는 컨설팅에 위에 언급한 제3단계의 개념과 방법론을 사용하였다. 신규 브랜드에 대한 고객의 브랜드경험을 디자인하려면, 그 제품이 기존의 것과는 무언가 다르다는 걸 강조하기 위해 독특한 창의성이 필요하다. 기존 브랜드를 다시 부각시키는 것이라면 현재의 특징과 메시지를 계속 가지고 가야 할지 아니면 버려야 할지를 결정해야 하고, 그 특징과 메시지 중에서 변화시키거나 추가해야 할 것들을 결정해야 한다. 필자는 이런 일련의 과정을 '브랜드 벗기고 입히기*brand stripping and dressing*'라고 명명한 바 있다. 우선 브랜드에서 불필요하거나 부적당한 요소들이 있다면 벗기고(예를 들어 고객에게 혼란만 주는 이름이나 로고, 효과가 의심스러운 광고문구, 부적절한 매장 디자인 등), 새로이 쓸만한 요소들을 입혀야 한다(새로운 이름, 새로운 로고, 새로운 광고문구, 새로운 매장 디자인 등). 제5장에서는 브랜드경험을 디자인하는 방법에 대해 중점적으로 논의할 것이다.

제 4 단 계 : 고 객 인 터 페 이 스 를 구 조 화 하 라

고객과의 상호교류 과정 역시 경험적 기반을 토대로 실행되어야 한다. 브랜드경험은 한 번 정해지면 일정기간 동안 변함이 없어 정적靜的인 데 반해, 고객 인터페이스는 동적動的이며 고객과 서로 영향을 주고받는다. 제4단계에는 고객과 서로 역동적으로 교류하고 접점을 갖는 일이 포함된다. 예를 들어 매장에서 직접 고객을 응대할 때, 고객의 일터로 방문판매를 갔을 때, 은행 안에 설치된 ATM 기를 통해 고객을 응대할 때, 호텔 창구에서, 인터넷상에서 전자상거래를 할 때 등 다양한 상황에서 고객과의 상호작용이 일어난다. 따라서 고객과 상호작용을 할 때 고객이 원하는 정보와 서비스를 제대로 제공하기 위해서는 교류의 내용이나 방식을 구조화하는 것이 중요하다. 고객 인터페이스를 구조화한다는 것은 CRM 의 단계를 넘어서는 것이다. CRM은 단순히 고객과의 접촉사실과 거래 내용을 기록하고 고객 관련 정보를 제시해주는 데 불과하기 때문이다. 고객 인터페이스는 목소리, 태도, 행동양식 등 눈에 보이지 않는 요소까지 통합함으로써, 다양한 고객 접점 상에서 통일되고 일관성 있는 고객 경험을 제공할 수 있도록 설계되어야 한다.

엘리 릴리*Eli Lilly*라는 제약회사는 21세기 브랜드 아이덴티티*BI*와 슬로건을 '문제에 대한 해답*Answers that Matter*'이라 정했다. 하지만 얼마지 않아 이런 메시지만으로는 고객의 관심을 끌기가 어려우며 무언가 새로운 메시지가 필요하다는 결론을 내렸다. 이 회사는 곧 고객과의 새로운 인터페이스가 필요함을 깨달았다. 그에 따라 회사의 직원들이 그들의 업무를 어떻게 바라보고 있는지, 고객과는 어떻게 상호작용을 하고 있는지에 대한 면밀한 검토에 들어갔다. 결과적으로 이 회사는 CEM 이론의 핵심개념 몇몇을 응용한 새롭고도 흥미로운 행동연구 및 인적자원 커뮤니케이션 프로그램에 돌입하게 되었다. 제6장에서는 고객 인터페이스를 구조화하는 데 필요한 내용들을 자세히 다룰 예정이다.

제 5 단 계 : 지 속 적 으 로   혁 신 하 라

마지막으로, 회사의 지속적인 혁신에도 경험적 기반을 반영해야 한다. 여기서 혁신이란 개인고객의 삶이나 기업고객의 업무환경 모두를 지속적으로 개선할 수 있는 모든 것을 말한다. 제품 생산과 관련될 경우에, 혁신에는 주요한 기술적 발명뿐만 아니라 아주 작은 혁신들까지 포함한다. 마케팅 혁신은 독창적인 신제품 출시 이벤트와 캠페인으로 구성될 수 있다.

고객의 입장에서 보면, 혁신을 거듭하는 회사는 역동적이며 새롭고도 적절한 경험을 지속적으로 양산해 내는 기업이다. 혁신을 통해서 회사는 새로운 고객을 계속 유치할 수 있다. 그러나 회사의 입장에서 혁신의 더 큰 가치는 기존 고객들에게 더 많은 상품을 판매할 수 있도록 해줌으로써 고객이라는 자산을 확보하게 해 준다는 데 있다.

고객경험은 혁신을 통해서 개선할 수 있으므로, 회사는 좀더 면밀히 혁신을 계획하고 관리하고 실행할 수 있어야 한다. 제7장에서는 필자가 수행했던 컨설팅 중 몇 가지 케이스를 통해서 어떻게 하면 경험이라는 요소를 새로운 제품개발과 마케팅 이벤트에 통합할 수 있는지를 보여줄 것이다.

자, 이제 요약해 보자. CEM 이론은 5단계로 구성된다. 제1단계는 고객의 경험세계를 분석하는 것으로 분석*analysis* 단계이다. 제2단계는 경험적 기반을 확립하는 것으로 전략구성*strategy* 단계이다. 제3단계부터 제5단계까지는 실행*implementation* 단계인데, 고객의 브랜드경험을 디자인하고 고객 인터페이스를 구조화하며 혁신을 지속적으로 하는 것이 여기에 포함된다.

다음 장에서는 각각의 단계를 실행에 옮길 때 사용되는 방법론뿐만 아니라 이를 관리할 수 있는 독특한 아이디어와 개념에 대해 설명하고자 한다. 그럼 이제부터 매니저들이 CEM 이론에 대해 가장 궁금해 하던 점이 무엇이었는지 살펴보기로 하자.

CEM 궁금증 1 : CEM의 5단계는 꼭 순서대로 실행해야 하는가

기업경영 현장에서 실행에 들어가기 전엔 무언가 전략이 필요하고, 전략을 체계화하기 위해선 분석이 필요하다. CEM 이론에서 역시 분석이 전략에 우선하고 전략은 실행에 우선한다. 이런 순서가 자연적이면서도 논리적이지 않은가? 하지만 나머지 세 가지 실행단계는 어떨까? 마찬가지로 순서에 따라 기획되고 실행되어야만 하는 걸까?

꼭 그렇지만은 않다. 이 세 단계는 동시에 진행해도 되고 어떤 단계를 다른 단계보다 먼저 시행해도 상관은 없다. 5단계의 순서는 필자의 경험에 근거해, 가장 쉬우면서도 자연스런 방식으로 CEM 프로젝트를 수행할 목적으로 구성되었을 뿐이다.

예를 들어 기존 브랜드가 있다고 하자. 고객 인터페이스를 완전히 뜯어 고치는 게 아닐 경우에 한해서, 고객의 브랜드경험에 변화를 주는 것이 고객 인터페이스를 재조직하는 것보다 훨씬 계획하기도 쉽고 실행도 간단하다. 하지만 프로젝트에 따라 거래관계에서 생긴 고객의 불만이 고객경험을 가장 좌우하는 경우도 있는데, 이 경우에는 브랜드경험을 다시 디자인하기에 앞서 고객 인터페이스를 조직화해야 한다.

또 새로운 제품을 출시하여 그 제품의 고객경험을 만들기 시작할 때, 우선적으로 필요한 것은 적절한 제품디자인이다. 제품디자인이야말로 기업의 대 고객 이미지를 결정할 뿐만 아니라 제품의 로고, 제품이 표방하는 상징, 포장 디자인에 이르기까지 고객이 '보고 느낄 수 있는' 모든 것을 결정하는 중요 요소이기 때문이다. 이 단계 이후에는 어떻게 그 제품을 판매하고 서비스할지 그리고 어떻게 고객과 상호관련을 맺을지 신중히 고려해야만 한다. 그러고 나서 제품출시 이벤트와 향후의 혁신을 생각해야 한다. 따라서 대부분의 상황에서, 실행 단계는 고객의 브랜드 경험에서 시작하여 고객 인터페이스 조직 단계를 거쳐 혁신까지 이르는 일련의 과정을 한 걸음 한 걸음 착실하게 거치는 게 적절하다고 할 수 있다.

CEM 궁금증 2 : CEM 프로젝트 전후에는 무엇이 필요한가

CEM 전략의 5가지 단계는 CEM 프로젝트를 종합적으로 설명하는 것이다. 그렇다면 이제 '프로젝트 시행 전에는 어떤 주요 투입요소가 있어야 하고, 시행 후에는 어떤 액션이 필요한가?' 하는 의문이 생긴다.

실제로 필자가 CEM 프로젝트를 시작할 때 첫 번째로 하는 질문은 '프로젝트의 목표가 무엇인가?' 하는 것이다. CEM 프로젝트를 포함해 어떤 프로젝트건, 일을 진행하면서 목표를 설정하고 계속 유지하는 것이야말로 성공의 결정적인 요소가 된다.

좋은 목표와 나쁜 목표를 구분하는 잣대로는 두 가지가 있다. 첫째, 목표는 측정 가능한 것이어야 하고 측정의 기준은 명확해야 한다. 예를 들면, CEM 실행으로 고객만족도나 충성도를 몇 퍼센트 증가시키고자 하는가, 프리미엄은 몇 퍼센트 올려 받을까, 신규고객은 몇 명이나 확보하고자 하는가, 시험 사용을 몇 퍼센트나 늘릴 것인가, 투자수익을 얼마나 얻을 것인가 등이 있다. 둘째, 모델은 가능한 한 간단명료하게 만들어야 한다. 그래야만 CEM을 통해서 수치로 표현 가능한 목표가 얼마나 달성되었는지 알 수 있기 때문이다. 제9장에서는 CEM 프로젝트와 전략의 길잡이인 경험적 모델을 어떻게 만들 수 있는지 설명할 예정이다.

CEM 궁금증 3 : CEM 이론의 적용 분야는 어디인가

이 장을 시작할 때 CEM 이론으로 해결할 수 있는 특정한 사업 분야가 있는지를 간단히 살펴보았다. 고객 중심적인 이슈를 접할 때마다 CEM 이론을 적용할 기회는 얼마든 있을 수 있다. 예를 들어, 기업이 제공하는 것과 고객의 기대가 일치하지 않아 대고객 이미지를 바꿀 필요가 있을 때, 고객의 충성도와 고객만족도를 높이고자 할 때, 신제품을 시험 사용해 볼 고객을 선정해야 할 때 등이 있다. 그런데 이보다 훨씬 더 쓸모 있고 적용 가능한 분야도 많다. 처음에는 고객경험과는 무관하게 보이던 문제도 자세히 살펴보면 결국 고객경험과 밀접한 관계가 있다는 것을 어렵지 않게 찾아낼 수 있다. 이럴 경우에도 CEM 프로젝트는 굉장한 가치를 더해 줄 수가 있다.

이런 5가지의 예를 보기로 하자(그림 2.2 참조).

[그림 2.2] CEM 이론의 적용 가능 분야

CEM에 의한 고객 세분화와 타깃고객 선정

고객을 세분화하고 타깃고객을 선정하는 일은 많은 기업에게 있어서 아주 고된 일이다. 게다가 그 방법론이 잘못되면 큰 문제가 생긴다. 많은 기업들은 고객의 관점에서 세분화를 보지 않고, 회사와 제품의 특징이나 가격, 유통구조 등 제품관점으로 보게 된다. 문제는 바로 여기서 생긴다.

또한 타깃고객을 선정할 때, 분석자는 소비자의 지리적·인구통계학적 데이터나 기업의 회사 규모와 수익성에 대한 정보를 분석하는 데 많은 시간과 비용을 썼다는 이유만으로, 그 결과를 비판 없이 무조건 수용하는 경향이 있다. 대다수의 매니저들은 성능이 뛰어난 컴퓨터와 데이터 마이닝*data mining* 기술을 이용해 데이터를 분석하면, 저절로 정확한 고객 세분화와 타깃고객 선정이 이루어질 것이라고 믿는다. 하지만 고객에 대한 심층적 이해에 근거하지 않으면, 고객 세분화와 타깃고객 선정은 쓸모가 없어질 뿐 아니라 실행 자체가 불가능해진다.

제3장에서 거론하겠지만, CEM 이론은 고객 세분화와 타깃고객 선정에 대해서도 아주 다른 방식으로 접근한다. CEM의 고객 세분화와 타깃고객 선정 방법론은 기업고객뿐 아니라 일반 소비자의 경험세계를 분석할 수 있는 조사 도구를 통해, 의미 있는 데이터를 도출하는 것으로 시작된다.

CEM에 의한 포지셔닝

기업에서 또 다른 주요 논점은 회사와 브랜드, 제품을 어떻게 포지셔닝하는가 하는 점이다. 기업은 종종 지각도*perceptual map*를 활용하는데,

이는 2차원 그래프로서 선과 면으로 이루어진 도표상에 제품이 점으로 표현되는 방식이다. 그러나 이런 2차원 그래프는 문자 그대로 투입요소에만 근거할 뿐 고객의 일상적인 경험을 담지 못한다. 당신 스스로에게 다음과 같이 자문해 보라. '비싼 가격 – 저렴한 가격', '좋은 품질 – 낮은 품질', '강한 인상 – 약한 인상' 등으로 분류된 전형적인 2차원이나 3차원 지각도를 활용해서 과연 효과적인 전략 도출을 위한 통찰력이나 지침을 얼마나 얻어낼 수 있는가? 심지어 투입요소를 좀더 구체화해서 식료품일 경우 '천연의 – 가공처리된'으로, 공업용 접착제일 경우 '지속력이 좋은 – 빨리 붙는' 등으로 분류를 해본다고 하면, 과연 고객들이 이러한 용어들이 어떤 의미를 가지는지 제대로 이해할 수 있을까? 그리고 고객이 가지고 있는 제품의 가치에 대한 인식도 명시화해 줄 수 없는 이런 도구가 어떻게 제품포장, 광고, 고객 인터페이스, 혁신 같은 요소들이 고객에게 미치는 영향에 대한 정보를 찾아줄 수 있겠는가. 제4장에서 제시하겠지만, CEM 이론은 제품포장, 광고, 고객 인터페이스, 혁신 등을 실행할 때 좀더 의미 있는 경험적 포지셔닝과 고객에게 제공하는 구체적인 경험적 가치 제안 *EVP*을 창출할 수 있게 해 준다.

CEM에 의한 브랜딩 전략

많은 기업들은 시류에 편승하여, 브랜딩 전략이 마치 회사의 가치를 높여줄 마술과도 같은 공식이라 믿어왔다. "우리 제품은 경쟁제품과 차별성이 거의 없지만, 강한 브랜드로 한번 밀고 나가보자. 브랜드 가치를 높이고 브랜드 이미지를 개선하자. 브랜드의 개성을 바꾸어보자." 그러나 이런 전략으로 얻을 수 있는 것은 거의 없다.

로고를 바꾸거나 회사의 서류양식을 바꾸거나 광고 스타일을 바꾸느라 몇 년씩이나 브랜드 컨설팅을 받아도, 숱한 브랜드가 여전히 고객과의 연결고리를 만드는 데 실패하고 있으며 그에 따른 매출증대 효과 또한 보잘 것 없는 상태다. 브랜드의 가치와 본질, 즉 사람에 비유했을 때 제품의 성격의 변화가 없이 이런 겉모양을 바꾸는 행동은 아무런 도움이 되지 못한다.

숱하게 비용을 낭비하고서야 경영자는 제품의 로고, 제품이 표방하는 상징, 제품광고 같은 것들은 단지 회사가 가진 문제 중 사소한 부분에 지나지 않는다는 걸 깨닫는다. 브랜딩 전략에서 발생하는 거의 대부분의 문제는 브랜드경험과 관련되어 있다. 엄밀히 말하면 고객의 브랜드경험 말이다.

곤란한 상황을 타개하기 위해 가장 먼저 요구되는 것은 회사 자체의 의미나 그 회사의 브랜드가 가진 핵심적 의미를 좀더 깊이 연구해 보는 것이다. 먼저 고객의 경험세계에 대해 충분히 이해할 필요가 있다. 그러고 나서 차별화된 전략을 만들어야 하며, 혁신적인 방법으로 그 전략을 실행에 옮겨야 한다. 제5장에서는 CEM이 어떻게 기존의 브랜딩 전략보다 훨씬 더 포괄적인 방법으로 브랜드를 검토하고, 통합적이고도 창조적인 방법으로 새로운 브랜드경험 전략을 실행함으로써, 이러한 성취를 이루어가는지 보게 될 것이다.

CEM에 의한 서비스

대부분의 선진국에선 서비스산업이 전체 경제 규모의 2/3 이상을 차지한다. 따라서 서비스의 질은 모든 이들의 최대 관심사가 되었다. 하지만 불행히도 대부분의 서비스 경영은 고객중심이 아니라 고객의 서비스 선호도에 대한 검증되지 않은 가정을 전제로 하여 이루어지고 있다. 회사는 마치 고객이 최대한 친절하게, 개인별로 맞춤화된 방식으로 대접받을 때 최대의 행복을 누릴 거라고 믿고 있다(이는 사실 회사가 단지 효율성을 추구할 목적으로 그렇게 가정하는 것인지도 모른다). 혹은 반대로 고객은 스스로 봉사하는 걸 더 좋아한다고 믿고 있다(사실은 회사가 일손이 딸려서 그런 데까지 신경 쓸 여유가 없을 경우다). 결과적으로 대부분의 서비스는 인력중심이나 기술중심 시스템으로 구성되어 있다. 드물게는 인력과 기술을 한데 묶어 아주 훌륭하고 독특하며 기억할 만한 서비스경험을 제공하는 기업이 나타나기도 한다. 제6장에서 언급하겠지만 이럴 필요가 없다. CEM 접근방식의 초점은, 고객이 정말 제대로 된 서비스를 경험하게 하려면 어떤 방식의 고객 인터페이스가 가장 적절한지 이해하는 데 있다.

CEM에 의한 혁신

많은 기업들은 한계를 뛰어넘어 혁신적이고자 부단히 노력하지만, 문제는 이 혁신을 너무 좁게만 보는 데 있다. 대부분은 혁신이 R&D 부서의 전유물이거나 기술 부문에서만 중요하다고 생각한다.

그러나 제품에 대한 기술적인 혁신은 진정한 혁신의 일부분에 불과하다. 고객은 기업이 제공하는 새로운 제품, 서비스, 커뮤니케이션 등이 자신의 삶의 질을 개선해주는지 여부와 관련지어서 혁신을 평가하는 경향이 있다. 유사하게 기업고객 역시 자신이 구매하는 무언가가 자신의 사업방식을 개선해줄 수 있는지 여부에 따라 혁신을 평가한다.

제7장에서 다루겠지만, 고객은 혁신이 중요한 가치를 지닌다고 여기지

만, 제품의 기능이나 혜택에 초점이 맞춰진 기술적 혁신에는 특별히 관심이 없다. 오히려 고객 인터페이스가 조금 개선되어 구매 과정이 더 간단해지고 속도도 빨라진다면, 고객의 입장에서 그것은 대단한 혁신이다.

고객 불편 접수센터의 전화 회선을 하나 더 늘려서 가루로 된 제품을 액체로 된 제품으로 쉽게 바꿀 수 있을 때, 이것이 바로 고객의 삶을 더욱 편리하게 해 주는 굉장한 혁신이라고 할 수 있다. 고객이 제품에서 보고 느낄 수 있는 부분이나 고객과의 경험적 커뮤니케이션 등을 혁신하여 고객이 더 행복하고 더 나은 기분이 든다면, 이런 혁신은 아주 중요하고 실행할 만하다.

왜 우리는 이런 혁신을 자주 간과해 버리는 걸까? 그것은 바로 우리가 고객의 경험에 초점을 맞추지 않고 있기 때문이다! 이와 같이, '혁신적인 도전'이라고 여긴 많은 일들은 사실 고객의 경험세계, 브랜드, 고객 인터페이스를 더 잘 이해하기 위한 도전이었던 것이다.

CEM과 전통적인 마케팅 전략과의 차별성

시장 분석*market analysis*, 고객 세분화*segmentation*, 타깃고객 선정*targeting*, 포지셔닝*positioning*, 실행*implementation*으로 나뉘어 있는 5단계의 CEM 이론은 사실 전통적인 마케팅 전략에서 사용하고 있는 소위 4P(제품*product*, 가격*price*, 판매촉진*promotion*, 유통경로*place*)와 별반 다를 게 없어 보인다. 하지만 분명히 중요한 차이점이 있다.

첫째, 전통적인 마케팅 전략은 제품중심이지 고객중심이 아니다. 전통적 마케팅 전략을 구사하는 많은 매니저들은 여전히 제품 최우선 정책을 고집하고 있다. 이들이 맡은 일은 그저 올바른 타깃을 정해 그곳에 집중적으로 제품을 파는 것뿐이다. 대부분의 마케팅 부서는 제품 분류를 기준으로 조직화되며, 동일 제품을 최대한 많이 판매(소품종 다량 판매)하는 것에 초점을 맞춘다. 이때 고객이 누구인지는 중요치가 않다. 전통적인 마케팅에서는 본래 우수한 제품을 여러 고객층에게 반복하여 판매하는 것을 목표로 추구하지 않기 때문에, 고객을 깊이 있게 이해하는 데는 무관심하다.

둘째, CEM 이론은 경제학, 심리학, 사회학적 분석이 뒤죽박죽 섞여 있는 전통적인 마케팅 전략모델보다는 개념적으로 훨씬 더 빈틈이 적다. 전통적인 마케팅 전략 모델은 부정확한 개념과 방법론을 이용하여 고려해야 할 요소들을 단순히 나열한 것에 지나지 않는다. 이 모델이 '경쟁분석' 같은 특별한 요소 하나에 초점을 맞추면, '게임이론'과 같은 세부사항에 지나치게 매달려 실질적인 타당성을 잃어버리고 모델은 수렁 속으로 빠져들고 만다. 대조적으로 CEM 모델은 올바른 균형감각을 유지하면서 고객경험 관리라는 목표에서 이탈하는 일이 없다. 제1장에서 언급했듯이 만약 고객경험이 경영관리와 마케팅에서 첫 번째로 중요시해야 할 목표라는 데 동의한다면, CEM은 그 목표를 성취하기 위해서 정확한 개념 및 방법론적 접근방식을 제시한다는 데도 이의가 없을 것으로 믿는다.

CEM 이론, 무엇이 독특한가?

CEM 이론이 가진 중요한 특징은 고객과 관련된 분야라면 모든 부분에 걸쳐 초점을 맞추고 있다는 데 있다. 하지만 CEM 이론이 더욱 독특한 이유는 고객에게 초점을 맞추는 CEM만의 방법론 때문이다. CEM 이론은 분석적이면서도 독창적이고, 전략적이면서도 실행이 쉽고 또한 기업의 내부환경과 외부환경 모두를 고려하는 이론이다.

CEM은 분석적이면서도 창조적이다

CEM 이론은 그 개념과 실행도구의 측면에서 분석적인 면과 창의적인 면을 모두 지니고 있다. 이런 형태는 보기 드문 경우다. 제1장에서 토론한 바 있는 패러다임은 상당히 분석적인 유형이라고 할 수 있다. 반대로 창의적인 서비스를 제공하는 광고 에이전시, 기업이미지 컨설팅, 웹 디자인 등과 같은 서비스에서는 분석적인 면은 찾으려야 찾을 수가 없는 경우가 종종 있다. 창의적인 생각과 분석적인 사고는 서로가 분리되어 양립할 수 없는 것으로 인식되는 경향이 있는데, 이는 창조성이란 직관에 관계된 것이라 조직화하거나 분석될 성질의 것이 아니고 반대로 분석, 조사, 전략 등의 개념들은 창의적인 것과는 무관하다는 선입견 때문이다.

필자는 이런 견해에 동의하지 않는다. 사실, 사업의 성패는 분석과 크리에이티브를 어떻게 잘 융화시켜 최고의 힘을 발휘하느냐에 달려 있다. 사물이나 사실에 대한 분석력은 조직화, 분석, 수치화를 위해 꼭 필요한 요소이다. 창조적 사고는 사업을 차별화하고 고객의 관심을 유발시키며 고객이 원하는 것과 필요로 하는 것을 충족시키는 데 필수불가결한 요소이다.

CEM 이론에는 분석과 창의적 세계 모두가 녹아들어 있다. CEM 이론은 매우 잘 조직화되어 있는 이론으로, 정밀하며 내부적인 일관성을 유지하고 있다. 각 장과 종합적 모델에서 제시된 분석도구와 고객가치를 측정하는 측정지표는 분석적이고 정량적인 특성을 가지고 있다. 동시에 CEM 이론은 매우 창의적이다. 이는 새로운 개념과 독특한 도구를 가지고 이론을 만들었기 때문이며, 또한 고객을 깊이 있게 통찰할 수 있는 특별한 조사기법이 사용되었기 때문이다.

CEM은 전략인 동시에 실행방법이다

대부분의 고객 관련 이론은 전략에만 관련되어 있거나 실행에만 관련되어 있다. 일반적인 경영 컨설팅 회사(예를 들어 맥킨지*McKinsey*, 보스턴컨설팅그룹*Boston Consulting Group*, 액센추어*Accenture*)가 개발한 이론에 대해 생각해 보자. 이런 회사의 경영 컨설팅은 기업전략, 가치사슬*value chain*, SWOT(강점*strengths*, 약점*weaknesses*, 기회*opportunities*, 위협*threats*) 분석 등의 한계를 벗어나지 못한다. 그게 아니라면 기껏해야 포괄적인 전략이나 점과 벡터로 이루어진 도표를 근거로 일반적인 시장점유 전략을 추구할 뿐이다. 경영 컨설팅 회사들이 욕을 먹는 일반적인 이유는 '손 안 대고 코를 풀려'고 하는 이들의 태도에서 기인한다. 이들은 컨설팅에서 도출된 분석 내용이나 전략 등이 과연 회사에게 어떤 의미가 있는지 매니저들에게 정확히 알려주는 법이 없다. 장황한 컨설팅 보고서를 읽고 난 후 컨설팅 내용을 그대로 따라야 할지 말지를 결정하는 것은 경영자의 몫이다. 그러나 불행히도 그런 컨설팅을 믿고 행한 기업 중에서 성공 사례를 찾아보기가 매우 어렵다.

브랜드 분야를 한번 보기로 하자. 브랜드 컨설팅을 한다는 회사들은

'브랜딩 전략' 을 창조한다느니 '브랜드 자산' 을 확보한다느니 하면서 선전을 한다. 그러나 이들은 끊임없는 고객조사에만 관심을 둔다. 이들은 또한 광고를 이용한 대 고객 이미지 개선, 포장박스의 디자인, 매장 설계, 홈페이지 디자인 등에 관해서는 어떠한 제안도 하지 않는다. 대고객 이미지 개선은 광고대행사의 몫이고 포장 디자인은 디자인 전문회사가 해야 할 일이기 때문이다. 매장 설계나 홈페이지 디자인 또한 그런 범주로 본다. 브랜드 컨설팅 회사는 기업에게 모델이나 성과 측정지표를 만들어주는 데 아주 인색하다. 사실 브랜드의 포지셔닝, 브랜드의 핵심이나 브랜드 DNA(어떤 용어를 사용하든 상관없다) 등을 포괄하는 모델이나 측정지표는 기업이 고객가치를 확보하여 매출증대로 이어지는 데 매우 중요한 수단을 제공하는데도 말이다.

고객관리에 관한 대부분의 이론과는 달리, CEM은 전략과 실행을 명료한 이론구조 내에 모두 포함하고 있다. 처음 두 단계는 전략적인 고려 사항을 다루는 것으로 고객의 경험세계를 분석하고 경험적 기반을 확립하는 내용을 담고 있다. 다음 세 단계는 실행 단계로 고객의 브랜드경험, 고객 인터페이스 그리고 지속적인 혁신을 다루고 있다.

더욱이 CEM 이론에서 전략과 실행은 각 단계가 그러하듯 서로 긴밀히 연결되어 있다. 고객의 경험세계를 분석해 보면 결과적으로 브랜드에 대한 경험적 포지셔닝을 선택해야 하는 상황으로 이어진다. 이것은 제2단계(경험적 기반 확립)에서 충분히 언급한 바 있다. 이런 경험적 기반은 브랜드에 대한 핵심적인 전략을 실행하는 데 청사진을 제공한다. CEM 이론은 고객이 제품에서 기대하는 것들을 포함하여 다음과 같은 내용들을 다룬다. 즉 제품을 보고 느끼는 것, 커뮤니케이션, 고객이 요구하는 서비스와 정보, 사용 상황에 맞추어 서비스나 제품을 추가로 제공하여 고객의 경험을 강화하는 것 등이다. 이런 모든 고려사항들은 지속적인 혁신을 창출하는 데, 그리고 브랜드경험 및 고객 인터페이스를 실행하는 데 크나큰 도움이 된다.

CEM은 내부고객과 외부고객 모두에 초점을 맞춘다

CEM의 주요 관심사는 외부고객의 경험이다. CEM 이론에서 우리는 최종소비자와 B2B 고객을 분석하고 이들을 위한 전략과 실행 방안을 고안한다. 하지만 CEM은 또한 '내부고객(회사직원들)' 의 경험에도 관계한다. 여기엔 간단한 이유가 있다. 직원들이 회사와 그들의 직무에 대해 어떻게 느끼며 어떤 경험을 하고 있느냐에 따라 고객과의 상호교류를 통해서 고객에게 올바른 브랜드경험을 제공하고, 고객과 직접 맞대면하거나 전화나 인터넷상으로 응대함으로써 고객 인터페이스를 강화하며, 지속적인 혁신을 추구하는 데 커다란 차이가 나타나기 때문이다.

권한이양*empowerment*과 같이 인력관리에 자주 쓰이는 공허한 표어만으로는 직원들의 경험을 강화하려는 회사의 노력이 성과를 보기 어렵다. 진정으로 회사 내부에 초점을 맞추려면 직원들의 업무수행 성과를 측정하고 그 성과에 따라 승진체계를 마련해야 할 뿐만 아니라, 업무수행, 보상, 인센티브 부여 등과 같은 일체를 체계화해야 한다.

요약 CONCLUSION …　　CEM 이론은 흔히 고객중심이라 불리던 종래의 마케팅 및 경영관리의 접근방식을 훨씬 뛰어넘는 이론이며, 고객에게 초점을 맞추는 방식에 있어서 독특한 이론이다.

CEM의 이론구조와 방법론을 이용한다면, 당신은 다양한 고객접점 전반에 걸친 고객경험을 통합하여 실질적인 성과와 연계시킬 수 있을 뿐 아니라, 외부고객과 내부고객의 경험도 관리할 수 있을 것이다. CEM 이론은 고객 세분화, 타깃고객 선정, 타깃고객에 대한 제품선전, 브랜드, 서비스, 혁신 모두를 포함하는 내·외부적 사업 분야를 모두 다루고 있다.

앞으로 제3장부터 제7장까지는 고객경험을 관리하기 위해 CEM 이론의 각 단계를 어떻게 사용하는지 세부적으로 설명할 예정이다.

그리고 제8장에선 완전한 통합의 위력에 관해 배울 예정인데, 이는 다양한 양상을 지닌 고객경험을 통합하여 고객이 모든 접점에서 회사와 연결되어 있다고 느끼도록 만드는 방법에 대한 것이다. 마지막 제9장에서는 고객경험을 '고객 자산가치'(고객이 한 회사의 고객으로 남아 있는 기간, 즉 고객의 전 생애에 걸쳐 회사에 가져다 주는 재무적인 가치)로 승화시킬 수 있는 모델과 측정방법을 다룰 것이다.

CEM을 통해 고객이라는 귀중한 자산을 더욱 강화·발전시킬 때, 기업은 일종의 가격 프리미엄을 획득하며, 고객의 충성을 통해 이익을 얻고, 저비용으로 고객을 확보하면서 고객이탈을 방지할 수 있다. 결과적으로, 매출, 수익, 기업의 경제적 가치 모두가 증가하게 된다. 제9장에서는 또한 성공적인 CEM을 위해서는 기업내부에서 조직적으로 필요한 것들이 무엇인지를 언급하고 이들이 외부적인 경험과 어떻게 연관되는지 설명할 것이다.

고객의 경험세계를 분석하라

수많은 회사들은 고객중심의 관점 대신에 내부중심의 관점을 가지고 있다. 이들은 고객에게는 별다른 투자를 하지 않고, 오로지 내부적으로 신제품과 신기술 개발에만 막대한 자원을 쏟아 붓고 있다. 자사의 제품에 대해서는 자부심을 가질지 모르나, 고객과 만나려는 의지는 부족하기 짝이 없다. 대부분의 고객서비스 센터는 고객의 요구사항에 효과적으로 대응하기 위해 만들어진 게 아니다. 엄밀하게 말하면 대부분의 기업은 고객이 뭔가 요청하는 것 자체를 두려워한다. 고객의 요구사항과 이에 대해 회사가 반응하는 행태를 보면, 제품과 서비스의 우수성에 대해 회사가 자부심을 갖는다는 게 코웃음이 처질 뿐이다.

이 장에서 우리는 고객의 경험세계를 분석하기 위한 다양한 방법론을 배울 것이다. 선입견을 버리고 고객을 이해하는 데 초점을 맞추어 더 심도 깊은 고객 통찰 *customer insight* 을 하게 된다면 사업 성공의 기회를 잡을 수 있을 것이다.

카네기홀 : 콘서트 관람이라는 고객경험에 대한 통찰

모든 음악가들에게 뉴욕의 카네기홀 *Carnegie Hall* 은 그저 음악을 연주하는 곳이나 콘서트홀, 그 이상의 의미가 있다. 바이올리니스트 아이작 스턴 *Issac Stern* 은 "카네기홀은 독특한 경험 그 자체다." 라고 경탄했다. 그렇다면 콘서트 관람객들은 이 카네기홀 음악회에서 어떤 경험을 얻게 될까?

2002년에 필자는 카네기홀에 대한 고객경험 프로젝트를 수행한 적이 있는데, 이는 세계 최고 수준의 콘서트홀에 대한 경험이 무엇인지 이해하는 계기가 되었다. 이 프로젝트는 카네기홀이 시도하고 있던 다양한 노력의 일환으로, 카네기홀이라는 브랜드를 한층 더 널리 알리는 데 목적을 둔 것이었다. 카네기홀 경영진은 이미 몇 달 전에 자체적으로 고객 조사를 실시해 브랜드 인지도에 대한 데이터를 얻었다. 그러나 그 조사의 성과는 고객이 카네기홀에 대해 갖고 있는 브랜드 이미지의 아주 일부분만 밝혀내는 데 그쳤다. 경영진은 콘서트 관람이라는 실질적인 고객경험에 대해 충분히 이해하고 싶어 했다. 즉 고객이 콘서트에서 얻는 경험은 무엇인가, 콘서트홀에 들어설 때나 나갈 때 고객은 무엇을 느끼는가, 연주회 막간에 고객은 무엇을 하는가? 그리고 경영진들은 어떻게 하면 카네기홀이란 브랜드가 이런 다양한 고객 접점에서 생생하게 살아 숨쉴 수 있을까 하는 것을 진심으로 알고 싶어 했다.

우리는 고객경험을 음악회 이전, 중간, 끝난 후 세 부분으로 나누어 추적하기로 했다. 포커스 그룹(focus group, 여론이나 고객 반응 조사를 위해 표적시장에서 추출한 소수의 소비자 그룹 — 옮긴이 주)은 사전에 음악회를 예약한 고객들과 음악 애호가들로 구성되었다. 음악회가 시작되기 전에 먼저, 이들 포커스 그룹이 몇몇으로 그룹 지어 연구원과 함께 자리를 잡고 앉게 했다. 음악회가 진행되는 도중에 고객들은 공연장 입구의 분위기나 광고물 등에 대한 자신들의 경험과 의견을 조사원들에게 이야기했고, 음악회가 끝난 직후에 다시 모여 그들의 경험에 대해 의견을 나누었다. 이들은 또한 창조적인 방식으로도 의견을 제시했다. 카네기홀에서 받은 경험을 표현하는 비주얼보드를 만드는 것이었다.

포커스 그룹이 처음 카네기홀에 도착했을 때, 이들은 먼저 이전에 카네기홀에 관해 어떤 경험을 가졌는지 간단한 질문지에 답을 했다. 사회자는 이들에게 음악회의 질적 수준이 어떠했는지에서 카네기홀 밖에서 경험한 것에 이르기까지 여러 가지 질문을 했다. 질문의 내용은 다음과 같았다. 티켓 구입은 쉬웠는가? 웹 사이트는 방문해 보았는가, 사이트는 맘에 들었는가? 기념품 가게, 칵테일 바 등 다른 모든 장소의 환경은 어떠했는가? 더욱이 조사원들은 이들에게 카네기홀에서의 경험과 뉴욕 링컨센터에 위치한 '에버리 피셔홀*Avery Fisher Hall*' 같은 다른 공연 장소에서의 경험을 서로 비교해 보고 답변해 주길 요청했다. 조사대상자들과의 이러한 인터뷰는 모두 비디오로 녹화되었다.

음악회가 진행되는 동안, 조사원들은 몇몇으로 나뉜 포커스 그룹과 동행하여 그들이 어떤 인상을 받았는지 디지털 녹음기로 계속 기록했다. 포커스 그룹이 홀에 입장하여 좌석에 앉으면, 홀에 도착할 때와 들어설 때의 경험에 대해 물었다. 음악회 막간을 이용해서는 홀의 전체적인 분위기, 음향의 질, 청중들의 분위기 등에 대해 질문했다. 막간 휴식시간에 포커스 그룹은 카네기홀 여기저기로 흩어져서 기념품 가게, 칵테일 바, 화장실 등을 훑어보았다. 그런 뒤 각자의 느낌을 조사원에게 얘기했다. 음악회 프로그램 팸플릿 등에 대한 의견도 나누었다.

© Don Perdue

[그림 3.1] 카네기홀의 아이작 스턴 강당 *Issac Stern Auditorium* 내부 전경.

© Don Perdue

[그림 3.2] 카네기홀의 외부 전경.

[그림 3.3] 아이작 스턴 강당 무대에서 바라본 관객석.

[그림 3.4] 주디 앤드 아서 잔켈홀 무대에서 바라본 무대 끝부분 윤곽.

음악회가 끝난 후, 포커스 그룹은 음악회의 질적 수준에 대한 논평을 했고 개선될 부분에 대해 제안을 하였다. 그 다음에 이들은 비주얼보드를 만드는 일에 함께 참여했는데, 비주얼보드에 각각의 이미지를 붙임으로써 카네기홀에서 받은 음악회 경험을 표현하는 것이었다. 마지막에, 포커스 그룹은 2003년에 새롭게 문을 열 예정인 카네기홀 내의 다른 음악회 공연 장소인 쥬디 앤드 아서 잔켈홀 *Judy and Arthur Zankel Hall*의 조감도를 보았다(그림 3.4).

고객의 경험세계에 대한 조사를 통해서 우리는 전통적인 방식으로는 얻기가 어려운 중요한 사실 몇 가지를 알게 되었다. 단골고객은 강당, 음향의 질, 음악회 수준 등 콘서트의 핵심적인 경험에 대해 매우 긍정적으로 느낀다는 것이었다. 그러나 막간에 즐길 수 있는 문화시설과 같은 주변 환경 요소에서는 개선이 필요하다고 생각했다. 포커스 그룹이 경험한 바에 따라, 사소한 부분이 조금만 개선되도 음악회 전체의 경험은 한층 더 강화될 수 있다는 것이 밝혀졌다. 포커스 그룹이 제안한 개선 사항들로는 로비에 공중전화를 설치할 것, 칵테일 바의 좌석배치를 좀더 개선할 것, 엘리베이터의 속도를 좀더 올릴 것, 좌석에서 음악회 프로그램을 읽을 수 있도록 불빛을 좀더 밝게 할 것 등이었다. 비록 이렇게 제시된 개선안들이 사소하게 보일지 몰라도, 이러한 통찰력을 바탕으로 우리는 고객의 경험세계에 대해서 어렴풋이나마 감지할 수 있게 되고 더 많은 고객들에게 훌륭한 경험을 줄 수 있는 토대를 마련할 수 있을 것이다.

이 조사에서는 또한 프로그램 안내책자에 관해서도 개선해야 할 부분이 많음을 확인하였다. 글씨가 너무 작아 나이든 사람들은 읽기가 어려웠던 것이다. 책자에 인쇄된 광고문구가 너무 화려하여 연주 내용이나 연주자들에 대한 정보가 오히려 빛을 잃었고, 표지의 글씨 크기나 모양 등의 구성은 엉망이었다. 사소해 보이지만 프로그램 안내책자에서 나타나는 문제점을 개선함으로써, 관람객들로 하여금 뭔가 특별하다는 느낌을 받게 해 줄 수 있다는 것이 밝혀졌다.

더욱 흥미로운 발견들은 처음으로 카네기홀을 찾은 고객들로부터 나왔다. 이들은 카네기홀의 친밀감에 기분이 좋았다고 한다. 연주자에게 친밀함을 느낌으로써 카네기홀이 다른 음악회 장소와는 무언가 다르다고 느낀 것이다. 이들은 또한 무대장치가 우아하면서도 정돈되어 있고 지나치게 화려하지는 않다는 데 칭찬을 아끼지 않았다. 사실 아주 자극적이고 오히려 지나치게 화려한 것을 좋아하는 요즘 세대의 기준으로 보면, 이것은 중요하고도 역발상적인 것이라 할 수 있다. 콘서트 팬들의 관찰은 카네기홀의 새로운 공연장인 잔켈홀 *Zankel Hall* 의 활용에도 많은 도움이 되었다. 카네기홀은 잔켈홀을 통해서 브랜드 우위를 계속 유지하면서 새로운 유형의 프로그램을 공연할 수 있는 기회를 얻었다. 몇몇 단골고객은 잔켈홀을 이용하여 다양한 유형의 음악을 공연하라고 추천을 하였다. 잔켈홀을 젊은 청중을 유인하는 데 쓸 수도 있고, 새롭게 부상하고 있는 젊은 음악가들에게 공연 기회를 제공하는 데 사용해도 될 것이다.

이러한 경험적 연구조사를 바탕으로 카네기홀은 단골고객과 음악 애호가들에 대한 귀중한 정보를 얻었으며, 세밀한 부분에서의 수정과 대규모 변혁을 위한 토대를 마련하였다.

BP 커넥트 : 주유소에서의 고객경험 개선

BP는 원래 '브리티시 석유화학 *British Petroleum*' 의 머릿글자다. 그런

데 BP는 원래 BP가 가진 의미를 변경해 '석유화학을 넘어서*Beyond Petroleum*'의 약자로 기업 이미지를 바꾸려는 글로벌 브랜드의 전략적 재포지셔닝 및 재브랜딩을 계획하였다. 그래서 혁신과 진보에 대한 굳은 의지를 보여주는 새로운 주유소 운영모델을 찾는 중이었다. BP는 미국 시장에서 이중의 도전 과제에 직면해 있었다. BP는 아모코*Amoco*를 인수한 뒤라서 기존 아모코 고객들의 계속적인 충성을 확보할 수 있는 특별한 무언가가 필요했고, 또한 인지도와 호소력과 신뢰도 강화를 위해 최첨단의 브랜딩 커뮤니케이션 전략이 필요했다.

　주유소(미국의 주유소는 휘발유만 파는 곳이 아니라 편의점의 역할도 겸해서 하고 있음. – 옮긴이 주)의 타깃고객 선정, 주유소의 디자인, 커뮤니케이션 프로그램 구성 등은 펜 숀 앤드 벌랜드*Penn, Schoen and Berland*라는 시장 조사 전문회사가 수행한 조사를 바탕으로 추진되었다. 이 프로젝트에서

© *Goes Photo 2002*

[그림 3.5] BP 커넥트 주유소 전경.

펜 숀 앤드 벌랜드는 최우선 타깃으로 분류된 고객들의 라이프스타일에 대해 자세히 관찰하기 위해 혁신적인 조사기법을 사용하였다.

프로젝트 시작 초기에, 포커스 그룹이 선정되고 미국과 영국 각각에서 소매상들을 대상으로 한 계량적인 조사연구가 진행되었다. 이 조사연구의 목적은 사람들의 일상에서 나타나는 생활패턴과 쇼핑내역을 밝혀내는 것이었다. 조사원은 포커스 그룹에게, 생필품 등이 떨어졌거나, 점심이나 저녁 식사를 해야 할 때, 주로 어디로 가는가? 하는 질문을 하였다. 그리고 편의점 이용현황에 대해서도 자세히 물어보았다. 이 연구조사를 통해서 더 많은 소매상들이 일용잡화 식료품 시장에 투자하기 위한 루트를 개발하고 있다는 사실이 밝혀졌다. 슈퍼마켓은 샌드위치, 조리식품, 신속한 계산 서비스 등을 제공하였고, 영국에서 영업을 하고 있는 약국들은 과자나 스낵 심지어는 샌드위치까지도 팔았다. 몇몇 식품점과 월마트 *Wall-Mart* 같은 할인점에선 휘발유까지 판매품 목록에 올라 있다. 이 연구조사를 통해 우리는 고객경험을 창출할 수 있는 기회가 분명히 있음을 밝혀냈다. 즉 시간에 쫓기기는 하지만 양보다는 질을 중시하는 소비자에게 높은 수준의 원 스톱 서비스를 제공하는 것이었다. 이런 차별화된 서비스로 BP는 경쟁 주유소뿐만 아니라 다른 종류의 소매점들과도 충분히 경쟁할 수 있는 기반을 마련할 수 있을 것이다.

뒤이어, 편의점 디자인, 특징, 제공하는 서비스와 제품 등을 테스트하고 고객과의 상호교류 및 메시지 전달의 가능성을 조사하기 위해, 자동차 운전자들을 대상으로 질적 연구조사와 계량적 연구조사가 동시에 진행되었다. 포커스 그룹 일부분은 고급커피, 신선한 샌드위치, 인터넷 전화와 같은 다양한 편의점 서비스뿐만 아니라 편의점의 내장·외장 디자

© Goes Photo 2002

[그림 3.6] BP 커넥트 편의점 전경.

인에 대해 원하는 바를 얘기해 주었고, 또 다른 포커스 그룹은 견본으로 마련된 편의점을 방문하고 주유소에서 자동차에 기름을 넣고 인터넷 전화를 이용해 보기도 하고 편의점 내에서 커피를 마셔보는 등의 조사활동을 벌였다. 포커스 그룹은 이처럼 여러 가지 서비스 항목에 열중하여 하나하나 체크를 하였으며, 편의점의 서비스 내용 중에서 개선해야 할 내용이 있으면 제안을 하였다. 이런 조사는 고객경험의 미세한 부분에 대한 조정을 위해서 아주 값진 활동이었다.

BP는 또한 광고 컨셉, 완성된 광고에 대한 평가, 미디어 전략, 캠페인의 유효성 등을 확인하기 위하여 광고 관련 연구조사를 실시했다. 미국과 영국에서 총 527명의 매장 방문객을 대상으로 실시된 인터뷰를 통해서, 연구조사팀은 경험적 커뮤니케이션의 테마를 무엇으로 할 것인가에 대한 중요한 정보를 얻을 수 있었다. 미디어 전략을 위해 1,500명과의 인터뷰를 거친 계량적 연구조사를 실시했는데, 이를 통해 '스파이더 우먼(Spiderwoman, 직장일과 가사부담 때문에 편의품의 이용이 꼭 필요한 여성들 — 옮긴이 주)'의 활동성, 에너지 레벨, 심리적 상태 등에 대한 귀중한 자료를 확보하였다. 이런 연구조사 덕분에 BP는 TV 광고처럼 대규모 자금이 소요되는 광고를 하지 않고도, 효과적인 광고를 할 수 있는 방법을 도출해 냈다. 즉 BP는 라디오 광고, TV 광고, 직접 판촉, 인터넷 광고 등 여러 광고수단을 통합하여, 타깃고객의 상황에 꼭 맞으면서 필요를 충족시켜 줄 수 있는 맞춤 광고전략을 만들어낸 것이다. 새롭게 개점한 BP 커넥트 주유소에서 4킬로미터 이내에 사는 고객들만을 대상으로 인터뷰를 실시한 심층 탐문조사 결과 이 광고 전략의 효율성이 검증되었다.

'BP 커넥트' 프로젝트는 여러 가지 면에서 볼 때 성공작이었다고 할 수 있다. BP 커넥트의 인지도, 이용량, 매출 모두가 증가했다. 새로운 소비자들은 끊임없이 BP 커넥트라는 브랜드를 접했고, 아모코의 단골고객도 줄어들지 않았다. BP 커넥트는 경쟁 정유회사들의 고객뿐만 아니라 슈퍼마켓이나 약국과 같은 경쟁 소매상들의 고객까지도 확보하여 시장 점유율을 높였다. 연구조사를 담당했던 회사는 그 성과를 인정받아 2002년도 광고연구재단*Advertising Research Foundation*이 수여하는 데이비드 오길비 상*David Ogilvy Award*까지 수상했다. 고객의 경험세계에 대한 정밀조사를 바탕으로 펜 숀 앤드 벌랜드는 BP가 고객경험 전략에서 획기적인 성공을 거둘 수 있는 무대장치를 마련한 것이다.

고객에 대한 통찰이 필요한 기업들

- 카네기홀과 BP 커넥트의 예에서 볼 수 있듯이, 고객의 경험세계를 분석하는 것은 생생한 고객 통찰의 출발점이 된다. 경험적 기반을 확립하고 고객경험 전략을 성공적으로 실행하기 위해서는 정확한 고객 통찰이 선행되어야 한다. 고객 통찰을 확보하면 기업은 올바른 특성을 가진 제품, 고객에게 어필할 수 있는 제품을 만들 수 있다. 이를 통해 고객과의 커뮤니케이션을 증진하고, 고객 인터페이스를 확립하는 단계로까지 나아갈 수 있다.
여러 산업 분야에 걸쳐 많은 기업들이 고객에 대한 이런 통찰을 개발하는 데 아주 열심이다.

- 의약산업과 의학업계에서 비아그라(Viagra, 발기부전 치료제), 제니칼(Xenical, 체중조절 보조제), 보톡스(Botox, 주름방지 제제)와 같이 라이프스타일과 관련된 약품이나 처방에 대한 마케팅을 전개할 때, 고객 통찰은 매우 중요하다. 이런 종류의 약품을 판매할 때는 즉각적인 약효를 가능케 하는 약의 기능과 효과뿐만 아니라 환자의 가치관, 자아상, 직업, 생활양식 등도 충분히 고려해야 한다. 예를 들어, 환자의 삶에서 섹스가 차지하는 비중은 얼마나 되는가? 환자는 성생활에 얼마나 적극적인가? 환자가 이상적으로 생각하는 몸매와 체중은? 그리고 이런 것들이 얼마나 자주 바뀌는가? 노화에 대해서 어떻게 생각하는가? 환자 개개인이 생각하는 아름다움과 매력에 대한 정의는 무엇인가? 등의 질문들이 고려 대상에 속한다. 이런 질문들은 기업들이 필자에게 고객경험 프로젝트를 제안해올 때마다

제일 먼저 하는 질문들이기도 하다. '환자'는 특별한 '소비자'다. 왜냐하면 이들은 의사나 의약산업의 '대상*objects*'이 아니라, 그들의 구매 욕구에 관해 의학전문가와의 상담이 필요한 소비자이기 때문이다.

- 기술 기반 제품을 생산하는 기업은 특히 젊은 세대에 대해 더 깊이 이해하고 새로운 통찰을 해야 한다. 20년 동안 거실 진열장에 똑같은 라디오가 놓여 있던 시대는 이미 지나가 버렸다. 오늘날 X세대니 Y세대니 하는 젊은 소비자들은 하이킹을 할 때, 스카이다이빙을 할 때, 스케이트보드를 탈 때, 공원에서 스케이트를 탈 때, 심지어는 응급실에서 치료를 기다릴 때조차도 라디오, CD 플레이어, MP3 플레이어, DVD 플레이어, 디지털 카메라를 몸에서 떼놓지 않는 세대이다. 기술 기반 제품은 아주 빠르게 우리의 일상생활 안으로 침투하고 있으며, 이에 따라 연구조사나 마케팅도 이런 상황을 충분히 반영하여 시행되어야 한다.

- 세탁기, 건조기, 냉장고 등을 생산하는 내구 소비재 산업은 정반대의 상황을 맞이하고 있다. 즉 어떻게 하면 생활의 일부가 된 세탁기, 건조기, 에어컨 등의 제품에 하이테크 기술을 적용해, 고객경험을 높일 것인가 하는 문제로 고민하고 있는 것이다. 1990년대 후반 이후로, 기술개발 노력은 정보가전 분야에 집중되었다. 몇몇 기업은 가전제품을 인터넷과 연결하여 사람들의 일상생활을 웹 기반으로 완전하게 통합하려는 실험을 계속해 왔다. 그 한 예가 썬 마이크로 시스템즈가 개발한 인터넷 냉장고인데, 인터넷과 연결되어 있으

며 데스크톱 컴퓨터에서나 볼 수 있는 가상 포스트잇 기능과 편리한 계산기 기능을 내장한 것이 특징이다. 새 천년이 시작되려는 시기에 즈음하여, 몇몇 분석가들은 2004년까지 약 1,100만 개 정도의 인터넷 기반 가전기기가 팔릴 것이라고 예측한다. 과연 이런 일이 현실로 나타날까? 어쩌면 가능할지도 모르겠다. 만약 이들이 중요하다고 판단한 고객경험이 올바르다면, 그리고 이들 기업이 오늘날의 남편과 아내들이 집안일을 어떻게 하고 있는지 제대로 알아낸다면 말이다.

우리는 여러 예를 통해서 고객의 경험세계를 분석하고 이해하는 것이 제품을 개발하고 적절하게 마케팅을 전개하는 데 핵심적이라는 사실을 알 수 있다. 또한 B2C(Business-to-Customer)뿐만 아니라, B2B(Business-to-Business) 마케팅 담당자나 매니저들도 고객의 경험세계를 제대로 이해함으로써 수익을 높일 수 있다. 자세한 내용은 이 장의 후반부에서 설명할 것이다.

그런데 어떻게 하면 고객의 경험세계를 정확히 분석할 수 있겠는가? 필자는 다음의 단계를 따를 것을 권장한다.

1. 계획된 고객경험을 전개하기 위해 타깃고객을 정확하게 확인하라. 타깃고객을 정확히 추려내지 못할 경우 효과적인 경험을 제공하고자 하는 당신의 노력은 성과 없이 끝날 뿐이다.
2. 경험세계를 분류하라. 필자가 '고객경험세계의 4단계'라고 부른 것을 고객의 시각으로 체계화하라.
3. 제품을 인식하여 구입하고 사용한 뒤 버릴 때까지, 고객과 회사 사

이에 존재하는 모든 고객접점을 따라서 전체 고객경험을 추적하라.

4. 경쟁 현황을 조사하고 경쟁이 고객의 경험에 미칠 영향을 검토하라.

타깃고객을 규정하라

타깃고객을 정확히 규정하는 것은 고객의 경험세계를 분석하는 첫 번째 단계다. 고객의 유형(기업고객이냐 개인고객이냐)에 따라 경험의 종류도 달라진다. 제품을 구입한 사람이 실제 그 제품을 사용하는 사람인지, 얼마나 자주 그 제품을 사용하는지, 고객이 브랜드에 얼마나 충성스러운지 등에 따라 고객이 원하는 경험의 종류가 달라진다.

개 인 고 객 vs 기 업 고 객

일반적으로 어떤 비즈니스에서든 두 가지 유형의 고객이 존재한다. 제품을 일상생활을 위한 도구로 사용하는 개인 고객이 있고, 유통업자나 도매업자, 소매상을 포함하는 기업고객이 있다. 기업고객에는 또한 비록 제품의 직접적인 판매대상은 아니지만 비즈니스의 성공에 영향을 미치는 고객들인 투자자, 언론기관, 정부부처 등도 포함된다.

유통 측면에서 볼 때 이들 두 유형의 고객은 얼마나 다를까? 경험적인 관점으로 볼 때, 개인고객과 기업고객은 철저히 다르다. 왜냐하면 이들은 매우 다른 경험을 기대하기 때문이다. 왜일까? 우선 개인고객과 기업고객은 목표하는 바가 다르다. 즉 개인고객은 개인적인 필요를 충족시키기 위해 행동하는 반면, 기업고객은 회사의 목표를 충족시킬 목적으로 회사를 대표하여 행동하기 때문이다.

일반적으로 개인고객은 의식적으로든 무의식적으로든 구매결정을 할 때 여러 가지 요인의 영향을 받는다. 제품 디자인, 브랜드, 광고캠페인, 개인적 유형의 관계관리, 제품 생산자나 서비스 제공자가 제안하는 라이프스타일의 혁신 등이다. 개인고객은 매장에 가서 제품을 서로 비교해 보고 이것저것 찬찬히 살펴본 뒤에 그 자리에서 제품을 사기도 하지만, 구경하는 것만으로 끝낼 때도 있다. 또한 개인고객은 이성적인 판단에 따라 제품을 구매하기도 하지만, 감정이나 직관 또는 충동으로 구매를 할 때도 많다.

기업고객은 이런 개인고객과는 아주 다른 패턴으로 행동한다. 기업고객에게 제품 구매는 업무의 연장이다. 또한 제품을 구매한 사람이 직접 그 제품을 사용하는 것도 아니다. 소매상의 경우 매장 매니저는 주문한 제품을 매장에 풀어놓고 어디에 진열할지 지시하는 한편 서비스 직원은 제품을 판매하거나 수리까지 할 때도 있다. 일반적으로 기업고객이 중요하게 여기는 것은 제품을 통해 추가적인 가치 창출이 가능한가, 그렇게 함으로써 사업을 성공적으로 운영할 수 있는가 여부다. 이런 일들이 반복되면서 제품에 대한 경험을 쌓은 이들 기업고객은 제품이 자신이 원하는 그러한 경험을 제대로 제공하느냐를 기준으로 회사를 평가하게 된다.

대부분의 사업자들은 이 두 가지 유형의 고객 모두에게 서비스를 제공해야 한다. 예를 들어 제품을 직접 제조하는 생산자의 경우 소매상과 개인고객을 동시에 상대해야 하며, 따라서 두 세계 모두를 이해해야만 한다. 만약 생산자가 소매상을 이해하지 못하고 그들이 제품을 취급하도록 동기부여를 하지 못하면 판매고는 떨어진다. 반대로 제품 출시 초기에 회사가 올바른 고객경험을 주는 데 실패하여 소비자의 관심을 끌지 못하면, 소매상에게 동기를 부여하고 아무리 판촉행사를 해도 매출은 오르지 않는다.

더욱이 두 고객세계는 종종 서로 뒤엉키기도 하고 상호의존적이기도 하다. 만약 개인고객이 만족할 만큼 제품경험이 이루어지지 않으면 고객들의 불만은 소매상에게 집중될 것이다. 이런 경우, 기업고객의 경험은 나빠지고 소매상은 더 이상 제품을 주문하지 않는다. 아무도 좋은 경험을 하지 못하고 따라서 모든 이가 불행해진다. 이런 일은 새로 출시된 PDA(Personal Digital Assistant, 개인휴대단말기)가 신뢰할 수 없고 사용법도 어렵다고 판명난 경우와 같은 때 생길 법한 일이다. PDA를 팔았던 소매상들은 반품이 쌓여 괴로워할 테고, 제조업체가 그 손해를 보상하지 못할 경우에는 앞으로 다른 신제품을 출시한다 해도 소매상들은 주문을 재고하게 될 것이다. 모두가 실패하는 경우이다. 결국 회사는 개인고객과 기업고객 모두에게 민감하게 반응할 수 있는 체제를 갖추어야 성공할 수 있다는 얘기다.

구 매 자 와   사 용 자

타깃고객에는 개인고객과 기업고객만 있는 것이 아니다. 고객 사슬은 의사결정 과정, 구매 과정, 소비 과정에 모두 관여되어 있으며, 마케터들은 각각의 고객이 어떤 역할을 하는지 잘 알아야 한다. 즉 '영향을 미치는 사람들', '의사결정을 하는 사람들', '제품과 서비스에 대한 정보 수집가들', 그리고 '사용자' 와 '구매자' 를 파악해야 한다는 말이다. 이들 모두는 다 중요하지만 사용자와 구매자는 그 중에서도 가장 주목해야 할 타깃고객이다.

하나의 타깃 역할에서 여러 타깃 역할로 고객을 확산하거나 이전에는 무시했던 타깃 역할에 새로이 초점을 맞추게 되면, 회사는 성장의 또 다른 전기를 맞이할 수 있다. 정확히 이런 예에 해당하는 기업이 블룸버그 *Bloomberg*다. 이 회사는 기업정보 제공*business-information providers* 업계에서 가장 규모가 큰 사업자로 상당한 수익을 내고 있다. 블룸버그 이전에는 로이터*Reuters*가 정보 제공 산업을 지배하고 있었다. 로이터는 주식 중개회사에게 증권뉴스와 실시간 주가정보를 제공했는데, 주요 타깃으로 자사의 시스템을 구매하는 이들, 즉 표준화에 가치를 부여하는 기업 내 전산실 담당자들에게 초점을 맞추었다. 그러나 블룸버그는 증권투자자, 증권분석가 등 그 시스템을 직접 업무에 이용하고 있는 사용자에게 초점을 맞추었다. 그를 위해서 사용하기 쉬운 단말기, 금융용어가 새겨진 키보드, 평면모니터, 여러 가지 어려운 공식을 넣지 않고도 몇 개의 수치자료 입력만으로 분석이 가능한 증권분석 시스템 등 더 나은 경험을 사용자에게 제공하였다. 그리고 이제는 블룸버그 이전에는 거의 존재하지 않았던 이런 쉬운 시스템, 키보드 위에서 손가락 몇 개만 움직이면 되는 사용자 중심 시스템이 주류를 이루고 있다. 증권가의 암흑기로 불리던 1980년대의 증권투자자는 컴퓨터로 정보를 다운로드 받아서 펜과 계산기를 들고 직접 복잡한 재무계산을 해야만 했다. 키보드 몇 개만 치면 재무정보를 얻을 수 있도록 한 것 외에도 블룸버그는 장시간을 주식과 싸워야 하는 증권투자자들에게 여행 준비, 부동산 정보, 정원 손질 등 개인생활에 도움이 될 만한 자료들을 함께 제공함으로써 증권투자자의 경험을 강화하기 위해 노력했다. 블룸버그는 사용자의 경험을 충분히 인식함으로써 전례에 없던 대제국을 건설한 것이다.

사용자와 충성도가 높은 고객

고객을 보는 또 다른 시각이 있다. 사용빈도와 고객충성도는 경험의 풍부함, 경험의 강도, 경험의 다양함을 결정하는 요소이기 때문에 쓸모가 많다.

사용빈도를 그래프로 나타내는 것은 아주 중요하다. 고객의 경험은 저마다 다르고 또 서로 다른 요인에 의해 만들어진다. 고객이 어떤 제품을 처음으로 사용할 때와 계속해서 사용하고 있을 때 그 느낌이 같지 않듯이 말이다. 예를 들어 당신이 처음으로 오토바이를 샀다고 생각해 보자. 아마도 최우선 고려 사항은 안전성일 것이다. 그러나 오토바이를 타기 시작한 지 5년 이상이 되었다면 이제는 스피드와 성능이 더 큰 관심사로 떠오를 것이다.

성격이 아주 다른 제품을 한번 예로 들어 보자. 당신이 오페라 아이다 *Aida*를 처음으로 보았을 때, 거대한 합창단, 말들의 행진, 이륜전차를 끌고 있는 주인공 라담스 *Radames*가 등장하는 개선행렬 장면에서 가장 깊은 감동을 받을 것이다. 그런데 만약 당신이 아이다를 스무 번째 본다면, 개선식은 더 이상 흥미로운 장면이 될 수 없다. 이제는 아이다와 라담스 사이의 금지된 관계가 어떻게 묘사될 건지와 같은 좀더 미묘한 부분에 관심을 가지게 된다.

은행에서 처음으로 신용대출을 받는다면, 당신은 몇몇 불만족스러운 서비스는 눈감아 줄 만하다고 느낄 것이다. 그저 대출을 받을 수 있다는 사실에 행복할 뿐이다. 그러나 두 번째 세 번째 대출이 계속 이어지면, 이제는 당신이 경험을 평가하는 기준은 스피드와 편리성 등이 될 것이다.

충성도는 또 다른 변수다. 만약 당신이 늘 같은 회사의 특정 제품만을 사용한다면, 그 경험은 분명히 동시에 여러 제품을 사용하는 고객과는 다를 것이다. 다른 제품과 이것저것 비교해 보고 제품을 사는 소비자의 경우에는, 제품마다의 특징이나 차이점에 대한 지식이 풍부하기 때문에 제품 특징이나 가격에 매우 민감하다. 이런 소비자의 관심을 끌려면 경쟁 제품의 특징이나 가격을 조사한 후 고객이 자사 제품을 선택하도록 제품 품질과 가격경쟁력을 강화하는 길밖에 없다. 반대로 충성도가 높은 고객은 계속 사용하던 한 가지 제품의 아주 세밀한 부분까지도 자세히 알고 있는 경우가 많고 일반적으로 그것에 만족하고 있다. 이런 고객을 위해서는 제품의 특징을 너무 많이 너무 자주 바꾸지 않는 게 중요하다.

경험은 사용횟수와 충성도에 의존하기 때문에, 기업은 광범위한 경험적 분석을 해야 하고, 모든 종류의 고객을 포함하는 경험을 디자인해야 하며, 확실한 타깃고객을 위한 전략적 목표를 기초로 하여 분석 샘플을 특화시켜야 한다.

여행 산업에서 사용빈도와 충성도는 중요한 고객 특성이다. 당신이 대도시나 휴양지의 관광안내를 담당하고 있다고 가정해 보자. 분명히 처음 여행지를 방문한 고객은 매년 그 여행지를 찾는 고객과는 다른 경험(흥미거리, 숙박, 오락거리 등)을 기대할 것이다. 경험이 많은 여행객과 여행을 자주하지 않는 고객 사이에는 차이점이 있을 것이다.

고객의 경험세계를 4개의 층으로 나눠라

《체험 마케팅》에서 주장한 바 있듯이, 우리는 제품이라는 협소한 대상에 초점을 맞추어 제품광고나 정보전달에서 제품의 특징과 혜택 측면을 지나치게 강조하는 경향이 있다. 그래서 나는 SCCV(SocioCultural Consumption Vector, 사회문화적 소비 방향)라고 명명한 개념을 사용해서 생각의 범위를 넓힐 수 있다고 제안했었다. 제품의 특징 대신에 SCCV의 관점에서 제품을 생각하면, 좀더 완벽하게 제품을 이해할 수 있다. SCCV는 경험세계의 다른 주요 요소인 제품 소비 환경이나 사회문화적 환경의 주요 경향을 보여주기 때문에, 이를 사용하면 고객의 경험세계를 이해하는 데 효과적이다.

그렇다면 어떻게 하면 정확히 이것을 파악할 수 있을까? 필자는 고객세계를 넓은 범위의 일반적인 경험에서부터 브랜드경험에 이르기까지 4개의 층으로 나누어 살펴봄으로써 고객의 경험세계를 명확히 파악할 수 있다.

경험세계를 구성하는 4개의 층

필자는 강의를 하거나 컨설팅을 하면서, 고객의 경험세계를 아래 4개의 층으로 나누는 게 매우 유용하다는 것을 알아냈다(그림 3.7 참조).

1. 고객의 사회문화적 배경과 관련된 광범위한 범위의 경험(개인고객의 경우) 또는 비즈니스 환경과 관련된 광범위한 범위의 경험(기업고객의 경우)
2. 브랜드를 사용하고 소비하는 상태에서 얻는 경험
3. 제품군에서 얻는 경험
4. 브랜드에서 얻는 경험

면도기와 면도날을 예로 들어보자. 브랜드가 주는 독특한 경험에서

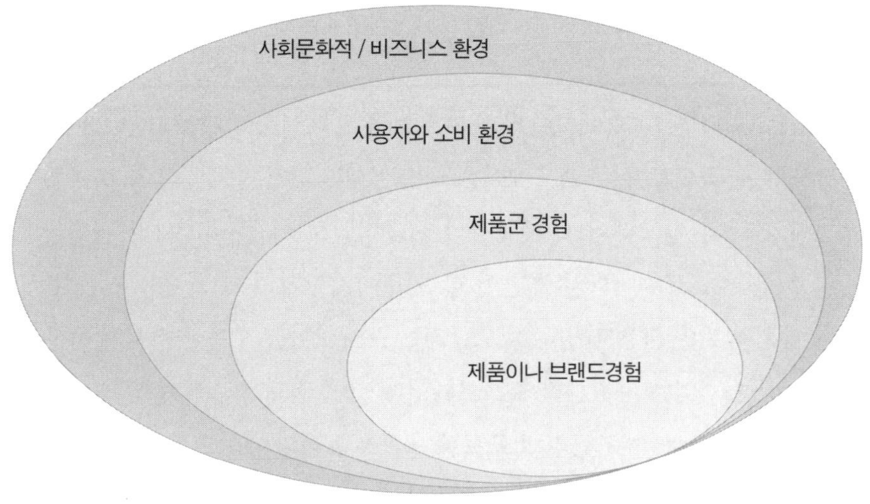

[그림 3.7] 경험세계의 4개 층

시작해, 더 넓은 범위로 고객경험을 확대해서 분석해 보자. 브랜드경험
이란 면도를 할 때 그 면도기가 어떻게 보이는지, 손에 쥐었을 때는 어떤
느낌인지 등을 의미한다. 이 브랜드경험은 이 제품이 3중 면도날인지 첨
단기술을 이용한 면도 기능을 가졌는지 등의 제품군에 의한 요소가 영
향을 준다. 나아가서 브랜드와 제품군은 아침에 면도를 하고 몸차림을
하는, 더 확장된 제품 소비환경에 포함된다. 더 확장하면 면도하고 매무
새를 가다듬는 제품 소비환경은 사회문화적 배경의 일부분으로 출근 준
비를 하는 과정에서 필요한 활동이거나, '프로처럼 보이고 싶다', '프로
같은 인생을 살고 싶다' 는 희망에서 나타나는 활동이다. 좁은 범위에서
시작하여 더 넓은 범위로 이동하면서, 우리는 면도기와 면도날이 오늘
날 고객에게 어떤 의미를 가지는지에 대한 이해를 넓힐 수 있다. 프로
같은 삶이라는 사회문화적 범위로까지 의미를 확장함으로써, 면도기처

럼 작고 보잘것없는 제품을 통해서조차도 새로운 마케팅 기회를 찾을 수 있다.

자, 그렇다면 이제 재고관리 소프트웨어 프로그램이 판매되는 B2B시장을 예로 들어보자. 소프트웨어에 대한 브랜드경험은 제품이 잘 작동하는지, 사용과 업그레이드, 제조사의 기술적인 지원 등이 얼마나 간편한지, 다른 소프트웨어와의 호환이 잘 이루어지는지 등의 영향을 받는다. 더 넓은 범위인 사용 환경은 재고관리 소프트웨어를 주문한 회사가 사용하고 있는 기업용 자원관리 소프트웨어나 기업 전체 시스템 운영 경험이라고 할 수 있다. 재고관리 소프트웨어 프로그램의 기준으로 보면, 좀더 넓은 범위의 비즈니스 환경은 기업고객의 사업목표와 전략이 된다. 그래서 이 재고관리 소프트웨어 패키지에 대한 고객경험을 제대로 이해하려면, 이 제품이 회사의 포괄적인 사업목표와 전략에 얼마나 잘 부합하는지 먼저 이해할 필요가 있다.

고객은 4개의 층 전체에 걸쳐 경험을 유발시키는 자극을 받는데, 이러한 자극은 종종 여러 가지 서로 다른 전달매체와 연관을 맺는다. 개인고객 시장을 보자. 사회문화적 수준에서 경험을 촉발시키는 매체는 책, 영화, 이벤트, 잡지 등이 있다. 사용 환경의 수준에서는 라이프스타일 잡지가 있고, 제품 및 브랜드경험 수준에서는 소비자용으로 특화된 잡지(패션, 스포츠, 음악, 홈 매거진 등)나 브랜드 매체(제품정보, 포장, 브랜드 광고 등)가 있다. 기업고객 시장을 보면 비즈니스 환경 수준에서 경험을 촉발시키는 매체로는 TV에서 나오는 비즈니스 리포트가 있고, 연차보고서나 TV 같은 매체가 주요 프로그램으로 삼는 주요 기술동향 같은 것도 있다. 사용 환경 수준에서의 경험은 일반적인 비즈니스 잡지가 중요한 역할을 담당한다. 제품이나 브랜드경험 수준에서는 제품 카탈로그와 리포트를 담은 상거래 매체가 경험을 촉발시킨다.

4개의 층 접근방식을 이용해 경험세계를 구분할 때, 우리의 주요 관심사인 브랜드를 경험세계의 가장 중심에 두되 그것을 둘러싼 3개 층과의 관련을 주시해야 한다. 첫 번째 층은 제일 바깥층에 위치한 것으로 B2C는 사회문화적 동향이며 B2B는 비즈니스의 환경이 된다. 브랜드의 경험세계는 여기서부터 시작해 개발한다. 두 번째 층은 첫 번째 층인 사회문화적 상황이나 비즈니스 상황에서 브랜드의 사용 환경으로 좁혀진 것이지만, 두 개 층은 서로 연결되어 있어야 한다. 세 번째 층은 브랜드가 속해 있는 제품군Product category 안에서 그 브랜드가 제공하는 차별화된 경험을 말한다.

결과적으로 고객으로 하여금 브랜드가 의미를 지니고 있고 자신과 관련이 있다는 걸 깨닫게 하는 것이 목표다. 개인고객은 브랜드를 자신의 라이프스타일을 더욱 풍부하게 만들어주는 것이라고 여기게 될 것이다. 또한 기업고객은 브랜드가 사업상 문제를 해결하는 데 충분히 도움이 된다고 느낄 것이다.

경험세계를 4개의 층으로 나누는 방법

컨설팅을 하면서 필자는 고객의 경험세계를 4개의 층으로 나누는 방법론을 개발했다. 이 방법론을 개발한 목적은 경험세계를 4개의 층으로 나누어 각 층의 그림을 확실하게 그리는 것에 있고, 그렇게 함으로써 광범위한 경험으로부터 좀더 세부적인 경험으로 경험세계를 좁혀 나가며 설계하는 데 있다.

바로 앞에서 간략히 설명했지만 고객경험의 세계를 4개 층으로 구성하는 것을 좀더 구체적으로 살펴보기로 하자. 4개의 층을 구성할 때는 가장 바깥에 있는 층부터 시작해야 한다. B2C 환경에서는 라이프스타일을, B2B 환경에서는 비즈니스 동향을 조사함으로써 층을 만들기 시작해야 한다는 것이다(이 단계에서 사용하는 분석과 조사기법은 이 장의 끝부분에 언급되어 있다). 라이프스타일이나 비즈니스 동향을 조사할 때는 다음 3개의 핵심 이슈에 대해 대답을 찾아야 한다. 그것은 바로 트렌드의 특질, 트렌드를 만드는 사람들, 트렌드와 제품 사용 환경과의 연관성 등이다.

1. **트렌드의 본질** : 트렌드를 정확히 설명할 수 있는가? 트렌드가 계속될 조짐이나 징후는 무엇인가? 그 트렌드는 얼마나 중요하며 얼마나 의미 있는가? 예전에도 이런 트렌드가 있었는가? 현재의 트렌드와는 무엇이 다른가? 기존의 다른 트렌드와 중복되는 부분은 있는가?

2. **트렌드를 만드는 사람들** : 어떤 사람들이 이런 트렌드가 시작되게 했을까? 미래에는 누가 이런 트렌드를 이끌어갈까? 어떤 사람들이 이런 트렌드를 확산시키는가?

3. **사용 환경과 트렌드의 연관성** : 특정한 사용 환경에서 트렌드는 어떤 방식으로 나타나는가? 특정한 사용환경에서 그 트렌드의 결과는 무엇일까?

이제 세 번째 층으로 좁혀보자. 세 번째 층이란 사용 환경을 말한다. 위의 트렌드에 대한 정보를 좁혀서 사용 환경이라는 세 번째 층을 만들려면, 다음과 같은 질문에 대해 잘 조사해 대답해야 한다.

1. **사용 환경의 본질** : 이 사용 환경은 얼마나 중요한가? 사용 환경에서

트렌드를 반영하는 요소가 있는가? 브랜드를 통해 어떻게 사용 환경을 강화할 수 있는가?

2. **사용자** : 어떤 유형의 사용자가 이 제품 사용 환경에 관여되어 있는가? 제품 사용 환경의 일부분으로서 사용자는 무엇을 하는가? 사용자의 개인적인 또는 직업적인 삶에서 어떤 면이 사용 환경에 영향을 미치는가?

3. **브랜드에 적용되는 사용 환경** : 브랜드는 이러한 사용 환경에서 어떤 역할을 하는가? 브랜드는 사용 환경에 얼마나 잘 들어맞는가? 어떻게 하면 더욱더 잘 어울리게 만들 수 있을까?

마지막으로, 우리는 트렌드에 대한 분석을 통해 풍부해진 사용 환경에 대한 경험을 제품군이나 브랜드의 경험으로 집중시켜 살펴볼 필요가 있다. 이것이 세 번째와 네 번째 층을 만드는 방법인데, 이렇게 하기 위해서는 제품과 브랜드에 대해 다음과 같은 질문들을 해 보고 그에 대한 대답을 찾아야 한다.

1. **제품군과 브랜드의 본질** : 이 제품군과 브랜드의 본질은 무엇인가? 브랜드의 개성과 핵심적인 연상 내용은 무엇인가? 특정한 사용 환경을 위해 어떻게 이 제품과 브랜드를 새로운 트렌드와 통합될 수 있을까?

2. **제품군과 브랜드를 사용하는 사람들** : 이 제품군과 브랜드에 열광하며 충성하는 사람들은 누구인가? 이들은 어떻게 브랜드와 트렌드를 통합시켜 주는가? 어떤 신규고객이 그 트렌드를 확산시키는 데 도움이 되는가?

이런 일련의 과정을 진행하는 동안에는 항상 열린 마음과 폭넓은 사고를 가져야 한다. 현재의 브랜드 포지셔닝을 확대할 수만 있다면 새로운 아이디어를 거부해선 안 되며, 그 아이디어를 통해 영감을 얻을 수 있어야 한다.

이러한 계층화된 방법론을 사용할 경우에 고객경험을 더 깊이 조사하기 위해 적용할 수 있는 몇몇 질적·정량적 테크닉이 있다. 다만 여기서 명심해야 할 것은 일단 고객의 경험세계를 계층화하여 분석하는 방식을 택했다면, 회사와 고객 사이에 존재하는 모든 고객접점에서 고객경험을 계속 추적하여 이를 풍부하게 만들어야 한다는 것이다.

고객접점을 따라 경험을 추적하라

고객접점*touchpoints*(고객이 상품이나 브랜드를 경험하거나 접하게 되는 상황, 사람, 커뮤니케이션을 총칭하는 말인데, IMC에서는 brand contact points라고 부르며, CRM에서는 points of contact, Moments of truth 등으로 지칭한다. ─옮긴이 주)을 따라서 고객의 경험을 추적하는 주된 목적은 '고객 의사결정 과정' 전반에 걸쳐 고객경험을 더욱 풍부하게 만들 수 있는 방법을 찾기 위함이다. 고객경험의 추적은 제품이 필요하다는 인식에서 시작되어, 정보 조사 → 정보 처리 → 선택이라는 과정을 통해 진행되며, 제품을 구입하면 완결된다. 고객은 제품을 구매한 후에 그 제품을 사용하며 새로운 제품을 사고 나서 폐기처분한다. 새로 구입하는 제품은 같은 브랜드이거나 같은 브랜드의 동일 계열이거나 새로운 제품군일 수 있다. 의사결정 과정의 각 단계에서 고객과의 접촉이 발생한다. 우리는 전통적인 마케팅에서도 다루는 '각각의 고객접점에서 고객은 어떤 정보를 필요로 하는가' 하는 것뿐만 아니라, '어떤 경험을 원하는가'도 파악해야만 한다.

어떻게 이것을 할 수 있을까? 이안 맥밀란*Ian MacMillan*과 콜럼비아 비즈니스 스쿨의 동료인 리타 맥그래스*Rita McGrath*는 의사결정 과정의 다양한 단계에서 간단한 전통적인 질문을 이용해 고객경험을 파악하길 권고한다. 즉 무엇을*what*? 어디서*where*? 누가*who*? 언제*when*? 어떻게*how*? 하는 질문이 그것이다. 이들은 양초시장의 예를 들어 이 접근법을 설명했다.

- 의사결정 과정의 매 순간마다 고객은 '무엇을' 하는가? 고객이 무엇을 할 때 양초가 필요할까? 생일잔치할 때에 케이크에 꽂기 위해서 필요할까? 저녁식사를 할 때나 뷔페에서 분위기를 낼 때? 혹은 정전이 되었을 때? 그렇다면 각각의 상황에서 어떤 양초를 찾아, 구입하고, 사용하는가? 새로운 경험을 얻거나 대체용품을 발견한다면 양초가 필요하다는 생각이 바뀔 수 있는가?
- 이런 구매 결정을 해야 하는 단계에 있을 때 고객은 어디에 있는가? 집에 있는가? 매장에? 온라인상에? 양초를 사는 경험을 가장 즐겁고 유쾌한 것으로 만들려면 무엇을 어떻게 해야 하는가?
- 누가 결정을 내리는가? 제품에 대한 정보를 얻고 선택을 하여 양초를 사서, 사용한 뒤 버릴 때까지의 과정 중에서 고객이 가장 좋아하는 경험은 무엇인가?
- 고객은 언제 결정을 하는가? 낮과 밤에, 여름과 겨울에 양초의 필요성에 대해 다르게 느끼는가? 양초 제조업자가 고객에게 접근할 만한 가장 좋은 시간이나 시기를 택했다면 그것은 과연 판매에 도움

이 될 것인가?

- 고객의 경험은 의사결정 과정의 각 단계에서 어떻게 나타나는가?

블리드 인더스트리*Blyth Industries*라는 양초 제조회사는 의사결정 과정의 매 단계마다 나타나는 고객의 경험을 차별화함으로써 회사의 매출을 200만 달러에서 5억 달러로 늘렸다. 이를 보고 맥밀란과 맥그래스는 "400년 동안 계속해서 시장 규모가 줄어들고 있는 양초산업에서 주목할 만한 성과다."라고 평가했다.

경쟁 구도를 면밀히 조사하라

고객경험을 개선하려는 경쟁은 이미 어디에서든 볼 수 있다. 호텔경영자에게 객실에 대해 얘기해 보라. 항공사 임원에게 공항 라운지에 대해 얘기해 보라. 자동차회사에 자동차 내부 인테리어나 자동차 전시장에 대한 의견을 제시해 보라.

모든 기업은 경쟁사가 채택한 새로운 고객경험이 무엇인지 그리고 어떻게 그에 대응할 수 있는지를 빨리 포착하려 애쓰고 있다. 이제 경쟁은 가격에만 국한되어 있지 않다. 오히려 기업들은 고객경험을 더욱 강화하는 데 열심이다. 따라서 정기적으로 경쟁현황을 조사하고 거기에서 얻은 것을 바탕으로 어떤 행동을 해야할지 고민해야 한다.

경쟁이 결여된 경험세계를 분석해서는 별로 쓸모가 없다. 고객은 당신이 주요 경쟁사보다 더 나은 경험을 제공하느냐에 따라, 당신의 상업적 제안을 받아들이게 된다. 경쟁사가 당신의 고객에게 제공하는 것이 무엇인지를 이해해야 한다. 고객경험을 개선하려면 경험적 벤치마킹이 꼭 필요하다. 특히 세 가지 일반적인 유형의 경쟁사가 제공하는 고객경험은 꼭 조사할 필요가 있다.

1. **직접 경쟁자** : 직접 경쟁자, 즉 같은 산업 내에서 같은 제품군을 생산하는 회사가 제공하는 고객경험은 무엇이 있는가? 경쟁사가 제공하는 고객경험이 당신 회사가 제공하는 고객경험보다 나은가, 비슷한가, 아니면 못한가? 질적인 측면에서 당신은 그 경험을 어떻게 묘사할 수 있는가? 고객은 어떤 대우를 받고 있는가? 경쟁사의 고객경험으로부터 배울 것은 무엇인가?

2. **신규 진입자** : 시장에 새롭게 진입하는 회사는 차별화 전략이 필요하기 때문에 가격이나 제품의 기능적 특징, 고객경험, 고객을 끌어들이기 위한 호소력 등에 대해 필사적인 노력을 기울인다. 당신은 이들 경쟁사로부터 무엇을 배울 수 있는가?

3. **다른 산업의 경쟁자** : 흔히 다른 산업의 경쟁자로부터 가장 많은 영감을 얻을 수 있다. 고객경험에 관하여 다른 산업에 속한 기업을 벤치마킹하다보면 좋은 결과를 얻을 때가 많다. 비록 속해 있는 산업 분야가 달라 당신 회사와는 많은 차이점이 있을지라도, 스스로에게 이렇게 자문해보라. 어떻게 하면 우리 회사의 고객경험 개선을 위해 이들 다른 산업 분야의 경쟁사들이 제공하는 고객경험을 가장 효과적으로 적용할 수 있을까?

자동차를 렌트하는 것이 항상 유쾌한 일만은 아니다. 그러나 에이비스*Avis*를 이용하면 이 모든 게 달라진다. 모든 접점에서 보다 나은 고객경험을 제공하자는 캠페인을 시작하면서, 에이비스는 자동차 렌트 경험을 확실하게 개선시켜 기록적인 고객충성도를 확보하였다.

에이비스는 어떻게 이런 성과를 냈을까? 먼저 에이비스는 자동차 렌트 경험 전체를 조각조각 분석했다. 우선 외부 컨설턴트의 도움을 받아 자동차를 렌트하려는 사람들이 가장 신경 쓰는 요소를 따로 떼어보았다. 그러고 나서 자동차를 렌트하는 프로세스를 100 단계로 세분화하여 쪼개고, 각 단계별로 개선할 점이 발견되면 집중적으로 이를 개선하였다. 고객들이 렌트하는 데 걸리는 시간에 신경을 많이 쓴다는 사실이 밝혀지자, 에이비스는 우대서비스*Preferred service* 프로그램을 도입했다. 회원고객들에 한해서는 공항 내에 있는 렌트카 신청 부스를 들르지 않고도 바로 차를 배정받을 수 있게 했다. 고객이 여행하면서 겪을 스트레스를 줄이는 데 도움이 될 수 있도록, 에이비스는 주요 공항에 특별 고객센터를 설치했다. 이곳에서는 공중전화를 이용하거나 노트북을 인터넷에 연결하거나, 복사기를 사용할 수 있다. 또한 이곳에서 볼일을 보는 고객들이 공항 내 비행기 이착륙 정보를 볼 수 있도록 디스플레이 장치도 설치했다.

에이비스는 고객경험을 향상시키는 데 직원들이 역할이 중요하다는 것도 깨달았다. 고객이 원하는 것에 민감하게 반응할 수 있도록 접수창구 직원들을 훈련시켰다. 렌탈 담당부서는 어린아이를 동반한 부모에게는 유아용 안전시트를 사용할 수 있도록 체크해 주고, 골프를 좋아하는 고객에겐 방문 지역 골프장 지도와 안내장을 제공해 주었다. 지도와 안내장은 고급스러운 가죽파일에 끼워져 있다. 에이비스는 고객의 경험을 개선할 수만 있다면 무엇이든 했다. 더욱이 고객이 모든 게 순조롭게 진행되고 있다고 느끼게끔 에이비스 직원들은 헤드셋을 착용했다. 서비스 품질보증과 고객 보호를 담당하는 부서 책임자인 다이안 칼*Diane Karl* 부사장은 이렇게 말한다. "책임감 있는 누군가가 항상 곁에 있다고 느끼면 고객의 스트레스는 줄어들게 마련이죠. 고객의 눈에는 헤드셋이 상징하는 바가 큽니다."

고객경험을 높이기 위해 쏟아부은 많은 노력은 어떤 결과로 나타났을까? 브랜드 키*Brand Key*는 매년 브랜드 충성도 조사를 실시하여 발표하는 기관이다. 이번에는 30개의 산업 분야에서 총 158개 회사를 대상으로 브랜드 충성도를 조사하여 그 결과를 발표하였다. 브랜드 키의 고객 충성도 순위조사에 따르면, 2002년 에이비스는 업계 1위였다. 업계 1, 2위만 되어도 상당한 명성을 보장하는 브랜드 키 조사에서 1위를 한 것이다. 고객경험 관리가 당신 회사에 어떤 성공을 가져다줄 수 있는지 미루어 짐작할 수 있을 것이다.

※ 토마스 무차 *Thomas Mucha*, '고된 노력에 대한 보상 *The Payoff for Trying Harder*',
  〈비즈니스 2.0〉, 2002년 7월. pp.84~86.

웨스틴 호텔 : 훌륭함을 넘어 탁월함으로

당신이 최고급 비즈니스 여행객들이 주로 이용하는 호텔의 매니저라고 상상해보자. 호텔산업은 이제 가격이나 장소의 접근성 등이 아닌 고객경험으로 경쟁하는 산업이 되었다. 호텔이 제공하는 고객경험으로는 초현대식 헬스클럽, 손님을 맞이하고 접대하는 방법, 비즈니스 센터의 직원과 그 시설, 호텔 레스토랑 시설의 양과 질과 스타일, 객실과 침실과 욕실의 크기와 스타일과 쾌적함 등이 있다. 당신의 경쟁호텔이 '침실'과 '욕실'을 내세워 경험캠페인을 시작하면서, 전 세계적으로 새로운 고객경험을 실현하려 한다고 상상해 보자

1990년대 후반, 웨스틴이라는 브랜드를 가진 스타우드 호텔 앤 리조트 월드와이드 *Starwood Hotels & Resorts Worldwide*는 고객들에게 최고의 잠자리 경험을 제공하기로 결정하고 천국 같은 침대 *The Heavenly Bed®*라는 프로젝트를 시작했다. 스타우드 호텔이 프로젝트 이름을 '천국 같은 침대'라고 지은 이유는 침구로 흰색 리넨을 사용해 맑고 평온한 분위기와 깨끗한 분위기를 풍겼기 때문이었다. 흰색 리넨은 당시 다른 호텔들이 사용했던 갈색 계통의 침구와는 확연히 다른 분위기를 보여주었다.

고객 중에서도 특별히 기업 고위 임직원들을 대상으로 한 충분한 조사를 통하여, 그들의 요구사항을 참작해 침대를 만들었다. 600명을 대상으로 전화조사를 실시했는데, 이들은 침실에서 꿀맛 같은 단잠을 잘 수 있도록 배려하는 것이 호텔이 고객에게 줄 수 있는 최상의 서비스라고 답했다. 조사에 임한 기업체 임원들 대부분은 출장을 갔을 때 아내보다 더 그리웠던 것이 바로 자기 방 침대라고 이구동성으로 말했다. 스타우드 호텔 홍보팀을 맡고 있던 카바나 *K.C. Kavanagh* 부사장은 "900개의 스프

링과 250번의 커버 스티치를 내세워 고급 침대라 선전하는 것은 고객경험을 전혀 모르고 하는 소리다"라고 말했다.

고객을 설득하는 최상의 방법은 고객으로 하여금 직접 침대를 경험하게 하는 것이다. 스타우드 호텔이 시도한 침대 디자인은 전국적으로 관심을 끌기 시작했다. 고객경험 전문회사인 잭 모튼*Jack Morton*이 홍보 캠페인을 아주 그럴듯하게 전개한 것도 도움이 컸다. 월 스트리트에서는 주식중개인들이 뉴욕 증권거래소 정문에 일렬로 쭉 전시된 솜털처럼 푹신푹신한 30여 개의 침대를 시험해 보았다. 교외에서 출퇴근하는 사람들이 테스트하도록 뉴욕 그랜드센트럴 역에도 20여 개의 침대가 전시되었다. 조지아 주의 사바나 시에서는 스카이다이버들이 웨스틴 사바나 하버 리조트*Westin Savannah Harbour Resort* 앞에 정박해 있는 유람선에 침대를 펼쳐놓고 그 위로 착륙하는 시범을 보이기도 했다. 브리티시 콜롬비아의 휘슬러 스키리조트에 위치한 웨스틴 리조트 앤 스파*Westin Resort & Spa*에서 이 침대는 '일곱 번째 천국*Seventh Heaven*' 이라는 이름의 스키 코스를 활강하기도 했고, 시애틀 스페이스 니들*Seattle's Space Needle*의 전망대에 전시되기도 했다. '침대 위에서 누가 최고일까?' 라는 재미있는 광고 문구를 이용한 재치 있고 자극적인 언론 캠페인 덕분에 웨스틴은 라디오와 TV에 6,700만 번이나 출현했고, 1억 2,400만 번의 웹 사이트 조회수를 기록했다.

10점 만점인 고객만족도 조사에서 호텔의 청결 점수는 8.28점에서 8.60점으로 올라갔고 객실 인테리어 점수는 7.25점에서 8.36점으로 좋아졌다. 단지 침대를 조금 바꾸었을 뿐인데 호텔의 전반적인 만족도는 12%나 올랐다. 고객들은 이런 말을 많이 했다. "마치 집에 있는 내 침대 같다." "천국의 침대가 없는 호텔은 이용하고 싶지 않다." 많은 사람들이 이 천국 같은 침대를 사고 싶어 했다. 이러한 고객의 기대에 부응해 스타우드 호텔은 전 세계적으로 이 침대를 도입해야 했다. 한꺼번에 모든 호텔에다 침대를 들여 놓으려다보니 침대 생산이 수요를 따라가지 못하는 해프닝이 발생하기도 했다.

침대를 이용해 이러한 성공을 거두자 웨스틴은 이에 더욱 박차를 가하여 '천국 같은 욕조*the Heavenly BathSM*' 와 '천국 같은 아기침대*the Heavenly Crib^SM*' 를 도입했다.

천국 같은 욕조를 이용하는 고객은 온천수의 치료 효과와 호화로운 욕조에서 목욕하는 즐거움을 함께 누렸다. 웨스틴은 1,000만 달러를 투자하여 샤워기 꼭지, 샤워커튼 봉, 샤워커튼, 타월, 벨루어 목욕가운, 맞춤 오락시설 등을 북미 소재 72개의 호텔 총 23,000개의 객실에다 새롭게 들여놓았다. 이 프로젝트를 실시하기 전에 스타우드 호텔은 사전조사에만 1년이란 시간을 들였고 150개 이상의 샤워기 꼭지를 시험해 보았다.

스타우드 호텔의 최고경영자인 베리 스텐리히*Barry S. Sternlicht*는 이렇게 말했다. "그간 호텔산업은 욕실에 투자하는 데 참으로 인색했습니다. 그런데 욕실은 고객이 즐거운 밤을 보내고 난 아침에 아주 즐겁게 샤워하는 곳이지요. 호텔이 제공할 수 있는 서비스 중에서는 가장 중요한 서비스라고 할 수 있습니다. 여행을 자주하는 사람들에겐, 아침에 샤워를 하는데 물은 잘 안 나오고, 싸구려 1회용 샴푸를 써야 하고, 목욕수건은 행주처럼 더럽게 보일 때만큼 짜증나는 때가 없죠. 천국 같은 욕조는 호텔 비즈니스에서 고객에게 최고의 목욕경험을 주려고 만든 겁니다. 집에서 하는 것보다 더 편안하고 기분 좋은 샤워를 호텔에서 해보는 것. 이것이 바로 우리가 추구하는 것이죠."

천국 같은 아기침대는 어린 고객들의 경험을 개선하려고 만든 것이다.

Westin Hotels Resorts ©1999

[그림 3.8] 웨스틴 호텔의 천국 같은 침대

하지만 실제로는 아이를 가진 부모들에게 더욱 필요한 것이었다. 천국 같은 아기침대는 커버시트가 100% 순면으로 되어 있고, 일반적으로 호텔에 비치되어 있는 폼 타입의 아기용 침대 매트리스와는 달리 어른 침대처럼 코일을 박아 어린이가 좀더 편안히 잠을 잘 수 있도록 설계되었다. 부모와 아이들의 경험을 강화하기 위해 웨스틴은 이 아기용 침대를 설치하고 편안하게 조절해주고 사용법을 가르쳐주는 별도의 직원을 두었다.

웨스틴의 천국 같은 침대, 욕조, 아기침대 같은 경쟁자의 경험전략을 살펴보고 나서 당신 회사가 채택하고 있는 경험전략을 생각하면 다소 압박감을 느낄 것이다. 이와 같이 경쟁사의 움직임은 확실히 당신의 분석 내용에 포함될 필요가 있다. 고객경험을 주의 깊게 생각하다보면 사전조사를 해야 할 때 또는 전략을 짜야 할 때 몇 가지 대안이 생긴다.

당신은 조금 비열한 방식의 비교전략을 사용할 수도 있다. '침대는 당신의 사회적 지위를 나타냅니다! 당신의 신분을 생각하세요.' (그런데 사실 침대와 사회적 지위와는 아무런 상관이 없지 않은가?) 혹은 경쟁사의 전략을 그대로 베낄 수도 있다(하지만 조심하라. 잘못하면 법정에 서야 할 수도 있으니까). 경쟁사와는 달리 당신은 객실의 다른 부분에 초점을 맞출 수도 있다. 하지만 사실 남은 게 별로 없다. 웨스틴이 이미 침대, 욕조, 아기침대에까지 경험전략에 사용해 버렸기 때문이다. 당신 회사의 브랜드를 싸구려로 만들고 싶지 않다면, 그리고 가격차별화 정책을 취할 생각도 없다면, 이제 유일한 선택은 대안을 창조하는 것이다. 전혀 다르고 매력적인 경험전략을 말이다. 고객이 알려준 경험을 당신 자신의 생각과 잘 버무려야 한다. 그리고 경험에 관한 한 GE의 주장을 귀담아 들을 필요가 있다. "당신 혼자만의 생각을 버려라!"

경험세계 이해를 위한 조사기법

우리는 고객의 경험세계를 분석하기 위해 4단계 프로세스를 검토할 것이다. 분석의 일환으로 먼저 고객에 대한 기초조사를 실시할 필요가 있다.

물론 고객의 경험세계를 올바로 이해하기 위해, 적절한 조사기법을 사용해서 정확한 데이터를 모으는 작업이 쉬운 일은 아니다. 따라서 일부 매니저들은 쉬운 길을 선택하기도 한다. 이들은 고객조사가 꼭 필요하지 않다고 주장한다. 그리고 고객이 회사에 중요한 정보나 기발한 아이디어를 주는 것도 아니라고 주장한다.

정작 이 문제는 고객이 아니라 전통적인 고객조사 기법에 기인한 것이다. 대부분의 고객조사 기법은 정확성을 생명으로 한다. 신뢰도니 타당성이니 하는 용어를 사용하는 전통적인 마케팅 조사 기준이 그것이다. 그러나 전통적인 마케팅 조사 기준에는 고객의 경험을 적절하게 통찰하는 데 꼭 필요한 현실성과 독창성 그리고 정보의 깊이가 부족하다. 그래서 전통적인 마케팅 조사 기준을 바꾸지 않고는 포커스 그룹, 1대1 인터뷰, 전화조사 등을 제대로 실시할 수가 없다. 결국 고객경험에 관한 가치 있는 정보를 얻으려면 전통적인 조사 방법의 절차를 일부 변경해야만 한다. 고객의 경험세계에 대해 적절한 조사를 수행할 때 필수적인 3가지의 수정안은 다음과 같다.

1. 자연스런 환경에서 조사를 실시하라

고객은 자연스런 환경 아래에서 제품과 회사에 대해 경험을 만들어 간다. 그런데 대부분의 전통적인 마케팅 조사에서는 고객의 자연스런 환경을 최대한 배제하고 인위적인 환경을 만들어 조사를 실시하고 있다. 그 결과 고객은 애써 기억을 떠올리거나 상상을 강요당하며, 조사 결과는 사실과는 전혀 다른 엉뚱한 방향으로 흐르게 된다. 따라서 경험을 제대로 조사하기 위해서는 고객이 최대한 자연스런 상황에 있는 상태에서 하는 것이 좋다.

경험이란 시간이 흐름에 따라 변하게 마련이다. 경험은 단 한번의 인상으로 형성되어 고정되는 것은 아니며 쇼핑을 하거나 직원과 상호작용을 하거나 온라인상에서 물건을 구입하는 등의 활동을 하면서 계속 새로워진다. 고객이 자연스런 환경에 있는 동안 관찰을 계속하면서 고객이 경험을 하고 있는 현장을 계속 추적하여, 무엇이 좋았고 무엇이 안 좋았으며 무엇을 바꾸었으면 좋겠는지 등을 물어보아야 한다.

2. 적절한 고객반응을 이끌어내기 위해 실제적인 자극을 사용하라

제품이나 웹 사이트나 쇼핑환경 같이 전통적인 조사에서 사용하는 대부분의 자극제는 고객이 받은 자극을 적절히 설명하기에는 어딘가 빈약하다. 제품은 설명으로 대신하고, 그래픽 모형으로 웹 사이트를 대신하고, 쇼핑환경은 사진으로 찍어서 설명해 준다. 여기엔 고객이 적절하게 반응하는 데 꼭 필요한 요소들이 빠져 있다. 그래서 빈약하다는 것이다. 좀더 사실적인 자극을 제시해야 한다. 3차원의 사실적인 환경, 시각과 청각을 사용할 수 있는 기회, 멀티미디어 디스플레이나 모형환경 등이 그런 사실적 자극을 만들어준다.

3. 고객이 색다른 현실을 상상하도록 부추겨라

대부분의 조사는 현재상황에만 초점을 맞추고, 고객에게 현재상황에 대해서만 설명한 다음 반응을 요구한다. 하지만 CEM 프로젝트의 목표는 미래 연구다. 또한 새로운 브랜드경험을 시작하고 인터페이스를 다시 조직화하며 혁신에 착수하는 것이다. 그러므로 고객이 현재의 경험을 평가하도록 만들면서, 동시에 바람직한 미래의 경험에 관해 생각하도록 유도해야 한다. 또한 당신이 미래의 경험을 창조하고 미래를 상상하는 데도 고객으로부터 많은 도움을 받아야 한다. 이와 같이 조사는 평가만이 아니라 고객의 독창적인 목소리를 듣는 데도 이바지해야 한다. 우리는 고객이 가정*assumption*에 익숙해지고 색다른 현실을 상상하도록 만들 필요가 있다.

요컨대 경험적인 조사는 가능한 한 고객이 자연스런 상황에 있을 때 해야 한다. 우리는 고객에게 사실적인 자극에 반응하도록 요구할 필요가 있고, 고객이 미래를 내다보고 색다른 현실세계를 상상하도록 장려해야 한다.

매니저들은 과연 어떻게 이 모든 것을 할 수 있을까? 이제 몇 가지 기법을 소개하겠다.

자 연 스 러 운 거 주 환 경 에 서 고 객 을 관 찰 하 라

호레이스 마이너*Horace Miner*가 지은《나시레마 인의 신체 의식*Body Ritual among the Nacirema*》이란 책에는 아직까지 마법을 굳게 믿는 부족들에게 나타나는 금기禁忌와 의식儀式적인 행동에 대한 인류학적 리포트가 담

거 있다. 이제 이 신체 의식을 가진 문화에 대한 짧은 인용 구절을 보고자
한다. 다음에서 언급하는 문화가 과연 어느 문화인지 한번 추측해보라.

전체 시스템의 근간을 이루는 기본적인 신념은 인간의 신체는 추하므로 쇠약해지고
질병에 걸리는 것은 자연스런 경향이라는 것이다. 육체에 갇힌 인간의 유일한 소망은
종교의식과 제례를 통하여 인간 본질을 회피하는 것이다. 이 때문에 모든 가정에는
하나 혹은 그 이상의 성소聖所가 있다. 이 사회에서는 권력을 가진 사람일수록 집에
더 많은 성소가 있고, 성소의 많고 적음이 부유함의 정도를 나타낸다. 대부분의 성소
는 가지를 엮어서 회를 발라놓는 식으로 지어져 있다. 그러나 좀더 부유한 집의 성소
는 돌로 지어져 있다. 가난한 가정은 부자들을 모방하여 도자기 종류의 장식판으로
성소를 꾸며 놓기도 한다.

어느 문화권을 일컫는지, 무엇에 대한 이야기인지 감이 오는가? '나시
레마 *Nacirema*' 는 바로 '아메리칸 *American*' 을 거꾸로 쓴 것이다. 마이너
는 이 글을 통해 당신이 당연하다고 인정하고 있는 것에 대해 인류학적
접근방식을 취할 때 어떤 일이 일어나는지를 보여주고 있다. 마이너가
언급한 성소란 다름 아닌 욕실이다. 욕실은 이미 생활의 일부가 되었다.

오늘날 경험적인 방식을 추구하는 마케팅 매니저들은 마이너의 발자
취를 따라가고 있다. 즉 고객이 그들의 자연스러운 거주환경에서 어떻게
행동하는지를 탐색하는 인류학적 분석을 추구함으로써 말이다. 조사원
들은 직접 각 가정을 방문하여 소비자들과 함께 시간을 보내면서, 이들이
제품을 사용하는 것을 관찰하고 제품에서 받은 인상이 무엇인지 인터뷰
를 한다.

《뉴욕타임스 *New York Times*》에 이런 기사가 나왔다. 조사원들은 한 여
성이 샤워를 하면서 다양한 비누를 사용하는 걸 관찰한다. "전 남편이 지

난주 금요일에 찾아왔어요. 너무 스트레스를 받아 당장 샤워를 해야만 했죠." 조사원이 노트 필기를 하면서 질문을 한다. "액체비누*Softsoap*와 올레이 오일*Oil of Olay* 중에 어느 것이 더 좋습니까?", "글쎄요, 액체비누가 거품이 더 잘나는 것 같아요. 게다가 펌프식이라 마음에 들어요. 분사식보다 펌프식이 훨씬 컨트롤 하기 편하거든요." 조사원은 답변을 재확인한다. "그래요? 당신은 펌프를 컨트롤 장치의 일종으로 생각하는군요?"

예가 좀 지나친 건지는 몰라도 이런 종류의 조사방법은 마케팅 매니저들이 오늘날 고객을 이해하기 위해 필수적이며 가치 있는 정보를 얻는데 유용한 접근법이다.

앞에서 언급했던 카네기홀에서의 고객경험 조사방법 또한 경험 위주로 하는 조사 방법이며 '자연스러운 거주환경에서의 조사*natural habitat*

© *태평양 아모레 AmorePacific*

[그림 3.9] 3차원 다감각 응용 디스플레이 보드
태평양 아모레의 브랜드 라네즈 *Laneige* 에 대한 조사를 위해 사용

research' 범주에 속한다고 할 수 있다. 조사 대상자들은 자연스럽게 행동하면서 조사에 응하게 되고, 결코 무엇을 억지로 기억해 내거나 추상적인 것을 평가하도록 강요받지도 않는다. 결과적으로, 소비자는 듣고 보고 느낀 것에 대해 솔직하게 대답할 수 있다.

사 실 적 인   자 극 을   이 용 하 라

사실적인 조사가 가능하려면 시각과 청각, 촉각 등 여러 감각을 고루 사용할 수 있는 환경이 마련되고 멀티미디어와 3차원의 자극제 등도 준비되어야 한다. 고객은 일상생활을 하면서 이러한 것들을 수시로 접하기 때문이다. 오늘날의 발달한 기술 덕분에, 사실적인 자극제를 만드는 일은 어렵지 않다. 아직까지도 인공적이며 인위적인 자극제를 조사에 사용하고 있는 몇몇 조사 전문회사를 보면 그저 놀라울 뿐이다.

화장품 제조회사를 위한 프로젝트를 수행하면서, 우리는 고객에게 프로젝트가 진행되는 매 단계마다 사실적인 자극을 제공했다.

우리는, 화장품 브랜드의 인류학적 기술記述을 위한 관찰 조사연구를 수행했다. 이 연구는 고객이 쇼핑을 하거나 제품을 사용하는 동안에 조사원이 계속 옆에서 따라 다니면서 관찰을 하는 방식으로 이루어졌다. 우리는 소비자의 소비경향 조사를 전문으로 하는 그래픽 디자인 회사의 도움을 빌어 3차원 다감각 디스플레이 보드와 비디오를 만든 후 고객의 경험세계에 대한 질적·정량적 연구조사를 진행했다. 더욱이 우리는 경쟁사가 사용하는 이미지를 세밀하게 관찰하였다. 이 프로젝트의 후반에 이르러서는 타깃고객에게 비주얼 보드를 보여주었는데, 이 비주얼 보드는 잠재적인 고객경험의 기준을 설정하고, 포장 디자인을 개선하거나 판

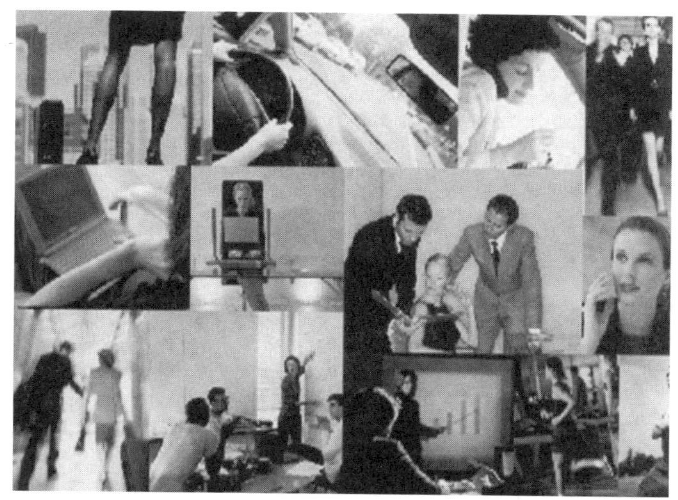

[그림 3.10] 라네즈 브랜드를 위한 고객 라이프스타일 비디오 장면들

촉 행사를 하는 데 매우 도움이 되었다. 당신 회사의 고객경험 프로젝트
에서도 이와 유사한 기법을 활용해 보길 바란다.

미 래 를 연 구 하 라

미래를 연구하는 방법 중 하나는 전문가와 함께 전문 미디어를 조사하
는 것이다. 전문가나 전문 미디어는 항상 변화의 선두에 서 있기 때문이
다. 이 때문에 다양한 전문가 그룹들(리바이스는 이들을 '변화와 유행의 척
후병'이라 불렀다)과 전문 미디어를 활용하면 매우 유익한 교훈을 얻을 수
있다. 태평양 아모레의 프로젝트에서 우리는 이런 전문가 그룹을 포커스
그룹으로 활용했는데, 이들 포커스 그룹은 패션이나 라이프스타일 잡지,
주부 잡지, 미용 관련 잡지 등의 편집자들로 구성되었다.

여기에 더하여 라이프스타일의 동향에 대한 영감을 얻을 수 있는 곳이 또 있는데 바로 길거리이다(월 스트리트가 아닌 생생하게 살아 움직이는 쿨 스트리트)!

프로젝트를 시행하는 기준을 심상이나 커뮤니케이션에 두지 않고 신제품 개발에 둘 경우, 신제품을 전문적으로 사용해보고 테스트해 보는 전문가들과의 공동작업은 좋은 아이디어 원천이 될 수 있다. 나이키는 최고 수준의 경기용 신발을 개발하기 위해 운동선수들과 밀접하게 활동하고 있는 전문가나 코치들을 고용하여, 신발과 신발사용 경험에서 세계 최고를 추구하고 있다. 이들 전문가는 인체역학의 대가들이다. 이들은 나이키 스포츠 연구소 *Nike Sports Research Laboratory* 에서 근무하면서 운동경기에 대해 연구하고 선수들이 필요로 하는 것들에 대한 이해도를 높이며, 이를 바탕으로 시장에서 원하는 제품을 개발하는 등 연구 활동을 하고 있다. 이 전문가들은 운동선수들이 바라는 경험, 즉 성적을 올리고 착용했을 때 편안함을 느끼는 경험을 자세하고 면밀하게 관찰함으로써 회사가 지속적으로 혁신을 추구할 수 있도록 돕는다.

운동선수가 경기를 하는 방식에 따라 필요한 신발도 달라진다. 농구를 예로 들어보자. 센터는 키와 몸집이 큰 선수가 맡는다. 대부분 이들은 2m 10cm 정도의 키에 100kg~125kg 정도의 몸무게를 가지고 있다. 센터는 다른 선수들과 비교했을 때 다소 느린 움직임을 보이며 주로 슛을 넣거나 막기 위해 높이 점프하는 데 주력한다. 센터를 맡은 선수를 관찰한 결과 이들은 게임을 하는 시간 중 40%는 골대 밑에서 공격과 방어를 위해 움직인다. 그리고 나머지 40%는 팔을 공중에 높이 든 채 서 있는 자세로 보낸다. 센터들은 몸집이 너무 크기 때문에 높이 뛰어오르거나 착지할 때 몸에 상당한 충격이 가해질 수밖에 없다. 따라서 충격을 줄이기 위한 보호 장치가 필수적이다.

반대로 가드의 경우에는 195cm 정도의 키에 몸무게는 80kg 정도다. 이들은 순간적으로 속도를 높였다가 다시 늦추는 등 민첩하게 움직이지만, 계속 스피드를 내야 할 필요는 없다. 또 상하운동을 주로 하는 센터와는 달리 수비수를 돌파하는 동작을 많이 한다. 결과적으로 가드는 센터와는 다른 종류의 신발을 신어야 한다.

나이키는 운동선수들을 신발 개발 과정의 테스트에 참여시킴으로써 깊이 있는 통찰을 얻었다. 선수들은 개별적으로 정보와 의견을 제공하는 한편, 디자이너와 엔지니어로 구성된 포커스 그룹의 일원으로 참여했다. 나이키는 미국뿐 아니라 유럽이나 아시아의 고등학교와 대학팀의 엘리트 선수들인 5,000명의 공인 테스터들을 확보하고 있다.

전문가들은 특성상 해당 분야에 문외한인 사람들의 의견을 경청하지 않는다. 그래서 다양한 그룹의 사람들이 원활히 소통하게 하려면 가능한 자연스러운 환경을 조성해 주어야 한다. 나이키는 높은 기술력과 함께 좋은 신발을 만들 수 있는 자원을 많이 가지고 있다.

그렇다면 신발이 패션 상품일까? 나이키는 그렇게 생각하지 않는 것 같다.(제4장의 푸마와 비교하면) 만약에 그랬다면 선수들뿐 아니라 패션 디자이너나 조각가, 그래픽 아티스트들까지 상품개발 과정에 포함시켰을지도 모른다.

요약 CONCLUSION …　　CEM 프로젝트를 시작할 때 취해야 할 첫 단계는 고객의 경험세계를 이해하는 것이다. 고객의 경험세계를 이해하려면, 타깃고객을 제대로 분류하고 경험세계를 4개의 층으로 나누며, 고객접점을 따라가면서 경험을 추적하고 경쟁 현황을 조사해야 한다. 꼭 명심해야 할 것이 있다. 고객을 제대로 이해하고 통찰하려면 독특하면서도 창조적인 조사 기법을 사용해야 한다는 점이다. 바로 이 점에서 당신은 경험적 기반을 확립하기 위한 준비가 되어 있다고 본다. 경험적 기반에 대해서는 다음 장에서 자세히 언급한다.

CHAPTER 4

경험적 기반을 확립하라

매니저들이 '포지셔닝 *positioning*'이라고 부르는 것은 비즈니스와 마케팅 전략에서 중요한 부분을 차지한다. 포지셔닝이란 소비자가 기업, 브랜드, 제품을 받아들이는 방식을 회사가 원하는 쪽으로 변화시키는 활동을 말한다. 그러나 대부분의 회사에서 포지셔닝은 모호하고 때때로 현란한, 그리고 회사 내부에만 초점을 맞춘 리포트 작성으로 끝나버린다. 그리고 이런 전략보고서 몇 장으로 회사 조직 전체를 꿰뚫어 분석했다고 우기는 것이 대부분이다. 더욱이 회사의 어느 누구도 진지하게 그 보고서의 전략을 실행하려 하지 않는다. 왜냐하면 그 보고서의 전략 자체가 별 내용이 없어 어떻게 임무를 수행할 건지에 대해 전혀 도움을 주지 못하기 때문이다.

경험적 기반, 그 역동적 컨셉

CEM 이론은 고객 지향적이며, 경험적 기반이라는 생동감 있는 개념을 통해 기업과 브랜드와 제품에 대한 포지셔닝 전략을 명료하게 표현하게 해 준다. 경험적 기반은 분석과 실행 사이에 전략적인 연관성을 제공한다. 경험적 기반은 고객의 경험세계에 대한 통찰력을 이용하는데, 이는 CEM 이전 단계에서 행한 철저한 분석에서 나온 것이다. 경험적 기반은 다음에 이루어질 3개의 실행단계(브랜드경험, 고객 인터페이스, 혁신)에 근거를 제공한다. 전통적인 포지셔닝 전략과는 달리, 경험적 기반은 기업과 브랜드 혹은 제품이 의미하는 바를 효과적으로 고객에게 전달하며, 기업이 제공하는 가치가 무엇인지 고객이 인지할 수 있게 해 준다. 매니저는 전략실행 프로그램을 만들고 통합시키는 데 이러한 정보를 사용할 수 있다.

이 장에서는 경험적 포지셔닝, 경험적 가치약속 그리고 종합적 실행 테마와 같이 경험적 기반을 구성하는 요소를 이용할 때의 이점과 그 실행 전략에 대해 다룰 것이다. 첫 번째 구성요소인 경험적 포지셔닝을 이용하면 브랜드가 의미하는 바가 무엇인지 묘사할 수 있다. 두 번째 구성요소인 경험적 가치약속을 이용하면 고객이 얻는 것은 무엇인지 정의할 수 있으며, 세 번째 구성요소인 종합적 실행 테마를 통해서는 포지셔닝과 가치약속을 실제적인 전략 실행으로 연결지을 수 있다.

다음 두 가지 예는 경험적 기반이 무엇이며 경험적 기반이 무엇을 하는지를 보여준다. 잠바주스 *Jamba Juice*는 캘리포니아에 위치한 과일주스와 스무디(smoothies, 떠먹는 요구르트나 바닐라 아이스크림에 과일을 섞어 갈아서 먹는 과일 주스의 일종 – 옮긴이 주) 제조회사다. 잠바주스는 1990년대 중반에 설립되어 캘리포니아 주와 미국 내 다른 주에 있는 매장을 통해서 성공적으로 사업을 이끌어왔다. 싱귤러*Cingular*는 무선통신 서비스 회사로 2001년에 미국 내에서 사업을 시작했다.

잠바주스 : 즐거움과 건강이라는 기반

잠바주스는 네 명의 젊은 사업가가 1990년에 설립한 주스클럽*Juice Club*을 모태로 하고 있으며, 캘리포니아 주 산 루이스 오비스포*San Luis Obispo*에 위치해 있다. 잠바주스가 사업을 시작한 이래로 미국 전역에서는 영양에 대한 관심이 계속 높아졌다. 그리고 이 회사는 유례없는 감각적 경험을 이용한 방식으로 고객의 갈증을 해소하면서, 미국 전체 주스 시장을 휩쓸었다.

잠바주스는 모든 종류의 천연주스, 주문제로 생산하는 과일 스무디, 일반주스와 건강스낵 부문에서 업계의 대표주자가 되었다. 잠바주스는 소매점 판매보다는 아침 배달을 통해서 명성을 유지하고 있다. 잠바주스의 제품들은 열정적으로 일에 몰두하면서도 건강에 관심이 많고 운동을 즐기는 사람들을 위한 것으로, 고객이 건강에 좋은 여러 재료 중에서 원하는 것을 고르거나 이것저것 섞어서 주문할 수 있다는 게 특징이다.

'잠바*Jamba*'는 '축하한다'는 의미인데, 바로 이것이 잠바주스가 제공하는 경험적 포지셔닝의 핵심이라고 할 수 있다. 잠바는 제품의 포지셔닝을 위해 고객에게 이렇게 광고한다. "고객님의 주문을 받을 때마다 저희 블렌더(blender, 여러 종류의 음료를 섞어 주문받은 음료를 만드는 잠바주스의 직원을 지칭한다. – 옮긴이 주)들은 춤을 춥니다. 그리고 파티(블렌더들이 흔들어 만든 내용물을 일컫는 말로, 혼합주스라는 뜻과 즐겁게 춤추고 노래 부르는 파티와 같은 분위기를 의미하는 이중적 뜻을 가졌다. — 옮긴이 주)를 컵에 담지요. 고객님의 흡입 능력을 테스트하기 위한 빨대도 함께 드립니다.”

이 회사는 최고 품질의 재료만을 사용하며 방부제나 인공 감미료나 식용 색소를 사용하지 않는다고 약속한다. 이 회사의 경험적인 가치약속은 건강과 환경에 대한 관심으로까지 영역을 확대하고 있다. 잠바주스에서 판매하는 음료수는 모두 재생가능하고 환경적으로도 해가 없는 스티로폼 재질의 컵에 담긴다. 스티로폼이 싫은 고객은 플라스틱 컵을 사서 반복하여 사용할 수도 있다.

잠바주스는 건강과 환경 문제에 대해서 진지하게 관심을 갖고 있지만, 그것을 고리타분하게 표현하지 않는다. 전략실행의 매 국면에서는 항상 일관되게 창조성과 즐거움을 중심으로 삼는다.

예를 들어 잠바주스의 제품은 모두 독특한 이름을 갖고 있고, 제품설명서에는 재료와 영양소가 숨김없이 모두 공개되어 있다. 잠바의 스무디와 과일음료 제품명과 설명서를 한번 살펴보자.

- 콜드버스터*Coldbuster* : 비타민 C와 에치나시아*Echinacea* D.V.가 2,100%나 들어 있는 더위 퇴치용 스무디.
- 프로테인 베리 핏자즈*Protein Berry Pizzazz* : 근력 유지와 지속적인 정력을 위해 20g 이상의 단백질이 함유되어 있음.
- 키위 베리 버너*Kiwi Berry Burner* : 크롬과 기타 식이섬유가 들어 있어 몸매관리에 좋음.

잠바 스무디에서 사용하는 천연재료에 추가 재료를 넣은 잠바 ‘부스트(boost, 사기와 기력을 돋운다는 뜻 – 옮긴이 주)’도 인기다. 잠바 부스트는 양질의 천연주스와 비타민과 미네랄과 허브 첨가물이 한 데 섞인 독특한 혼합 음료인데, 몸과 마음의 기운을 북돋는 제품이다. 잠바는 다음과 같은 인기 품목 부스트를 포함한 총 9개의 부스트를 판매하고 있다.

- 비타 부스트 *Vita Boost* : 20종의 비타민과 미네랄을 일일 권장량만큼 담아, 몸 전체의 영양을 보충해 주는 총체적 필수 건강식.
- 페메 부스트 *Femme Boost* : 특별히 여성들의 신체 밸런스 유지, 신진대사 보충과 유지에 필요한 비타민 A와 D, 엽산, 칼슘, 마그네슘, 철분, 식이섬유, 참마에서 추출한 허브, 체스트베리*chasteberry* 등이 일일 권장량만큼 함유.
- 에너지 부스트 *Energy Boost* : 몸과 마음을 활력 있게 해 주고, 피로 회복과 스태미나 증진을 위해 만들어진 제품. 시베리아 인삼과 은행잎 성분에 체력 보강용 비타민 및 미네랄이 함유된 제품.

스무디와 부스트 외에도 잠바주스는 신선한 즉석 천연주스와 영양 만점의 수프, 빵이나 프레첼(pretzels, 일종의 비스킷으로 짭짤하여 맥주 안주 등으로 먹음.–옮긴이 주) 같은 스낵 종류들도 판매하고 있다. 잠바주스 매장의 전체적인 컨셉은 즐거움과 쾌활함이다. 계산대 위에는 형형색색의 과일 및 채소로 장식된 멋진 메뉴가 장식되어 있다. 잠바주스의 직원들은 자신의 일에 열정적이며, 활기 넘치는 매장 분위기 속에서 고객들과 함께 일하는 것을 즐긴다.

품질관리의 일환으로 잠바주스는 ‘빨기 편한 빨대’와 같은 다른 회사들이 놓치기 쉬운 세밀한 부분에서도 상당한 주의를 기울이고 있다. 고

객의 경험적 기반의 일관성을 확보하기 위하여 회사는 프랜차이즈가맹
에 엄격한 제한을 두고 있다. 대학교나 공항같이 공공시설을 관리하는
회사나 기관에게만 라이센스를 주고 있으며, 개인이 운영하는 프랜차이
즈는 하나도 없다.

　고객의견 설문지는 기업이 스스로를 어떻게 바라보는지 그 기업의 가
치는 무엇인지를 판단하는 데 여러모로 도움을 준다. 잠바주스의 경우
에는 코멘트 카드*Comment Card*라는 게 있는데, 이것은 기업전략의 근간
을 어떻게 고객경험에 초점을 맞춰 실행할 수 있는지를 보여주는 좋은
사례라고 할 수 있다. 잠바주스 매장을 방문하는 고객이면 누구나 사용
할 수 있는 코멘트 카드에는 이런 문구가 씌어 있다. '저희는 고객님이
잠바에서 경험한 것을 함께 나누고 싶습니다.' 그러고 나서 '고객님의

[그림 4.1]
잠바주스 매장 내부 인테리어.

Photo courtesy of Jamba Juice

종합적인 경험 내용에 점수를 매겨 주세요.' 라는 요청이 첫 번째로 나와
있다. 평가 항목들을 보면 회사가 매장에 얼마나 가치를 부여하고 있는
지 알 수 있다. 고객을 맞이할 때의 성실함, 점원들의 복장과 외모, 맛의
일관성, 팀워크, 전반적인 활기 정도, 일처리 속도와 일의 우선순위에 대
한 감각, 청결도, 조직구성, "감사합니다"라고 말하는 태도, 인사성, 매
장 내 음악 볼륨 등이 코멘트 카드의 고객설문 내용을 채우고 있다. 잠
바주스는 고객들에게서 매일 800통 이상의 이메일 및 편지를 받으며, 매
월 4,000장에서 6,000장에 이르는 코멘트 카드를 접수하고 있다. 이 모
든 고객의 의견은 매장 및 회사 직원들이 일일이 검토를 하고 답변을 주
고 있다.

잠바주스는 필자가 점수를 후하게 주는 회사다. 필자는 L.A.에 갈 때

Photo courtesy of Jamba Juice

[그림 4.2] 잠바주스 매장에 설치된 에너지 부스터를 의미하는 밀 싹.

마다 하루나 이틀 정도는 남부 식으로 사는 것을 즐기는데, 잠바주스는 이미 그 일부가 되어버렸다. 나는 스무디를 먹으려고 매장이 열릴 때에 맞춰 몇 시간씩 새벽에 차를 달려 L.A.로 가기도 한다. 그날 밤에 또 한 번 스무디를 먹으려고 친구에게 운전을 부탁해 또 잠바주스에 간 적도 있다. 필자에게나 다른 많은 고객들에게 잠바주스는 꼭 필요한 경험을 제대로 제공하고 있는 것이다.

싱귤러 무선통신 : 인간적인 무선통신 경험

사우스웨스턴 벨*Southwestern Bell*과 사우스 벨*South Bell*의 합작으로 탄생한 무선통신회사인 싱귤러(Cingular, 사우스웨스턴 벨의 국내 무선부문과 사우스 벨의 합작으로 만들어진 회사로 미국 내 무선통신서비스 2위를 기록하고 있다. 2002년 기준 매출액은 147억 달러였다. ―옮긴이 주)는 '기술이 아닌 인간성에 중심을 두고 통신을 재정의하자' 는 목표를 가지고 2001년에 사업을 시작하였다. 통신서비스에 대한 대중들의 실망감이 높고 업계가 혼란스러운 상황에서 시장에 진입하면서, 싱귤러는 고객의 무선통신 서비스경험을 재정의하는 것을 사업의 출발 기회로 삼았던 것이다. 오직 무선통신에만 주력하는 유일한 메이저 회사로서 싱귤러는 다음과 같이 경험적 기반을 정의내리고 있다.

싱귤러 웹 사이트에는 이렇게 씌어 있다.

© Courtesy of BBDO advertising agency

[그림 4.3] 싱귤러 무선통신의 인쇄 광고.

위 그림은 싱귤러의 로고로 표현된 기업광고다. 로고 위에 있는 말풍선에는 '자기표현, 싱귤러가 존재하는 이유'라고 씌어 있고, 아래 광고카피는 다음과 같은 내용이다. '싱귤러, 새로운 접근방식을 가진 무선통신회사. 인간의 표현 욕구를 충족시키고 독려하는 회사. 당신은 자신을 표현할 기회만 주어지면, 세상을 변화시킬 수 있습니다. 우리는 그것을 믿습니다.' 오른쪽 하단 로고 아래에는 '무슨 말을 하고 싶나요?'라는 슬로건이 씌어 있다.

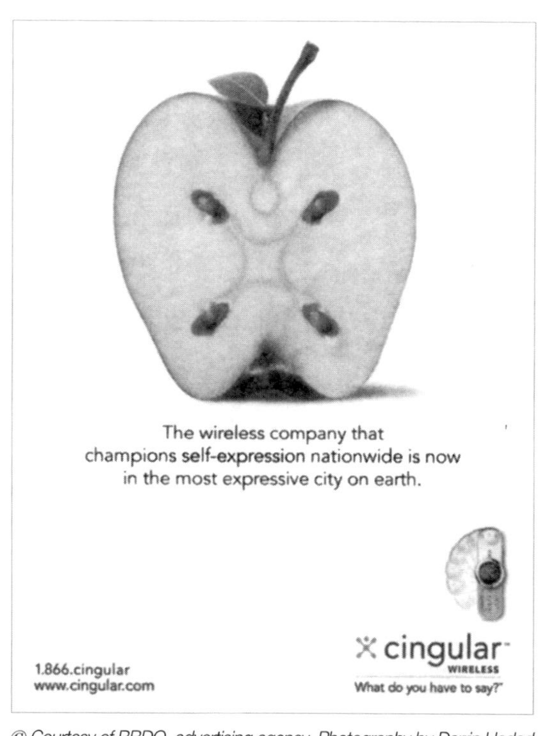

© Courtesy of BBDO advertising agency. Photography by Darrin Hadad

[그림 4.4] 뉴욕시장을 겨냥한 싱귤러 무선통신의 인쇄 광고.

위 그림은 싱귤러의 또 다른 기업광고다. 반쪽 난 사과 안의 씨 모양이 싱귤러의 로고를 나타내고 있다. 사과 아래에 있는 광고 카피는 다음과 같은 내용이다. '자기표현을 최고의 가치로 옹호하는 무선통신회사, 이제 세상에서 가장 풍부한 표현의 도시에서 만나실 수 있습니다.' 오른쪽 하단 로고 아래에는 역시 '무슨 말을 하고 싶나요?' 라는 슬로건이 씌어 있다.

경험적 기반을 표현하기 위해 싱귤러는 일종의 캐릭터 혹은 아이콘 *icon*을 개발했는데, 머리에 해당하는 점이 달린 X자 모양이다. 이는 인간의 신체를 상징하는 것으로 싱귤러의 '인간성*humanity*에 대한 헌신'을 상징화한 심볼이라고 할 수 있다. 이 심볼은 로고보다 더 융통성이 있어서 사용하기에 따라 살아 있는 생명체가 되거나 '말'을 하기도 한다. 이 아이콘은 싱귤러의 쾌활함과 명랑함을 표현한 광고 캠페인의 백미라고 할 수 있다.

싱귤러는 이렇게 선언한다. "이 새로운 회사의 자기표현에 대한 신념을 믿어도 좋습니다. 저를 보세요. 발가벗고 있습니다. 인생은 도서관이 아닙니다. 당신은 얼마든지 떠들고 말할 수 있답니다." 어떤 회사는 참으로 어리석게도 회사의 철학과 서비스 내용을 광고하기보다는 회사와 기업정신으로만 고객의 관심을 유도하려 한다.

다른 인쇄 광고 하나를 보면, 이 아이콘의 머리를 창문을 깨뜨리고 날아온 야구공으로 묘사하고 있다. 또 다른 광고에서는 이 X자 모양의 아이콘이 팔다리를 꼰 채 위를 바라보면서 무언가 이상한 듯이 "엄마?" 하고 부르는 모습이 표현되어 있다.

이런 싱귤러의 접근법은 굉장한 성공을 거두었다. 겨우 4개월 만에 싱귤러는 타깃시장에서 브랜드 인지도를 59%까지 끌어 올렸다. 2002년 싱귤러는 미국 내 무선통신회사 서열 2위로 올라섰고 계속 성장하고 있다.

2002년 여름, 싱귤러는 북동부 시장, 특히 뉴욕에 대한 진입전략을 세웠다. "뉴욕 시민만큼 자기표현을 즐기는 사람들도 없습니다. 싱귤러는 뉴욕 시민들에게 세계적 수준의 무선 음성 모바일 서비스와 데이터 통신 서비스를 제공하여, 전에 없이 적극적으로 자기표현을 할 수 있게끔 하였습니다." 싱귤러의 최고경영자이자 사장인 스테판 카터*Stephen Carter*의 말이다.

시장진입 전략의 일환으로 싱귤러는 록펠러센터*Rockefeller Center*에 독창적인 '경험적 공간*experiential space*' 을 설치했다. 필자는 이 싱귤러 존*Cingular Zone*을 방문해 보았는데, 인간의 자기표현이라는 싱귤러의 경험적 기반을 제대로 표현하고 있는 다양한 활동을 볼 수 있었다. 싱귤러 존의 중앙에는 라이브 바가 있어 방문자들은 미국 전역 어디로든 무료로 무선통신을 할 수 있고, 미국 전체를 나타내는 커다란 지도가 있어서 사람들이 지명하는 위치에 특별한 표식을 할 수도 있다. '당신 자신을 표현하세요.' 라는 안내판이 설치된 곳에는 싱귤러의 캐릭터가 전시되어 있고, 방문자들은 각자의 아이콘으로 장식을 할 수 있게 되어 있다. 방문자들은 경험적 연단에 올라오라는 요청을 받고는 뉴욕의 스카이라인이 배경으로 그려져 있는 무대로 올라선다. 그리고 여기에서 '왜 나는 뉴욕을 사랑하는가?' 하는 주제로 자신의 의견을 표현한다. 모든 사람이 무대 위에서의 의사표현에 대한 대가로 CD 타이틀이나 DVD 타이틀을 선물로 받는다. 제일 잘한 사람들의 발표는 비디오로 기록했다가 다시 보여주기도 하고, 나중에 방송될 싱귤러의 광고방송에 사용되기도 한다. 싱귤러는 2002년 여름 록펠러센터에서 초대작 예술행사인 아티스트 백남준의 비디오 · 레이저 설치예술을 후원하였다. '전송*Transmission*' 이라는 주제의 레이저 작품은 1930년대의 라디오 중계탑을 모델로 하였으며, 빨간색, 녹색, 파란색 레이저 빔을 10미터 높이의 탑 꼭대기에서 현란하게 쏟아냈다. 이 행사는 어둠이 질 무렵부터 시작해서 한밤중까지 이어졌는데 수백만 명이 행사장을 방문하였다.

경험적 기반의 이점

잠바주스와 싱귤러의 사례를 통해, 잘 연구 개발한 경험적 기반은 기업과 고객 사이에 존재하는 모든 고객 접점에 대한 훌륭한 청사진을 제시한다는 것을 볼 수 있다.

경험적 기반을 구축하면 몇 가지 경영상의 이점을 확보할 수 있다. 첫째, 경험적 기반을 통해 고객에 대한 통찰력을 확보할 수 있다. 경험적 기반은 고객의 경험세계를 근거로 만들어지기 때문이다. 둘째, 경험적 기반은 고객과 기업의 관계를 조정하는 역할을 한다. 셋째, 경험적 기반은 독특하기 때문에 전략실행을 위한 훌륭한 밑그림을 제공한다.

이제 각각의 이점을 자세히 검토해 보기로 하자.

첫째, 경험적 기반은 고객의 경험세계에 그 근거를 두고 있다. 때때로, 고객에 대한 지식은 꽤 직관적이다. 특히 갓 설립된 회사의 경우, 회사 설립자는 회사의 아이디어와 제품에 적절한 타이밍이 언제인지 본능적으로 느낄 수도 있다. B2C 시장뿐만 아니라 B2B 시장에서도 시장을 변화시키고자 하는 이와 비슷한 본능적인 직관이나 희망이 존재한다. SAP는 세계에서 가장 큰 소프트웨어 회사 중 하나로, IBM에서 퇴직한 하소 플래트너 *Hasso Plattner*와 디에트마 홉 *Dietmar Hop*, 이 두 명의 엔지니어가 1980년대 중반 설립한 회사다. 당시 대기업의 비즈니스 프로세스에는 재고계획, 공급관리, 재무계획, 판매예측 등이 있었는데, 플래트너와 홉은 대기업이 이러한 비즈니스 프로세스를 통합할 소프트웨어가 필요함을 깨달았다. 이런 직관을 통해 기업용 자원관리 소프트웨어를 제공하는 SAP가 탄생한 것이다.

하지만 단지 직관에만 의존해 경험적 기반을 구축할 필요는 없다. 이 장에서 곧 언급할 테지만, 당신은 체계적 방법론과 조사기술을 이용해 비즈니스의 성공을 위한 경험적 기반을 개발하고 상황에 맞게 조정할 수 있다. 그리고 나면 이 경험적 기반은 고객의 경험세계에 대한 질적 · 정량적 조사에 근거하여 적절한 지식과 고객 통찰력을 통합하는 역할을 하게 된다.

경험적 기반을 개발함으로써 얻는 두 번째 이점은 전략을 실행하는 외주 기업과 회사 내부의 핵심 인력을 유기적으로 통합하는 기능을 제공한다는 점이다. 경험적 기반이 조정역할을 담당함으로써, 또 다른 기업에게 외주를 줄 필요성이 없어지기도 한다. 회사 조직 내의 핵심인력이 경험적 기반을 충분히 이해하게 되면, 이제 경험적 기반은 평범한 전략을 훨씬 뛰어넘는 실질적 실행을 위한 안내자가 된다. 이런 사실을 충분히 이해하게 되면 이제는 회사의 내부 직원들도 외부 회사에게 맡겼던 창의적 작업들 중 일부를 감당할 수 있게 된다.

소비자들에게 인기 있는 패션회사인 캘빈 클라인*Calvin Klein*은 캘빈 클라인이 직접 경영하는 회사다. 이 회사는 외부 광고에이전시의 도움을 받지 않고 광고와 커뮤니케이션을 자체적으로 만든다. 사주인 캘빈은 종종 기업의 경험적 기반을 개발하고 표현하는 데 사적으로 관여한다. 이 회사의 경험적 기반은 도발적이며 때로는 엉뚱하기까지 하다. 15살의 브룩 실즈*Brooke Shields*가 나와서 입고 있는 캘빈 청바지와 자신 사이에는 아무것도 없다고 말하는 광고에서부터 캘빈 클라인의 속옷제품 라인을 위한 섹시한 사진광고에 이르기까지, 캘빈 클라인의 광고는 언제나 대중의 관심을 끌어왔다. 캘빈 클라인의 말을 들어보자. "난 언제나 광고제작 과정에 직접 관여하는 것이 더 순수하고 직접적이고 솔직하고 간단하다고 생각했어요. 광고는 창조의 연장선에 있습니다. 그렇게 저는 조금씩 아트 디렉터, 크리에이티브 디렉터, 사진작가, 스타일리스트 같은 크리에이티브 분야 사람들과 함께 일을 시작하게 됐습니다. 우리는 항상 광고를 재미있는 놀이로 생각했어요. 하지만 우리가 작업한 그 다양한 캠페인 속에는 모두 분명히 어떤 메시지가 담겨 있습니다. 그런 메시지 전달력은 정말 뛰어나죠. 사람들은 그저 놀랄 뿐입니다. 나는 위험을 무릅쓰는 일을 아주 잘 하는데, 그런 일이 인정을 받는 것 같습니다."

경험적 기반의 세 번째 이점은 그것이 명확하고 전략 실행과 깊게 연관되어 있다는 점이다. 따라서 경험적 기반은, 너무 일반적이어서 고객의 일상적인 경험과 연계시키기 힘들었던 전통적인 전략이나 포지셔닝, 고객가치 제안 설정 등을 훨씬 뛰어넘는 개념이라고 할 수 있다. 경험적 기반을 체계화하기 위해 사용된 방법론과 조사기법은 고객에 관한 다차원적 접근법과 선명한 통찰력을 근거로 하고 있다. 때문에 이런 방법론과 조사기법은 브랜드경험을 디자인하고 고객 접점을 조직화하며 지속적인 자기혁신을 시작할 때 아주 쉽게 사용할 수 있다.

경험적 기반의 전략적 구성요소

그림 4.5에서 보듯이, 경험적 기반은 세 가지의 전략적 구성요소로 되어 있다. 즉 경험적 포지셔닝*Experiential Positioning*, 경험적 가치약속 (Experiential Value Promise : EVP), 종합적 실행 테마*overall implementation*가 그것이다.

1. 경험적 포지셔닝은 브랜드가 나타내고자 하는 바가 무엇인지를 설명한다. 이것은 전통적인 경영관리나 마케팅 이론에서 제시하는 포지셔닝 설명과 유사하다. 그러나 경험적 포지셔닝의 경우에는 깊은 통찰력과 유용한 다감각적 전략 구성요소를 내포하고 있어 기존의 모호한 포지셔닝 설명을 대체한다. 이 전략 구성요소는 브랜드를 사고 이용하는 고객과 관계되어 있으며, 여러 가지 이미지로 가득 차 있다.

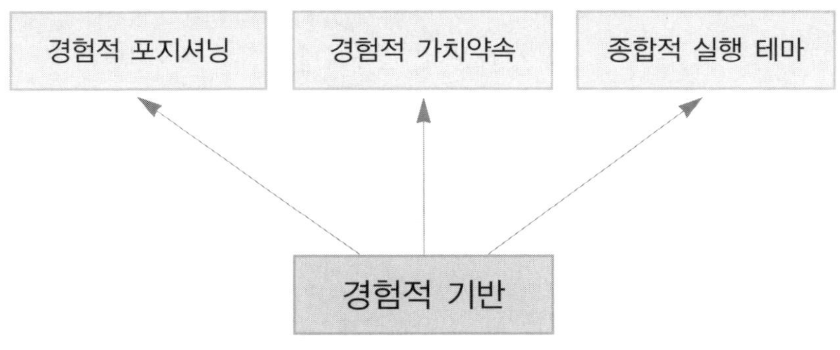

[그림 4.5] 경험적 기반의 3가지 전략 구성요소

2. 경험적 가치약속은 고객이 무엇을 얻는가를 설명한다. 이것은 전통
   적 마케팅이론의 기능적 가치제안 *functional value proposition*에 상응
   하는 개념이다. 기능적 가치제안은 단지 기능적인 제품 속성과 이
   점에만 초점을 맞추기 때문에 진부하고 상투적일 수밖에 없다. 반
   면 경험적 가치약속은 고객이 브랜드로부터 기대할 수 있는 독특한
   가치를 말한다.
3. 종합적 실행 테마는 회사가 브랜드경험, 고객 접점, 미래의 혁신과
   같은 전략을 수행할 때 사용할 수 있는 핵심 메시지의 스타일과 내
   용을 요약한 것이다.

경험적 포지셔닝

경험적 포지셔닝은 브랜드가 나타내는 경험을 이미지 중심적으로 묘
사한 것이다. 잠바주스의 경험적 포지셔닝은 재미와 건강이고, 싱귤러의
경우에는 인간의 자기표현이었다.

경험적 포지셔닝은 충분히 실체가 있어야 한다. 그것으로 무엇을 해야
할지 즉각 알 수 있어야 하기 때문이다. 동시에 경험적 포지셔닝은 흥미
를 돋우는 것이어야 한다. 그래야만 전략을 혁신적으로 실행할 수 있다.
회사라는 조직의 관점에서 보면, 경험적 포지셔닝이 제대로 되어야만 직
원들이 상상력을 양껏 발휘할 수 있다.

회사는 때때로 경험적 기반을 새롭게 갱신할 필요가 있다. 회사가 새
로운 시장에 진입할 때, 시장의 환경에 맞게 경험적 기반의 일부를 개선
해야 하는 것이다. 고객의 경험세계에 어떤 극적인 변화가 생겼을 때는
경험적 포지셔닝을 완전하게 변화시켜야 할 필요성도 있다.

2001년 9월 11일에 세계무역센터 테러는 이런 예에 해당한다. 소비자 표본조사와 포커스 그룹을 통하여 시행된 마케팅 조사에서 확인된 바로는, 9월 11일의 테러사건 이후 미국인들의 경향은 지역공동체, 진실, 믿음, 충성, 정직, 성실 등과 같은 사상에 좀더 기울어졌다. 한 세기를 끝내고 새로운 천년을 맞이하던 흥겨움과 널리 퍼졌던 미국의 무한한 힘이라는 의식은 어느 날 갑자기 사라져 버렸다. 9월 11일 이후의 세계에서는 경험적 포지셔닝 또한 새롭게 나타나고 있는 이런 변화에 부응할 수밖에 없다.

이러한 가치의 이동은 예술이나 패션계에서도 거의 즉각적으로 나타났다. 9. 11. 이전에는 1960년대의 대중적 예술운동을 회상하게 하는 기발하고 쾌활한 이미지들이 예술계와 패션계와 광고계를 점령하였다. 모델들의 몸에다 오물을 뒤집어씌우는 등 논란의 소지가 많은 광고, 또는 누군가에게 얻어터지고 심한 괴로움을 당한 것처럼 표현되었던 광고, 이런 광고들을 제작해왔던 크리스찬 디오르*Christian Dior*는 갑자기 모든 모델이 환하게 웃고 있는 광고들을 내보내기 시작했다. 루이비통*Louis Vuitton*은 아주 빠른 화면 전환으로 하이테크를 상징하던 기존 광고를 요정이야기와 같은 이미지로 바꾸었다. 빨간 사과와 루이비통 가방을 옆에 두고 누워 있는 '잠자는 숲 속의 공주', 현대적이면서도 꿈같은 하얀 의상을 입고 있는 '백설 공주' 등 루이비통의 광고 컨셉은 기존의 광고와는 확연히 다른 모습을 보여주고 있다. 다른 산업에서도 마찬가지로 커뮤니케이션은 좀더 꿈처럼 몽환적이고 가벼우며 공동체를 중시하는 인상을 심어주기에 주력하고 있다.

기업의 경험적 포지셔닝은 환경의 변화에 대한 대응뿐만 아니라, 조직 내부의 일관성 있는 통합을 통해 고객에게 전달되어야 한다. 조직 내부의 통합은 기업이 자사의 고객에게 모든 고객 접점에서 일관성 있게 특정한 경험을 전달하겠다고 약속하는 공개 성명 같은 것이 시작점이 된다.

그런 계획을 처음 추진한 회사가 델타 항공 *Delta Airlines* 이다. 이 회사는 12가지로 정리한 '고객과의 약속' 이라는 성명을 발표했다. 이것은 고객이 델타 항공기에 탑승하기 전이나 공항에서, 혹은 착륙한 후에 기대할 수 있는 사항들이다. 델타의 약속에는 다음과 같은 것들이 있다.

- 전화 문의를 받으면 고객이 요청한 날짜와 항공편, 좌석등급 중에서 가장 저렴한 가격의 상품을 제시하고, 인터넷에서는 그보다 낮은 가격으로도 이용할 수 있다는 사실을 알려준다.
- 고객이 요금을 지불하지 않더라도 예약한 다음날 자정까지는 예약 상태를 유지한다.
- 신용카드로 구매한 항공권 반납 대금은 7일 이내에 지급한다.
- 항공편의 연착과 취소 상황에 대한 정보를 상세하고 빠르게 전달한다.
- 잘못 운송된 짐은 24시간 이내에 찾아주도록 노력한다.
- 고객 불만사항에 대해서는 30일 이내에 대응책을 제시한다.

고객과의 약속이라는 의제를 처음으로 개발한 델타의 노력은 박수를 받아 마땅하다. 그러나 이 약속은 불완전하며, 불충분한 조항으로 가득하다. 예를 들어 일부 조항은 이미 업계의 표준사항으로, 델타를 다른 경쟁사와 차별화하는 데 역할을 하지 못한다. 더욱이 '기내에서의 경험' 에 대해서는 언급도 하지 않았다. 이것은 아마 '사람에 대한 약속' 이 데이터베이스나 과학기술의 뒷받침이 필요한 약속보다 더 지키기 어렵기 때문일 것이다. 이런 것을 생략한 것은 이해할 만하다. 그러나 기내의 경험이야말로 항공사의 고객접촉에 있어서 가장 중요하고 의미 있는 측면이 아니겠는가?

고객과의 약속은 달성 가능한 것이어야 한다. 말하자면 기업은 그 약속을 지속적으로 지켜나갈 수 있는 기술자원과 인적 자원을 보유해야 한다. 그와 동시에, 고객과의 약속은 기업을 차별화시키고 고객경험과 관련 있는 측면에 중점을 두어야 한다.

경험적 가치약속

가치제안은 고객전략에서 핵심적인 부분이다. 그런데 대부분은 순전히 고객이 돈을 내고 얻는 것에 대한 기능적인 진술에 불과한 경우가 많다. 반면에 경험적 가치약속(experiential value promise : EVP)은, 경험적 포지셔닝을 통해 고객에게 무엇을 해줄 수 있는지 정확하게 설명하고 있다. 즉 EVP에는 기업이 그것을 지키지 않으면 고객이 실망할 만한 고객에 대한 경험약속을 담고 있다.

여러 해 동안 나이키*Nike*의 EVP는, 기능적으로 우수한 신발과 운동복을 제공하여 고객이 훌륭한 성과를 낼 수 있도록 하는 것이었다. 그것이 바로 나이키가 고객에게 약속하고 장담하는 점이다.

나이키가 행하는 다른 모든 것과 마찬가지로 나이키의 EVP도 이를 반영한다. 브랜드경험을 실행할 때, 나이키는 제품의 기능성(신발이라면 발에 꼭 맞고 성능과 보호기능이 뛰어나야 한다는 점)을 강조한다. 나이키의 웹사이트에서는 자사 신발의 기능과 관련된 과학기술에 대해서 상세히 설명하고 있다. 뿐만 아니라 제3장에서 언급한 것처럼 나이키는 제품개발을 할 때 고기능성 신발에 대한 운동선수들의 요구사항을 세세하게 이해

© 푸마 노스 아메리카 Puma North America

[그림 4.6] **푸마의 인쇄 광고** : 테니스 스타 세레나 윌리엄스 Serena Williams.

하려고 노력한다.

나이키의 경쟁상대인 푸마 Puma의 EVP는 이와 다르다. 푸마의 제품라인에는 '롤러 키티 Roller Kitty', '플래티넘 Platinum', '아이카나 Icana' 같은 상표가 포함돼 있다. 푸마는 스포츠와 라이프스타일, 패션 등이 혼합된 브랜드가 되기를 원한다. 푸마는 개인의 성취를 촉진하도록 디자인된 제품을 만드는데, 이러한 개인의 성취야말로 가장 열정적인 반응을 이끌어낸다. 여기서 푸마가 사용하는 언어와, 이들이 자신의 고객에게 약속하는 가치가 나이키의 EVP와 어떻게 다른지 주목하기 바란다. 푸마의 EVP는 바로 '혼합 효과', '라이프스타일과 패션', '열정적인 반응' 이다.

푸마는 라이프스타일과 패션가치와 열정적인 반응을 제공하기 위해 컬리 베트 Xuly Bet, 에어로스페이스 AEROSPACE 같은 회사들이나, 독일 디자이너 질 샌더 Jil Sander, 일본 디자이너 야스히로 미하라 Yasuhiro Mihara 등과 협력작업을 했다. 그 결과 라이프스타일과 스포츠에서 영감을 받은 회색 / 담황갈색, 적포도주색 / 보라색, 노란색 / 살구색, 보라색 / 황갈색 등의 컬러풀한 신발들이 출시되었다. 이 제품은 미국, 프랑스, 독일, 이탈리아, 일본이나 영국, 한국 등의 최고급 매장과 백화점에서 만날 수 있다.

어떤 EVP를 채택하느냐에 따라 판매량과 시장점유율, 수익성 같은 실체적인 성과가 좌우될 수 있다. 운동화 시장에서 나이키와 푸마가 각각 선택한 EVP가 가져올 결과를 다시 한번 생각해보자. 미래의 소비자들은 기능성 위주의 운동화와 라이프스타일과 패션의 영향을 받은 운동화 중 어느 쪽의 가치를 추구할까? 소비자들은 얼마나 자주 운동화를 바꾸고 싶어 할까? 각 유형별 운동화의 가격은 어떻게 정해야 할까? 이런 질문에 대한 해답은, 소비자들이 미래의 운동화에 대해 어떻게 생각하고 어떻게 경험하는가에 달려 있다. 소비자들은 이런 질문을 할지도 모른다. "이 시장에서 기능의 혁신이 실제로 얼마나 가능한가?", "내게는 어느 정도의 기능이 필요한가?", "그것을 위해 나는 얼마나 지불할 용의가 있는가?", "운동화가 패션의 표현이어야 하는가?", "기능성과 패션은 함께 갈 수 있는가?"

운동화를 비롯한 신발용품의 두 가지 유형 즉, 기능성과 패션 중심 양쪽 모두에 대한 수요와 고객집단이 있다고 가정해 보자. 나이키 같은 회사는 고객에게 스포츠 분야마다 다른 종류의 신발이 필요하다는 사실을, 그리고 푸마 같은 회사는 고객에게 여러 가지 상황에 맞는 패션 신발을 신어야 한다는 사실을 얼마나 잘 설득할 수 있는가 하는 점에 성패가 달려 있다. 게다가 그 결과는 신발 교체 주기와 고객이 지불하고자 하는 가격에도 지대한 영향을 준다. (기능성을 우선하는 쪽에서 마모와 신기술 등장으로 인한 교체 주기가 더 짧을까, 아니면 패션을 중시하는 쪽에서 스타일 변화로 인한 교체 주기가 더 짧을까?)

EVP를 구체적으로 설명할 때, 필자가 《체험 마케팅》에서 논의한 '경험의 유형' 에 따라 생각해 보는 방법이 유용한 경우가 많다. 이 유형에는 감각 경험, 감정 경험, 인지 경험, 행동과 라이프스타일에서 얻는 물리적 경험, 그리고 준거집단이나 문화와의 관계에서 오는 사회적 정체성 경험 등이 있다.

- 감각 경험*sense experience*은 오감에 호소한다. 즉 고객의 가치는 시각과 청각, 촉각, 미각, 후각을 통해 만들어진다.
- 감정 경험*feel experience*은 고객의 내적인 느낌과 정서에 호소한다. 즉 고객의 가치는 감정적 경험을 통해 형성된다. 이 감정 경험에는 브랜드와 연관된 다소간의 긍정적인 느낌(예를 들어 생필품이 아닌 식품 브랜드나 서비스, 공산품 등에 대한 느낌)에서부터, 즐거움과 자부심이라는 강렬한 감정(예를 들어 내구소비재, 기술, 또는 사회적 마케팅 캠페인 등에 대한 느낌)에 이르기까지 다양한 종류가 있다.
- 인지 경험*think experience*은 지성에 호소한다. 즉 지성을 통해 고객의 마음을 창의적으로 끌어들임으로써 고객을 위한 가치를 창출한다.
- 행동 경험*act experience*은 행동과 라이프스타일에 호소한다. 즉 소비자에게는 다른 방식의 라이프스타일을, B2B 시장이나 산업용품 시장에서는 다른 비즈니스 방식을 보여줌으로써 고객을 위한 가치를 창출한다.
- 관계 경험*relate experience*에는 사회적 경험이 포함된다. 이 경험은 고객에게 사회적 정체성과 소속감을 제공함으로써 고객을 위한 가치를 창출한다.

© Courtesy of Puma North America

[그림 4.7] **푸마의 인쇄 광고** : 스케이드보드 챔피언 키엔 루 *Kien Lu*

CEM 프로젝트가 오직 한 가지 유형의 경험으로만 끝나는 일은 거의 없다. 성공을 거둔 CEM 프로젝트라면 여러 가지 경험이 혼합된 경우가 많다. 이상적으로 말하면 경영자는 전략적인 노력을 통해, 감각과 감정, 인식, 행동 및 관계의 성질을 동시에 모두 갖고 있는 통합적인 경험을 창출해 내야 한다.

그러한 통합적인 경험을 제공한 예가 바로, 초콜릿이 아닌 캔디 브랜드군 중 최고를 자랑하는 크라프트 *Kraft* 사의 라이프세이버 *Life Savers* 브랜드가 2002년에 실시한 캠페인이다. 이 캠페인에서는 사탕의 맛에 초점을 맞추었다. 체리 맛에는 미스 유행 *Ms. Popularity*, 오렌지 맛에는 2인자 *Runner-Up*, 버터 럼 맛에는 옛날사람 *Old Timer*, 파인애플 맛에는 과묵한 타입 *Quiet Type* 이라는 이름을 붙였다. 이 캠페인에는 감각적 호소력이 있었고, 소비자를 기분 좋게 만들어주었을 뿐 아니라 그들의 생각을 끌어냈다. 캔디에 캐릭터를 부여하자 라이프스타일이나 관계와 관련한 호소력도 있었다.

경험적 포지셔닝과 함께, EVP는 마케팅을 비롯한 경영활동이 고객을 향해 나아갈 수 있도록 하는 안내자 역할을 한다. 뿐만 아니라 EVP는 매니저들이 혁신적인 사업과 의제를 개발할 수 있도록 도와준다. 운동화의 경우에서 보았듯이, EVP는 매출 목표를 위한 결정적 정보까지 제공해 주며, 그 결과 고객경험을 고객가치와 연결시킬 수 있게 해 준다. 고객경험과 고객가치 사이의 관계는 제9장에서 자세히 다룰 것이다.

박스 4.1 경험의 유형과 구매 가능성

단 한 가지 유형의 경험을 끌어내는 제품보다 여러 가지 유형의 경험을 동시에 끌어내는 제품의 구매 가능성이 더 높을까?

이 질문은 고객의 호감도와 태도, 경험이 구매의사에 미치는 영향을 조사한 연구에서 제기된 것이다(제1장 참조). 아래 수치는 작용한 경험의 횟수와 구매 의사 사이의 상관관계를 보여준다. 제품이나 커뮤니케이션이 전적으로 기능 중심이기 때문에, 아무런 경험도 작용하지 않았을 경우 구매의사는 58%였다. 한 가지 경험이 작용했을 때 구매의사는 67%까지 올라갔고, 세 가지 유형 이상의 경험이 제공되고 나서는 77%까지 올라갔다. 구매 가능성이 1/3 이상 상승한 것이다. 이 연구를 통해서 혼합된 경험이나 통합적인 경험을 제공하는 것이 얼마나 중요한지 잘 알 수 있다.

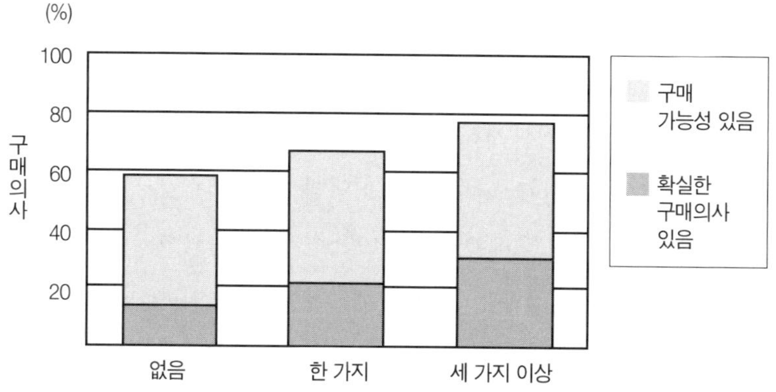

종합적 실행 테마

브랜드에 대한 경험적 기반은 종합적 실행 테마*overall implementation theme*에서 완성된다. 이 테마는 경험적 기반에 대한 구체적 기술記述로, 브랜드의 스타일과 내용, 고객 인터페이스와 혁신 요소에서 실행될 수 있는 가치 부가적인 개념*value-adding concept* 이다.

종합적 실행 테마는 구체적인 실행에서 중요한 준거점이 되기도 하며, 실행의 세부적인 요소를 배열하는 데서도 아주 중요하다. 당신이 기존 시장에 새로운 브랜드를 출범시키거나, 기존 브랜드를 가지고 새로운 시장에 뛰어들어 현지화를 해야 하거나, 또는 양쪽 모두를 해야 한다고 가정해 보라. 2002년에 필자는 그 두 가지 면에서 매우 새로운 과제에 직면한 프로젝트에 관여한 적이 있었다. 내게 컨설팅을 의뢰했던 회사는 새로운 시장이자 전략적으로도 매우 중요한 시장에 새로운 브랜드를 출범시키려 했다. 그 회사는 종합적 실행 테마를 고안해 적소에 투입해야 했다. 핵심적인 문제는 기초적인 광고 외에도 버즈 *buzz* 마케팅이나 게릴라 *guerrilla* 마케팅 같은 비관례적인 형태의 마케팅 커뮤니케이션을 어떻게 적절히 혼합하고 배열하느냐 하는 점이었다. 결과적으로 특정한 휴일이나 시즌과 연계시킨 경험(예를 들면 '크리스마스는 나눔의 계절입니다', '여름은 야외에서 신선함을 만끽하는 계절입니다' 같은 경험을 의미한다)을 담은 종합적 실행 테마는 서로 다른 형태의 마케팅 및 커뮤니케이션 계획을 적시에 시행할 수 있는 좋은 지침이 되었다.

성공적인 실행 테마의 또다른 예로 에너지 음료인 레드불 *Red Bull* 을 들 수 있다. 레드불은 유럽과 미국에서 클럽을 즐겨 찾는 젊은이들이나 젊음을 느끼고 싶어 하는 사람들에게 인기 있는 음료다. 이 음료에는 카페인 외에도 타우린과 글루쿠론산 같은 아미노산이 포함돼 있다. 제품 이름에 있는 황소 *bull* 라는 말도 타우린(taurine : 식품 성분을 의미하면서 동시에 '황소자리' 라는 뜻을 가지고 있다. — 옮긴이 주)에서 따온 것이다. 타우린은 신진대사 전달물질로 작용하는데, 특히 심장의 활동을 돕는 해독효과가 있다. 글루쿠론산은 유해물질을 제거하고 신진대사를 촉진하는 데 도움을 준다. 1987년 디트리히 마테슈츠 *Dietrich Mateschutz* 가 오스트리아에서 처음 선보인 레드불은 시판 첫 해에 100만 개가 팔렸고, 2002년에는 약 10억 개가 팔렸다.

이렇게 기하급수적인 판매 성장을 이룰 수 있었던 원인은 이 음료의 독특한 성분 때문만이 아니었다. 그것은 경험적 기반에 집중한 결과이기도 했다. 레드불의 경험적 포지셔닝은 '병 속에 담긴 에너지 *energy in a bottle*' 다. 그리고 이것이 나타내는 EVP는 '심장 강화, 신진대사 촉진, 스트레스 해소' 이다. 이때의 실행 테마는 어떤 종류의 여가활동을 하든 좋

은 컨디션을 유지시켜 준다는 데에 중점을 두고 있다. 말하자면 클럽에
서 즐기기를 좋아하는 전 세계 사람들에게 레드불을 마신다는 것은 전자
음악과 트랜스 뮤직(trance music : 분당 비트가 140~180에 이르는 빠른 첨단
댄스 뮤직 - 옮긴이 주)의 빠른 박자에 맞춰 더욱 빨리 움직일 수 있게 해주
는 에너지와 스태미나를 주입하는 것과 같다.

　레드불은 독창적인 접근법을 통해 제품의 종합적 실행 테마를 전달했
는데, 레드불 음악 아카데미, 레드불 아크로 팀, 레드불 야마하 팀과 주
니어 팀 등과 같은 일련의 프로젝트를 이용하는 것이었다. 그 중에서도
레드불 음악 아카데미가 특히 흥미롭다. 이것을 만든 이유는 음악의 역
사와 음악기법, 음악산업 등을 연구하기 위해서이다. 이 프로젝트의 목
적은 전 세계 음악광들이 음악과 아이디어와 지식을 함께 나눌 수 있는
하나의 광장을 제공하는 것이다. 신청자 중에서 선정된 사람들은 두 개
부분으로 구성된 워크숍에 참가했다. 이 워크숍은 1998년과 1999년에는
베를린에서, 2000년에는 더블린에서, 2001년에는 뉴욕에서, 그리고
2002년에는 런던에서 개최되었다. 참가자는 훌륭한 음악지식과 제작 열
정을 지닌 DJ들로 이들은 다같이 유명 초청연사의 말에 귀를 기울인다.
참가자 중에는 언더그라운드 클럽 무대에서 활동하는 DJ들도 있다. 이
프로젝트는 특히 레드불과 레이브 음악이나 일렉트로닉 음악의 연관성
을 강화하는 한편, 레드불 제품의 소비를 위한 이상적인 환경을 창출해
낸다.

경험적 기반의 연구와 제시

고객의 경험세계를 이해하기 위한 방법론과 연구 기술이 있듯이, 경험적 기반을 확립하는 데에도 그와 유사한 방법론과 기술이 도움이 된다. 경험세계의 경우 이러한 방법론과 기술은 탐구와 아이디어 생성에 초점을 두고 있다. 경험적 기반의 경우에는 전략 옵션들을 시험하는 데 그 초점이 있다.

경험적 기반에 도달하기 위한 방법론은 다음 세 단계로 구성된다.

1. 경험적 포지셔닝을 선택한다. 여기서 핵심적인 근거 자료는 고객조사 결과다

필자가 주도했던 한 화장품 브랜드 프로젝트를 보면 이 단계가 잘 드러난다. 먼저 고객의 경험세계를 분석해 보니, 패션과 라이프스타일, 그리고 가장 중요하게는 화장품과 관련된 핵심 추세인 '자연주의'를 선택해야 한다는 결론이 나왔다. 자연주의는 정성조사 *qualitative*와 정량조사 *quantitative*에서 좋은 결과를 얻었고, 앞으로의 연구에서 흥미로운 과제가 될 것이라 평가되었다. 고객의 경험세계를 분석하면서 이 브랜드를 위해 몇 가지 새로운 제품과 커뮤니케이션 선택사항을 제안하기도 했다. 그에 따라 전략적 옵션들을 언어적·시각적으로 모두 시험함과 동시에, 경험적 포지셔닝을 선택하기 위해서 우리는 먼저 개념적 분석과 수백 명의 소비자를 대상으로 한 실질적인 조사를 실시하였다. 그 결과 자연주의라는 경험적 포지셔닝에는 세 가지 옵션이 있다는 것을 알았다. 첫째, 화장품의 자연 성분 측면에서의 자연주의, 둘째, 메이크업을 한 사람의 자연스러운 모습에서의 자연주의, 셋째, 메이크업을 한 사람이 다른 사람에게 보여주는 자연스러운 행동 측면에서의 자연주의가 그것이었다. 조사 결과 두 번째와 세 번째를 혼합한 경험적 포지셔닝이 좋은 것으로 나타났다. 그것은 바로 현대를 살아가는 유쾌한 젊은 여성의 '내·외적인 아름다움' 이다.

2. 경험적 가치약속 *EVP*을 명시한다

앞서 이야기했듯이 EVP는 고객에 대한 감각, 감정, 인식, 행동 및 관계 효과에 따라 체계적으로 구성해야 한다. 이러한 경험의 측면들이 제공하는 가치가, 경험의 여러 가지 측면을 위해 필자가 고안해낸 척도로 표시되는지 여부를 시험해 볼 수 있다. 이 화장품 프로젝트에 척도를 적용한 결과, 우리는 경험적 포지셔닝이 감각(아름다움과 젊음), 감정(즐거움), 인식(내·외적인 아름다움에 대한 흥미로운 개념), 행동(젊은 여성이 그에 어울리도록 행동하게 하는 화장품 사용)의 측면에서 가치를 제공한다는 사실을 알 수 있었다.

3. 종합적 실행 테마를 창출한다

여기에는 분석적 사고와 독창성이 요구된다. 그러므로 매니저는 광고 컨셉 테스트 및 디자인 컨셉 테스트에서, 그리고 인터페이스와 혁신을 위한 잠재적인 실행 옵션으로 종합적 실행 테마를 시험해볼 수 있다.

[그림 4.8] 라네즈 브랜드의 비주얼 컨셉 왼쪽 위에서 오른쪽 아래 방향으로각각 웹 사이트, 매장에서 사용하는 쇼핑백, 광고 스토리 보드, 라네즈 브랜드의 제품 라인.

태평양의 라네즈 브랜드 프로젝트에서, EVP를 통해 개발한 최종 실행 테마는 '빛과 물'이었다. 종합적 실행 테마는 컨셉 테마를 담은 비디오 형태로 표현하여 전달되었다. 여기에는 언어적 내용(테마를 표현하는 용어와 메시지)과 원형적인 이미지(사진을 비롯한 이미지들)가 포함돼 있다. 이 테마는 이 기업과 외주업체들이 먼저 공유함으로써, 브랜드경험과 고객 인터페이스에서도 독창적인 방식으로 실행되었다. 그리고 이것은 신제품 개발과 혁신으로 이어졌다(그림 4.8 참고).

박스 4.2 젯블루 : 예상치 못한 경험

젯블루 에어웨이*JetBlue Airways*가 2000년 2월 11일 서비스를 시작했을 때, 이 회사는 자신이 이루고자 하는 포지션을 정확히 알고 있었다. 그것은 바로 '저렴한 가격으로 똑똑하고 세상물정 밝은 사람들에게 독특한 경험을 제공하는 항공사' 였다. 사우스웨스트 에어라인*Southwest Airlines*과 버진 애틀란틱*Virgin Atlantic*의 중간쯤이라고 할 수 있는 젯블루는 승객들에게 불필요한 서비스를 제공하지 않음으로써, 저렴하면서도 고품격의 경험을 제공한다. 불필요한 서비스를 제공하지 않음으로써 저렴하다, 그러면서 고품격? 이것이 무슨 말일까? 이 예상치 못한 조합에 대해 좀더 자세히 살펴보도록 하자.

젯블루의 경우 조기 예약을 하는 고객수는 다른 여행사와 비슷하지만, 비행 하루 이틀 전의 예약자는 언제나 경쟁사를 제치고 폭발적으로 많아진다. 요금이 싸기 때문이다. 모든 좌석은 매진이고, 대개 어느 항공편에도 빈자리가 없다. 모든 요금은 편도를 기준으로 계산되

© JetBlue Airways

며, 주말요금제도 *saturday night stay*도 없다. 예약 절차는 수월하고
간단하며, 흥정도 복잡한 요금체계도 없다.

불필요한 서비스가 없는 항공사 젯블루는 최소한의 기내 서비
스만을 제공하며, 식사도 제공하지 않는다. 그렇다고 기내에서의
경험이 실망스러운 것은 아니다. 오히려 그 반대다. 젯블루의 모
든 좌석에는 무료 라이브 TV가 설치되어 있어, 승객들은 디렉
TV(DIRECTV)가 편성한 24개 채널을 자유롭게 이용할 수 있다. 전
자레인지에 이것저것 데워서 내오는 기내 식사를 좋아하는 사람
은 아무도 없을 것이다. 젯블루는 그런 식사 대신에 테라 *Terra* 감
자칩 같은 고급 스낵을 제공한다. 너덜너덜한 오렌지색 천으로 된
싸구려 좌석 커버를 떠올릴 필요도 없다. 젯블루의 모든 좌석은 가
죽으로 돼 있다. 젯블루는 승객들의 쾌적하고 조용한 여행을 위해
서 새로 구입한 에어버스 *Airbus* A302를 36대를 보유하고 있으며,
추가 구입을 진행중이다.

고객경험에 대해 젯블루가 기울이는 관심은 기업 내 최상층에
서 시작한다. 이 회사의 설립자이자 CEO인 데이비드 닐러먼 *David
Neeleman*은 거의 매주 젯블루 비행기를 타는 것을 원칙으로 삼고
있다. 비행기에 탑승한 그는 승무원들이 승객에게 스낵을 내가는
것을 돕기도 한다. 대개 그가 하는 일은 고객의 목소리를 듣는 것
이다. 그는 고객들이 무엇을 좋아하고 무엇을 싫어하는지, 어떠한
변화를 바라는지 등을 열심히 듣는다. 그가 귀 기울이는 내용은
"더 많은 도시에 취항하는 게 어때요?" 같은 큰 아이디어부터, "스
포츠채널을 좀 줄여주시면 안 될까요?" 하는 작은 것에 이르기까

지 다양하다. 그는 고객으로부터 아이디어를 얻고 그것을 실행한다. 여성 승객은 여성 전용 화장실을 선호할까? 하는 문제도 한 예라고 할 수 있다. 닐러먼은 고객경험을 낱낱이 들여다봐야 한다는 생각에 지나치게 골몰한 나머지, 밤낮으로 호출기를 지니고 다니면서 젯블루 항공편이 1분 이상 연착하면 언제든 자신에게 호출하라고 지시한다.

고객친화적인 항공사를 설립하려는 닐러먼의 접근법은 어떤 사업가든 한번 흉내내볼 만한 것이다. 그는 자신의 경험과 자신을 둘러싼 사람들의 경험에 근거해 업무를 추진한다. 예를 들어 가죽으로 된 좌석은 그의 아이디어였다. 그는 다른 항공사 비행기를 탔을 때 소변에 찌든 좌석에 앉은 경험이 있다. 그래서 돈이 더 들더라도 가죽 좌석이 승객에게 주는 편안함을 생각하면 그만한 가치가 있다는 것을 알게 되었다.

데이비드 닐러먼은 '항공사가 인간성을 되찾는다'는 포부를 안고 항공사업을 시작했다. 모든 지표를 봤을 때, 그는 그 목표를 성취했다. 젯블루는 《콩드 나스 트레블러*Cond Nast Travel er*》가 수여하는 제14회 애뉴얼 리더스 초이스 어워드*Annual Rea ders' Choice Awards*에서

미국 내 항공사 부문 2위를 차지했다. 젯블루는 또한 《콩드 나스 트 레블러》의 2001년 비즈니스 트레블 어워드*Business Travel Awards*에 참가한 항공사 중에서 최고 점수를 받았다(젯블루는 일반석 부문만 놓고 볼 때 미국 내 1위 항공사였다). 그리고 무엇보다 중요한 것은, 젯 블루가 2001년에 2,680만 달러의 영업수익을 올렸다는 점이다. 이 는 같은 기간 다른 항공사들이 100억 달러의 손실을 입었다는 사실 과 대비된다.

젯블루는 흔히 생각하는 그런 전형적인 저가 할인 항공사가 아 니다. 젯블루의 성공이 증명하듯이, 우리는 고객경험과 그 무한한 가능성*the sky's the limit*에 관심을 기울일 필요가 있다.

※ 멜라니 웰즈*Melanie Wells*, '하늘의 주인*Lord of the Skies*',
〈포브스*Forbes*〉(2002년 10월 14일자, p.130ff)와 그 외 인터넷 자료 참고.

요약 CONCLUSION … 경험적 기반을 체계화하는 것은 CEM 프로젝트에서 핵심적인 전 략단계다. 이 단계에서 우리는 고객의 경험세계에 대한 이해를 통해, 경험적 포지셔닝과 고객 을 위한 가치약속과 종합적 실행 테마를 체계화한다. 경험적 기반은 회사 및 그 회사의 브랜 드와 연관된 언어적·시각적 이미지를 통해 전달된다. 경험적 기반을 담은 비디오를 이용하 여, 기업 내 혹은 외주업체의 관련자들에게 종합적 실행 테마를 전달할 수도 있다. 이 단계에 서 필요한 분석적, 전략적, 창의적인 작업들을 마치고 나면, 이제 모든 형태의 브랜드 커뮤니 케이션과 그와 관련된 인터페이스에서 경험을 실행할 만반의 준비가 된 것이며, 나아가 경험 적 기반을 이용하여 혁신을 추구할 수도 있다. 이 주제는 제5장에서 제7장에 걸쳐 다루고자 한다.

브랜드경험을 디자인하라

제4장에서 우리는 분석과 실행 사이의 가교 역할을 하는 경험적 기반을 어떻게 확립하는지 알아보았다. 이어서 브랜드경험과 고객 인터페이스, 지속적인 혁신을 실행시키기 위한 개념과 방법론을 다룰 것이다.

제5장에서는 '브랜드경험'을 집중적으로 다룬다. 브랜드경험에는 고객이 접하게 되는 모든 정적 요소 *static element* 들이 포함되는데, 정적 요소들이란 제품 자체와 로고 및 표식, 포장, 브로슈어, 광고 등을 말한다. 이 요소들은 기업이 자사의 공장이나 마케팅 부서에서 직접 제작하거나 CI 회사, 그래픽 디자이너, 광고 회사 등 외주업체에 아웃소싱하는데, 이 요소들은 이와 같이 미리 기획된 상태에서 고객에게 전달되고 접촉 순간의 메시지는 정적이기 때문에, 정적 요소라고 한다. 동적 요소들은 서비스 접촉이나 전화 접촉, 전화상담 판매, 또는 웹상의 쌍방향 접촉 을 말하는데 고객과의 실시간 접촉을 하는 것으로서, 접촉 순간의 메시지가 동적이다. 이들 동적 요소들에 대해서는 제6장 고객 인터페이스에서 다루기로 한다.

브랜드경험의 기획

브랜드경험은 동적이거나 고객맞춤식이 아니라, 미리 기획된 정적 요소들을 통해서 발생한다. 그러나 어떤 상황에서는 정적 요소와 동적 요소를 동시에 겪기도 한다. 매장 방문과 같은 상황에서 고객은 정적인 브랜드경험과 쌍방향 인터페이스 경험을 모두 겪게 된다. 매장에서 고객은 브랜드경험의 일부인 건물이나 실내 디자인, 실내 장식, 광고 패널 등과 같은 여러 정적 요소와 마주친다. 뿐만 아니라 고객 인터페이스의 일부인 판매원이나 서비스 직원과의 접촉과 같은 동적 요소도 접하게 된다. 복합적인 상황의 또 다른 예로는 웹상의 경험이 있다. 어떤 웹 사이트든 정적인 그래픽 디자인이 있게 마련이다. 그러나 대부분은 탐색 기능, 고객의견 올리기, 전자상거래, 채팅방 등 동적인 쌍방향 요소가 포함되어 있다.

브랜드경험을 기획하고 디자인하기 위해서는 경험적 기반의 실행 테마를 종합적으로 이용해야 한다. 고객은 제품에 대한 직접적인 경험, 즉 병이나 용기 혹은 박스 등 여러 포장 형태를 포함한 제품의 모양이나 느낌, 브로슈어, 지면 또는 TV 광고, 웹 디자인 등 상업적 목적으로 제작한 커뮤니케이션 자료, 매장 디자인 등을 통해 브랜드경험을 하게 된다.

'시티그룹*Citigroup*'과 프라다*Prada*의 '에피센터*Epicenter*' 매장은 브랜드경험을 디자인한 두 가지 예라 하겠다. 시티그룹의 경우는 국제적인 기반을 둔 기업이 전사적 차원에서 브랜드경험을 실행할 때 맞닥뜨리는 복합적인 전략상의 문제들을 잘 보여준다. 프라다의 에피센터는 어떻게 하면 브랜드경험을 위한 올바른 매장 디자인을 만들어낼 수 있는지 보여준다.

시티그룹 : 통일된 브랜드경험의 창조

2001년, 세계에서 가장 큰 금융 기업으로 102개국 이상 진출해 있는 시티그룹은 고객경험에 큰 힘을 발휘할 수 있도록 새롭게 구성한 브랜드 아이덴티티(brand identity : BI)를 출범시켰다. 시티그룹은 1998년 트래블러스 인슈어런스 *Travelers Insurance* 와 합병했는데, 이때 모든 사람이 품었던 의문점은 이 새로운 거대 금융/보험 기업을 고객이 과연 어떻게 받아들일까 하는 것이었다. 그래서 여러 가지 다양한 사업들을 새로운 BI와 결합시키면서 '시티*Citi*' 라는 이름과 함께 '시티' 로고와 시각요소들을 통일성 있게 활용했다.

또한 고객들에게 새로운 BI를 전달하기 위해 유망한 장소들을 활용했다. 은행 지점마다 새로운 고객서비스 코너를 설치하였고, 이 코너 바로 옆에는 고객에게 제시하는 시티의 약속들을 붙여놓았다. 또 디자이너들은 웹 사이트나 ATM 기기에서 나오는 실행화면의 형태와 분위기를 개편하였고, 새로운 종류의 다이렉트 메일을 여럿 만들었다.

미국에서 행해진 이 새로운 브랜드 광고 캠페인의 제1목표는 바로 고객 자신의 경험이었다. 금융을 통한 이익만이 아니라 보다 나은 가치를 이끌어내고 촉진시키기 위해서, '풍요로운 삶 *Live richly*' 이라는 경험적 테마에 초점을 맞추어 인쇄물과 옥외광고를 시작하였다. 이 테마 아래에 만들어진 광고 문구들은 '독립적이고 행복하게 살자', '이것은 거래내역이지 채점표가 아닙니다', '누구도 이자를 모으는 것을 취미로 인정해주지 않습니다' 와 같은 것이었다. 그 밖에 '당신의 회계사보다는 당신의 아이들을 감동시키는 것이 더 중요합니다' 와 같은 문구도 있었다.

그러나 이 새로운 시티그룹의 광고 캠페인에 모두가 만족한 것은 아니었다. 살롱닷컴*salon.com*에서는 작가 조셉 램포트*Joseph Lamport*가 이 캠페인을 일컬어 "역겨운 짓"이라고 조롱하기도 했다. 그는 이렇게 되물었다. "은행이 도덕적인 철학가인 척하는 것을 받아들일 만큼 우리가 도덕적으로나 지적으로 고갈 상태란 말인가?" 램포트의 말에도 일리가 있을 수 있다. 그러나 언제나 그렇듯 최후의 선택은 고객이 한다.

2002년 4월 시티그룹은 5개 대륙 8개 국가에서 촬영된 세계적 규모의 지면·TV 광고 캠페인을 새로이 선보이면서 고객경험에 초점을 맞춘 홍보를 계속해 나갔다. 보도 자료의 설명을 보면, '광고의 최대 과제는 시티그룹이 가진 여러 가지 측면, 즉 다양한 상품 목록, 세계 어디서나 접근 가능하다는 점, 뿌리깊은 전통, 안정성 등을 하나의 강력한 메시지로 전달하는 것이었다'고 밝히고 있다.

각각의 광고는 시티그룹이 가진 핵심적 강점을 강조하고, 끝맺을 때는 고객의 마음을 끄는 한 가지 사실과 '이것이 바로 시티그룹입니다 *This is Citigroup*'라는 반복적인 문구를 집어넣었다. 처음 선보인 것은 '우산 *Umbrella*'이라고 불린 30초짜리 광고로, 세계 각지의 활기 넘치는 장면들을 통해 시티그룹이 세계 어디서든 접근 가능성하며 다양한 상품을 가지고 있다는 점을 전달하고 있다. 런던의 금융지구를 배경으로 한 '우리들 중에 바다 저편의 회사를 합병하려는 회사가 있습니다'라는 광고나 미국 버몬트 주의 한 오두막집을 배경으로 한 '우리들 중에 식료품을 사려는 사람이 있습니다'라는 광고에 이르기까지 시티그룹의 광고는 다양한 나라, 다양한 사람들의 다양한 욕구를 그려내고 있다. 이 광고 캠페인은 또한 시티그룹의 핵심 가치와도 훌륭하게 결합되어 있는데, 그 가치는 바로 다양하면서도 서로 배려하는 업무환경에 중점을 둔다는 것이다.

브랜드경험 테마는 광고뿐만 아니라 2001년 파이낸셜 리포트 디자인과 표지에서도 드러났다. 시티그룹은 고객의 욕구를 중심으로 자사를 재규정하는 일을 계속해 나갈 태세인 듯하다.

프라다의 '에피센터' : 매장 내에서 고객경험 창조

이탈리아의 최고급 패션 회사인 프라다는 이제 '본점이나 주력매장'의 가치를 더 이상 믿지 않는다. 그들은 대신 '에피센터*Epicenter*'를 믿는다. 1999년, 프라다는 뉴욕과 로스앤젤레스, 샌프란시스코, 도쿄 이렇게 네 곳에 에피센터를 건립하겠다고 발표했다. 먼저 프라다는 첨단 유행의 거리인 뉴욕의 소호*SoHo* 지구에 국제적인 권위를 자랑하는 건축가 렘 쿨하스*Rem Koolhaas*에게 '고객접촉의 새로운 유형을 실험해볼 수 있는 하나의 연구실'을 디자인하게 했다. 4,000만 달러라는 막대한 비용을 들여 지은 약 840평의 이 건물은 옛 구겐하임 미술관*Guggenheim Museum* 소호 지점 자리를 차지하고 있다. 이 매장은 2001년 휴가 시즌에 개장했는데, 첫 출발부터 갖가지 논쟁을 낳았다.

그 이유를 이해하기 위해서는 에피센터가 무엇인지, 그 개념이 브랜드 경험과 어떤 관계가 있는지, 그리고 프라다는 에피센터를 통해 무엇을 얻고자 한 것인지 설명할 필요가 있다. 쿨하스의 말에 따르면, '확장'은 브랜드에 위기를 초래할 수도 있다. 그의 말을 들어보자. "대부분의 경우, 확장은 창의적인 기업으로서의 브랜드 종말과 돈벌이 기업으로서의 브랜드 시작을 의미한다." 이러한 위험성의 징조를 프라다는 '주력매장 증후군*Flagship syndrome*'이라 부른다. 이것은 브랜드에 따라다니는 놀라움과 신비감의 마지막 요소마저 빼앗아버리고 그 브랜드를 어느 '한

정적인' 성격에 가둬버리는, 눈으로 확실히 볼 수 있는 것들만 과대 망상적으로 축적하는 증상이다. 에피센터는 프라다가 이러한 위험을 피해 갈 수 있는 길이 된다. 에피센터 매장은 프라다의 브랜드를 영원히 고정시키는 것이 아니라, 프라다의 현재 모습이나 현재 하고 있는 것, 미래의 모습 등에 대한 일반적인 개념을 거부하거나 안정화시킴으로써 브랜드를 새롭게 하는 장치다. 에피센터 매장은 개념상 창문의 역할을 한다. 말하자면 미래의 방향을 제시하는 매개인 것이다.

일상적인 말로 하면 이것은 도대체 무슨 뜻일까? 프라다가 표현하는 키워드는 다양성*variety*, 독창성*exclusivity*, 변화에 민감함*changeability*, 서비스*service*, 영리에 집착하지 않음*non-commercial* 등이다. 다양성은 디스플레이에서 나타난다. 프라다는 매장들마다 동일한 디스플레이를 하지 않으며, 한 매장내에도 다양한 공간을 만든다. 독창성은 모든 고급 브랜드의 특징으로, 이 또한 매장이 어떻게 인식되는가에 따라 표현될 수 있다. 변화, 즉 새로움에 대한 추구는 브랜드가 생명력을 유지하고 성장

Photo by the Author

[그림 5.1] 도쿄에 건설중인 새로운 프라다 매장.

하는 데 필수적이다. 그래서 프라다는 BI의 60%는 그대로 유지하면서 40%는 계속 변화를 주는 방침을 두고 있다. 브랜드가 성장하면 서비스가 친근함을 유지시켜 주는 주요 요소로 인식된다. 프라다는 자사 공간을 이용하여 비영리적인 문화기업이라는 공감대를 심어주려 한다. 매장에서 자선 패션쇼 같은 행사를 연다거나, 폐점 시간 이후에는 쇼핑 이외의 활동을 할 수 있는 공간으로 활용되기도 한다.

프라다는 이러한 개념들을 가지고 자사의 목표점을 아주 높게 설정하였으며, 그 개념들을 에피센터 매장의 모습과 분위기에 구현하고자 노력했다.

소호 매장의 중앙 장식물은 일명 '파도'라고 불리는 다층 구조로 된 곡선 모양의 벽으로, 줄무늬 목재에 상감 세공이 되어 있다. 한쪽에서 보면 이 파도는 돌출된 층 모양을 하고 있어서 대중적인 행사를 할 때는 좌석으로 사용되거나 신발 전시 공간으로 쓰이기도 한다. 이 파도를 정면에서 바라볼 때 보이는 표면은 무대나 영상을 비추는 공간을 만들 때 활용된다. 거대한 매장 내부 전체에 설치된 비디오 모니터들은 예술적인 이미지를 보여준다. 의류는 매장 여기저기 놓여 있는 철망으로 만든 옷장 안에 전시되어 있다. 탈의실은 유리벽으로 되어 있는데, 문을 잠그면 불투명 상태가 된다.

매장의 외관이나 분위기는 멋지기 그지없다. 그러나 효과는 별로다. 필자는 에피센터를 개장한 지 얼마 안 돼서 처음으로 그곳을 방문하고는 그 건축물에 압도당했다. 그러나 막상 매장에 들어서고는 실망을 금치 못했다. 그곳은 고객이 아니라 건축가와 건축학도들을 위한 공간이었고, 이들은 '파도'를 비롯한 여러 물리적인 장치에만 여념이 없었다. 상품들은 매장 지하창고에 쌓여 있어 마치 뒷전으로 밀려난 듯했다. 나는 매장을 걸어 나오면서 이런 생각을 했다. '곧 있으면 머천다이징 매니저가 "이제 더 이상 못 참아!"하고 소리를 지르고는 다시 실제 업무가 가능한 매장으로 바꾸게 되겠군.'

프라다와 쿨하스는 흥미롭고 자극적인 아이디어를 가지고 출발했다. 그러나 도중에 어디선가 자사 브랜드의 경험적 기반을 잃어버리고 말았다. 에피센터의 개념은 흥미롭긴 하지만 부적절한 브랜드경험을 제공하고 있다. 고객은 결국 거대한 공간에 짓눌려 위축되고, 프라다는 매장이 아니라 그저 관광객들의 인기 장소가 되고 말았다. 프라다가 '주력매장 증후군'에 대해 선언문을 내놓을 때 과대망상증을 조심했어야 한다는 것을 지적했다는 점은 아이러니다. 왜냐하면 결국 그들의 에피센터도 그렇게 끝나고 말았기 때문이다. 말하자면 제 기능을 하는 유통 공간이라기보다는 쿨하스의 과대망상이 빚어낸 작품에 가깝다고 할 수 있다.

브랜드경험을 관리하는 법

제4장에서 이야기한 것처럼, 경험적 기반은 경험적 포지셔닝과 경험적 가치 약속, 종합적 실행 테마로 구성되어 있으며, 바람직한 고객경험에 대한 실용적인 지식을 포함하고 있다. 뿐만 아니라 경험적 기반의 개발은 고객에게 차별성과 가치를 제공해 준다. 그러므로 브랜드경험은 이 기반을 그대로 따라야 한다.

말은 쉽지만 이 일은 상당히 힘든 관리 업무다. 많은 기업들이 전략 담당 컨설턴트와 브랜드 전략 전문가를 고용하여 브랜드 전략 관리를 맡기고 있다. 그러나 이들 전문가들은 종종 아무런 연구조사나 사전 실험도 없이 전략을 개발하곤 한다. 컨설팅 업무를 끝낸 후 매니저들은 회사 내·외부에서 실제로 일을 시행하는 사람들에게 그 전략을 전달한다. 디자인 엔지니어, 포장 디자이너, 웹 디자이너, 광고 대행사, 매장 건축가 등이 바로 그들이다. 실제로 업무를 수행하는 이들은 그 전략에 담긴 전체적인 정보가 부족해 자신들이 나름대로 설정한 사항을 따른다. 예를 들어 자신들의 수상 기회를 높여줄 수 있는 디자인과 광고를 만드는 것이다. 더욱이 그들은 함께 모이거나 정기적으로 연락을 주고받는 경우가 별로 없다. 이런 데서 비롯되는 단편적인 브랜드경험은 고객을 무관심하게 만들거나, 더 나쁜 경우 혼란스럽게 만들 수 있다.

성공을 위한 CEM은 고객에 대한 통찰에서 시작하여, 고객정보를 포함하는 기준을 가지고 지속되어야 하며, 고객경험을 중심으로 한 실행으로 끝나야 하는데, 이 모든 과정이 끊기지 않고 완벽하게 짜 맞추어져야 한다.

CEM 프로젝트는 모든 업무실행자들이 경험적 기반을 완전히 이해했을 때에만 효과가 있다. 그러한 이해가 있으면 업무가 엄청나게 쉬워지고, 업무 시행 과정에서 초기의 분석이나 전략을 망각하는 일이 일어나지 않는다. 더욱이 회사 내 엔지니어와 디자이너, 외주 디자인 회사, 외주 커뮤니케이션 공급자 할 것 없이 프로젝트에 참가한 모든 사람들은 철저히 고객 지향적이어야 한다.

브랜드경험의 3가지 주요 측면

지금부터는 브랜드경험의 세 가지 주요 측면, 즉 제품경험*product exp*

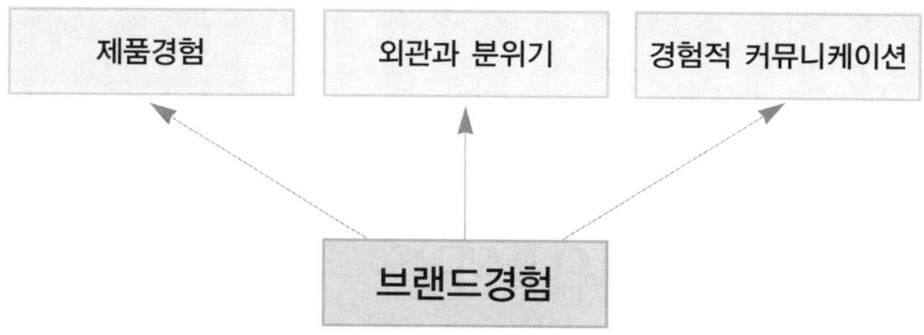

[그림 5.2] 브랜드경험의 3가지 주요 측면

erience, 보고 느끼기*look and feel*, 경험적 커뮤니케이션*experiential communications*에 대해 집중적으로 살펴보려고 한다(그림 5.2 참조). 여기서 소개하는 몇 가지 관련 개념들은 브랜드경험의 이러한 측면들을 관리하는 데 도움이 될 것이다.

제 품   경 험

제품은 고객경험의 핵심이라 할 수 있다. 물론 고객경험에는 제품의 기능적 특징, 즉 그 제품이 얼마나 잘 작동하는가 하는 점이 포함된다. 그러나 고급 제품을 흔하게 구입할 수 있는 요즈음 그러한 기능적 특징은 별로 고려 대상이 되지 못한다. 소비자들은 자기가 구매한 컴퓨터나 냉장고, 자동차 등이 제 기능을 수행하는 것은 당연하다고 여긴다. 오늘날의 소비자에게는 다른 제품의 특성들이 더 중요하다. 이러한 경험적 특성들이 바로 고객의 브랜드경험의 발판 역할을 한다.

예를 들어 잠바주스*Jamba Juice* 사의 과일 주스, 또는 오드왈라*Odwalla*, 프레쉬 사만사*Fresh Samantha*, 네이키드*Naked* 사의 제품들 속에 생강, 은

행나무, 에키나시아 성분 등이 들어가 있는 것은 단순히 건강에 좋다는 표면상의 이유 때문만은 아니다. 이들 성분이 근사하고 동양적인 분위기를 주는데다 소비자에게 흥미롭고 매력적인 경험을 제공하기 때문이다.

한 가지 예를 더 들자면, PDA(personal digital assistant : 개인휴대단말기)를 꼽을 수 있다. 이 물건을 쓰는 사람은 고사하고 사용법을 아는 사람조차 아주 적다. 많은 전문가들은 PDA가 명함을 대체할 것이라고 예상했지만 그 예측에 미치지 못한 것은 확실하다(팜파일럿*PalmPilot* 출시 초기에 이 회사에서 내놓은 지면 광고를 보면, 일단의 사업가들이 회의 탁자에 둘러앉아 흡족한 표정으로 서로에게 가상 명함을 비춰 보이고 있다). 그러나 적외선 포트와 관련된 기능은 여전히 사람의 마음을 끄는 경험적 특성으로 남아 있다. 동료등 주변 사람들과 새로운 방식으로 접속할 수 있는 기회를 제공하기 때문이다.

경험적 특성은 B2B 시장에서 또한 중요하다. 많은 공장에서 시도되는 새로운 절차와 기술, 운영 방식 등은 가시적인 성과를 가져오지 못하는 경우가 많다. 그러나 기술이나 운용 관련 부서에게는 뛰어난 첨단 기술을 경험할 수 있는 기회가 된다.

제품이 제공하는 경험에는 제품의 기능적, 경험적 특성보다 훨씬 더 중요한 것들이 많이 있다. 그 중 중요하게 생각되는 것 하나가 바로 제품이 어떻게 작동하느냐 하는 점이다.

제품 디자이너나 프로그래머, 기계 공학자라면 누구나 이 문제를 해결하기 위한 여러 가지 방법을 제시할 것이다. 이들 전문가들이 볼 때 솔루션은 근본적으로 두 개의 범주로 나뉜다. 훌륭한 것과 그렇지 못한 것이 바로 그것이다. 그러나 엔지니어들만이 이런 경험적 방식으로 생각하는 것은 아니다. 고객들도 역시 그렇다. 물론 고객이 기계 내부를 들여다보거나 설계도를 보기는 힘들 수도 있다. 그러나 그런 것을 몰라도 고객은 그 제품과의 접촉을 통해 제품의 기본이 되는 디자인이나 프로그램이 훌륭한지 인식하게 된다. 훌륭한 솔루션은 세련되게 작동한다. 세련됨이란 단순함, 독창성, 다양한 기능 등을 포함하는 개념이다. 이러한 마력을 지닌 제품이라면 어떤 종류든 우수하다는 평가를 받을 수 있다.

마지막으로 제품의 미적 매력을 들 수 있다. 1997년 저자는 《마케팅 미학*Marketing Aesthetics*》이라는 책을 공동 집필한 적이 있는데, 고객이 제품과 커뮤니케이션에 대해 갖는 감각적 경험에 초점을 맞춘 책이었다. 사실 디자인, 색깔과 모양 등 제품의 미적 특성은 제품의 기능적·경험적 특성이나 그 제품이 어떻게 작동하는가와 별개로 인식되는 것이 아니다. 따라서 전체적인 경험을 고려하면서 제품의 모든 측면을 종합해 만들어진 '공학의 결정체', 바로 이런 제품이 아름다운 것이다. 이런 제품은 뉴욕 현대미술관의 디자인 작품 전시실에 걸리는 기회를 얻을 수 있다. 그 정도는 아니더라도 그 제품의 열렬한 팬들로 이루어진 동호회를 가질 수도 있다.

제품을 개발할 때 엔지니어와 제품 디자이너들은 제품이 고객에게 기능적 가치뿐만 아니라 경험적 가치도 제공할 수 있도록 해야 한다. 그래야만 제품은 경험적 기반의 주요 부분을 구성하는 경험적 가치약속*EVP*을 지킬 수 있다. 애플*Apple* 사의 아이맥은 경험적 가치약속*EVP*을 지키는 제품라인이다. 1990년대 후반 애플은 아이맥을 필두로 대표적인 제품들을 차례차례 선보였다. 이 제품들은 제대로 먹혀들었다(당연하다고만 여길 수 있는 사항이 아니다. 1990년대 중반의 맥 사용자 급증은 그 이유를 반증한다). 그러나 거기에 그치지 않는다. 핵심은 제품이 작동하는 방식과 그것이 가진 미적 요소이다. 거의 모든 각도로 회전할 수 있는 모니터, 컴퓨터가 대기 상태에 있을 때 깜빡거리는 버튼, 맥 운영 시스템이 보여주는 아기자기한 아름다움 등을 예로 들 수 있다. 더 나아가 그러한 성공적인 제품경험은 '디자인 면에서 탁월하고, 사용자에게 편리하며, 창의적이다' 하는 애플의 경험적 기반과 지속적으로 연결된다. 애플의 끊임없는 혁신에 대해서는 제7장에서 상세히 다루기로 한다.

보고 느끼기

제품을 보고 느끼기(브랜드 아이덴티티*BI*라고도 함)는 브랜드경험의 또 다른 주요 측면이다. 고객은 단지 제품의 특성만을 사는 것이 아니다. 고객은 제품의 용기나 포장에 씌어진 상표, 로고, 표식 등을 함께 사는 것이다. 또 제품을 사는 곳은 이 제품이 일정한 방식으로 전시되어 있는 매장이나 인터넷이다. 그러므로 외관과 분위기에는 상표나 로고나 표식 같은 시각적 정체성, 포장, 매장 디자인, 상품 기획, 웹 사이트의 그래픽 디자인 요소 등이 포함된다.

어떤 전문가들은 상표나 로고, 표식 등을 통해 말하거나 보여줄 수 있는 것이 별로 많지 않다고 생각한다. 그래서 이들은 따분하고 정보가치도 없는 추상적인 상표나 디자인을 좋아하는데, 이러한 것들은 대부분 고객들이 기억하기가 힘들다. 전문가들은 포장에는 공간이 별로 없어서 확장된 이미지나 메시지를 담을 수 없으며, 전반적인 경험적 기반을 상세하게 설명할 수도 없다고 주장한다.

결코 그렇지 않다! 제품 포장에 좀더 상세한 정보를 담는 경향이 있는 것이 사실이다. 이때 BI의 일부로 나타나는 이미지나 메시지 안에는 새로운 경험적 방식이 함께 담긴다. 앞서 언급한 과일주스 브랜드의 예를 보면, 경험적 포지셔닝과 경험적 가치약속*EVP*이 플라스틱 병에 잘 드러나 있다.

예를 들면 네이키드 푸드*Naked Food* 사의 주스 병에는 FDA(Food and Drug Administration, 미국식품의약청)에서 요구하는 일반적인 영양성분 함유량 표시에 덧붙여, 경험적인 사진과 멋진 제품 설명 문구가 들어가 있다(지금 내 앞에 놓여 있는 '프로테인 존*Protein Zone*'이라는 제품에는 '스테이크를 마실 수는 없잖아요?'라는 문구가 씌어 있다). 이 회사는 경험적 기반을 전달하려는 노력도 아주 열심히 하고 있다.

> 네이키드 푸드 주스는 1983년, 신선한 과일의 대표적 생산지라 할 수 있는 캘리포니아 주의 산타모니카 해변에서 처음으로 만들어졌습니다. 그 후 매일 우리는 가장 신선하고 가장 맛있는 주스를 병에 담으면서 다음과 같은 단 하나의 사명을 마음속에 새겼습니다. '영양을 공급받는 충전소'. 차선도 없는 10차선 고속도로 같이 정신없는 이 세상에서 시속 150km로 달리고 있는 남녀노소 모든 이에게 네이키드 푸드 주스는 하루에 필요한 비타민과 에너지 그리고 맛의 즐거움을 드리고자 합니다. 이것은 당신의 신체와 정신과 영혼을 만족시키기 위한 가장 필수적인 분량입니다. 다른 것을 드시고 있지 않다면… 네이키드를 드세요.

효과가 있어 보이는가? 오드왈라의 경우를 보자. 1980년 세 명의 음악가가 캘리포니아 주 산타크루즈의 한 뒷마당에 모여 오드왈라 주스회사를 설립했다. 그들은 돈을 벌고 싶었다. 이유는 지역 학교들을 위한 음악 발표회나 멀티미디어 발표회나 문화 행사를 창설하여 사람들에게 문화의 다양성과 환경에 대해 가르치기 위해서였다. 오드왈라는 2000년 5월 프레쉬 사만 사와 합병하여, 5,000여 개의 소매점을 거느린 미국 내에서 가장 선도적인 천연주스 회사가 되면서 전국적인 관심을 끌었다. 2001

년이 되자 오드왈라는 1억 2,300만 달러의 수익을 올리게 되었고, 2002년 3월 코카콜라 *Coca-Cola*는 1억 8,200만 달러에 오드왈라 주스 회사를 사들였다.

이 회사의 과일 주스는 재미있고 멋진 방식으로 제품의 경험적 기반을 전달하고 있다. 슈퍼마켓의 맞은편 통로를 차지하고 있는 시리얼 박스가 보여주는 외관이나 분위기와는 전혀 다른 모습이다. 잠깐! 모든 시리얼 박스가 그런 건 아니다. 필자가 좋아하는 치리오스 *Cheerios* 시리얼 박스 뒷면에도 하트 모양, 서로 포옹하고 있는 두 아이, 아버지와 아들의 모습 같은 이미지가 들어가 있다. 그리고 '자녀 양육 코너 : 당신의 자녀에게 사랑을 보여줄 수 있는 다섯 가지 멋진 방법이 여기에 있습니다' 라는 문구가 적혀 있는데, 이것은 '서로의 정을 느끼게 해 준다' 는 이 제품의 포지셔닝과 창의적으로 연관되어 있다. 이렇듯 전문가들이 어떻게 생각하는가와 상관없이, 이제 경험적 접근법은 소비재에 광범위하게 나타나는 추세가 되고 있다.

반면 기업고객의 입장에서는 어떨까? 아직 대부분의 B2B 제품 포장에는 아직 유사한 디자인 메시지가 보이지 않는다. B2B 시장에서도 포장을 단순히 내부 물건을 명시하고 보호하는 수단이 아니라 그 이상의 것으로 활용한다면, 차별화와 부가가치를 얻을 수 있는 엄청난 기회를 손에 넣게 될 것이다. 예를 들어 필자가 쓰는 프린터 카트리지 포장에는 문서를 프린트하고 공유하면 업무를 더욱 효율적으로 체계화하는 데 어떤 도움이 되는지 알려주는 유용한 정보가 왜 들어있지 않는 것일까?

외관과 분위기에 제품의 포지셔닝을 밝히는 것을 주저해서는 안 된다. 당신 회사의 포지셔닝과 브랜드는 경쟁사가 훔쳐갈까 무서워 지켜야 하는 비밀이 아니다. 경쟁사에게 당신의 포지셔닝을 숨기려고 한다면 고객에게 또한 그것을 숨기는 결과가 되고 만다. 일단 경험적 포지셔닝을 개발하고 나면 그것을 외관과 분위기에 담아 가능한 한 많이 전달해야 한다. 경쟁사가 걱정된다면, 당신 회사의 외관과 분위기가 대중 영역에 공개되었을 때 그것을 보호할 수 있는 방법이 있다. 이것은 잠시 후에 다루기로 하자.

항상 이 점을 기억해야 한다. 경험적 기반은 두꺼운 전략자문 보고서에 묻혀서 평생 빛을 보지 못하는 그런 전통적 의미의 포지셔닝 설명과는 다르다. 이 기반은 고객 앞에 선보일 수 있는 모든 것에 대해 실질적인 실행 지침을 제공해준다.

경험적 커뮤니케이션

전통적인 광고와 커뮤니케이션이 말하는 보편적 개념 중 하나는 고유판매제안(unique selling proposition : USP)이다. 이것은 제품 중심적인 개념이고 결과 집중적이다. 그 특성과 이득 모두가 전통적 의미의 마케팅 담당자와 관련이 있기 때문이다. 이 개념은 판매실적에만 중심을 두고 있는데, 광고업자들이 광고의 효력을 증명해야 하기 때문이다.

그러나 제품에는 그 특성과 이점, 판매 성과 이상의 것이 있다. 결국 목표는 새로운 고객과 기존 고객에게 더 많이 파는 것이라고 해도, 그런 식의 판매제안은 성공을 거두기는 힘들다. 요즘 제품에는 기능적인 차이가 없는 경우가 많다. 요즘 고객들, 특히 젊은 고객일수록 시장의 속성을 알고 있으며 조종당하는 것을 싫어한다. 그러므로 광고는 가치를 제공해야 한다. 즉 정보와 즐거움을 줘야 한다. 그렇지 않으면 고객은 그 메시지를 받아들이려 하지 않는다.

따라서 광고업자나 다른 커뮤니케이션 제공자들은 USP를 ESP, 즉 경험적 판매 패러다임*Experiential Selling Paradigm*으로 대체해야 한다. ESP는 USP를 부드럽게 바꾼 개념이 아니다. 이것은 완전히 새로운 사고 즉 새로운 패러다임으로, 브랜드경험을 시행할 때 광고를 어떻게 활용할 수 있는지 설명해준다. ESP는 경험적 기반과 그 기반의 세 가지 요소인 경험적 포지셔닝, 경험적 가치약속*EVP*, 종합적 실행 테마에서 발전한 것이다. 경험적 포지셔닝은 광고의 전반적인 성격, 말하자면 공격적으로 나갈 것인가 부드럽게 나갈 것인가, 지성에 호소할 것인가 감성에 호소할 것인가 등을 기획하는 데 유용하다. 경험적 가치약속*EVP*은 경험적 의미에서 그 광고가 무엇을 파는가, 즉 제품의 외관과 분위기, 그리고 그 제품을 구입하는 집단을 통해서 고객은 그 제품으로부터 무엇을 얻게 되는가 하는 점을 명시하는 데 유용하다. 마지막으로 종합적 실행 테마는 창의적인 노력, 그리고 다른 경험 제공자들 사이에서 광고의 역할을 설정하는 것과 연관이 있다. 말하자면 광고와 그 매체는 중심 역할을 해야 하는가, 보조 역할을 해야 하는가? 어떤 매체를 선정해야 우리 광고가 가장 효과적이 되고, 다른 경험 제공자들도 효과를 거둘 수 있도록 보장해주는가? 하는 것과 연관이 있다.

최근 타깃*Target* 매장에 가본 적이 있는가? 미네아 폴리스에 기반을 둔 이 할인매장 체인은 자사 브랜드에 혁신적인 변화를 주고 있다. 타깃은 1961년에 설립되었는데, 이 해에는 미국 내 경쟁 할인매장 체인인 월마트*Wall-Mart*와 K마트*Kmart*도 함께 문을 열었다. 타깃은 모든 할인매장이 다 같지는 않다는 점을 증명했다.

그렇다면 당신이 타깃에서 얻을 수 있는 것은 무엇일까? 세계적인 명성을 자랑하는 설계사 마이클 그레이브스*Michael Graves*가 디자인한 가정용품들? 아니면 전위적인 디자이너이자 MTV에서 방영하는 'House of Style'의 스타인 토드 올드햄*Todd Oldham*이 디자인한 침구 및 목욕 제품들? 필리페 스타크*Philippe Starch*의 가정용품들? 이들 제품은 할인매장에 적당한 가격대의 상품들이 아니다. 그러나 타깃의 착상은 차별화 요인으로서 좋은 디자인을 활용하고, 그 좋은 디자인을 비교적 저렴한 가격으로 만드는 것이었다. 월마트가 오로지 싼 가격만 내세우는 반면에, 타깃은 매장 내에서 제공되는 빠르고 즐겁고 친절한 서비스뿐만 아니라 패션과 라이프스타일을 강조한다. 1990년대 후반 폭스바겐의 뉴비틀과 개선된 애플 컴퓨터의 성공을 놓고 볼 때, 패션과 라이프스타일을 강조하는 것은 그리 나쁜 전략이 아니다.

매장 내의 쇼핑객 숫자를 늘리기 위해서 타깃은 식품사업으로 영역을 넓혀나갔다. 다시 한번 타깃은 쇼핑 품목에 고가의 제품을 추가함으로써 자사의 브랜드를 월마트와 차별화시켰다. 예를 들면 타깃에서는 자외선 장비를 이용하여 단맛 검사를 거친 사과나, 너무 빨리 무르는 일이 없도록 온도 시험을 거친 바나나를 살 수 있다.

타깃은 고객경험을 측정하고 모니터하는 일에 심하다 싶을 정도로 집착한다. 모든 매장의 매니저들은 두터운 리포트 카드를 꼼꼼히 기록한다. 대부분의 진열 통로 끝에는 고객이 불편함을 호소할 수 있도록 빨간색 전화기가 설치되어 있다. 그리고 본사에서는 이 전화가 몇 통이나 걸려왔고 얼마나 빨리 그 전화를 받았는지에 관한 자료를 출력해서 확인한다. 타깃의 수석부사장인 바트 버트저*Bart Butzer*는 이렇게 말한다. "1,100개에 이르는 모든 매장을 똑같은 방식으로 운영하고, 항상 최고 수준의 경험을 제공하는 것이 저희들의 과제입니다."

고객경험에 대한 인식과 관리가 타깃의 브랜드를 다시 디자인하는 과정 안에 스며들어 있는 것이다. 그 결과 타깃은 2002년 399억 달러의 매출을 올리며 월마트에 이어 업계 두 번째의 유통업체가 되었다. 분석가들은 타깃이 높은 이윤을 내며 많은 수익을 올린 것에 깊은 인상을 받았다. 타깃은 이제 최대 경쟁사인 월마트보다 더욱 효율적인 회사가 되어가고 있다.

※ 자료 출처 : 콘스탄스 헤이스*Constance L. Hays* : '타깃은 월마트의 아성을 무너뜨릴 것인가?*Can Target Thrive in Wall-Marts Cross Hairs?*',
〈뉴욕 타임즈New York Times〉(2002년 6월 9일자, sec. 3, p.1.)

새로운 패러다임인 ESP에 의한 커뮤니케이션은 어떠한 모습일까? ESP는 특정한 제품을 사용했을 때의 고객경험을 보여줌으로써, 그 브랜드에 주목할 만한 경험적 캐릭터를 제공한다. 코카콜라가 2002년에 레몬향 다이어트 코크 출시에 맞춰 벌인 옥외 광고 캠페인을 보면, 지금 막 그 제품을 산 듯한 사람이 즐거워하는 얼굴 표정을 클로즈업하고 있다. 코닥*Kodak*의 영화 영상부는 전문 영화 촬영 기사들을 타깃으로 해 통합 광고와 웹 캠페인을 벌이면서, 코닥필름으로 영화를 찍는 유명 영화제작자의 직업철학과 코닥필름 사용경험을 담았다. 이러한 캠페인은 델*Dell* 컴퓨터의 'Dude(친구, 멋쟁이)' 캠페인이 보여준 것처럼, 대단한 유행을 불러일으킬 수 있다.

패러다임에 따른 경험적 커뮤니케이션은 고객에게 또한 유용한 상황을 담을 수 있다. 성공적인 B2B 광고 캠페인 중에, 경영리더와 의사 결정권자들이 IBM 솔루션을 필요로 하는 상황을 그려놓은 것이 있다. 그 광고 중 하나에는 서버와 웹 사이트가 다운되어 모든 고객 접속이 중단되는 바람에 경영진이 긴급회의를 소집하는 상황이 나온다. 그러면서 "이럴 때 바로 IBM이 떠오릅니다. 당신은 IBM을 사용할 완벽한 준비가 되어 있습니다" 라는 멘트가 흘러나온다.

마지막으로 광고 캠페인과 같은 커뮤니케이션의 특정한 한 형태는 보통 다른 커뮤니케이션과 통합적으로 작용한다. 제4장에서 크라프트 사의 브랜드인 '라이프 세이버*Life Saver*' 의 개성 캠페인을 다뤘는데, 크라프트는 이 캠페인의 일환으로 2002년 2월에서 9월까지 지면광고와 옥외 소비자 판매촉진 활동, 그리고 인터넷 광고에 총 1,500만 달러를 지출했다. 지면광고는 〈스포츠 일러스트레이티드*Sports Illustrated*〉의 수영복 특집, 〈피플*People*〉의 아카데미 특집이나 세계에서 가장 아름다운 60인

특집과 같은 특별한 주제를 다룬 잡지에 게재되었다. 소비자 판매촉진 활동의 일환으로, 소비자가 라이프 세이버를 발견하면 브랜드명이 새겨져 있는 사탕 한 무더기를 경품으로 주는 행사를 하기도 했다. 마지막으로 웹 사이트인 캔디스탠드닷컴 *candystand.com*에서는 사탕에 새로운 개성들을 제시하여, 소비자들이 자신이 좋아하는 라이프 세이버를 통해 자신의 개성을 알아볼 수 있게 하였다. 통합이 가지는 힘에 대해서는 제8장에서 좀더 자세히 살펴보기로 하자.

브랜드경험의 보호

CEM은 중요한 사업 분야라서 자신들이 개발한 CEM을 보호하려는 것은 기업의 입장에서 볼 때 지극히 당연하다. CEM을 구성하는 여러 가지 서로 다른 요소들은 저마다 나름대로의 취약성이 있다. 예를 들어 브랜드경험은 경쟁사가 가장 쉽게 모방할 수 있는 실행의 영역이다. 정적인 요소들로 구성되어 있어, 경쟁사들이 그 요소들을 그대로 모방할 수 있기 때문이다. 그 역으로 고객 인터페이스는 동적이기 때문에 모방하기가 훨씬 더 어렵다. 특히 고객과의 맞춤식 1대1 접촉이나 인터넷이나 모바일을 통한 쌍방향 경험과 연관되어 있으면 더욱 그러하다. 지속적인 혁신 또한 모방이 어렵다(산업스파이는 제외한다). 기업 내의 신제품 개발과 마케팅 혁신이 대중의 검열에 노출되는 것은 오직 그 제품이 출시될 때다. 그러나 출시된 신제품은 특허권을 보호받을 수 있고, 새로운 마케팅 행사에는 계속 여러 가지 창의적이고 역동적인 요소들이 포함되므로 더욱 모방이 어려워지게 된다.

브랜드경험은 정적이고 공개적이어서 모방하기가 아주 쉽기 때문에 회사는 그것을 법적으로 보호하겠다는 결정을 내리기도 한다. 제품 디자인은 특허권 보호의 대상이 된다. 특정한 경험적 커뮤니케이션의 메시지나 외관과 분위기는 지적 재산권의 일부로서 보호를 받을 수 있다. 예를 들면 상표나 서비스 마크를 등록하는 방법이 있다. 어느 매장이 자사의 고유 브랜드 외장*brand dress*이나 경험을 고객에게 제공한다면, 이 매장 전체의 브랜드경험도 보호를 받을 수 있다.

1999년 LVMH 사가 소유한 화장품 유통 업체인 세포라*Sephora*는, 페더레이티드*Federated* 백화점 산하의 메이시즈*Macy's* 백화점을 상품 외장*trade dress* 침해 건으로 고소했다. 이 소송 건에서 원고는 페더레이티드 백화점이 남 캘리포니아 샌프란시스코 베이 지점과, 샌프란시스코 메이시즈 백화점 유니온 스퀘어 지점에 있는 '수손*Souson*' 이라는 브랜드 매장에서, 세포라가 가진 고유하고 독창적인 외관과 분위기를 베꼈다는 것이다. 세포라 측은 그러한 모방 행위가 아주 유사한 고객경험과 혼란을 가져올 수 있다고 주장했다. 세포라는 1996년 파리에서 처음 문을 연 이래, 2000년에는 미국 내 50여 개 매장을 포함하여 전 세계적으로 200여 개의 매장을 가지고 있는 회사다.

필자는 세포라 측 전문가 증인으로 참석했다. 필자가 법적 전문가로 일을 하는 경우는 거의 없지만, 이 건은 모방 시비를 둘러싼 아주 떠들썩한 사건이었기 때문에 그 요청을 받아들였다. 사실 그 문제의 매장들을 둘러보면서 나는 모든 핵심 디자인 요소와 그에 따른 브랜드경험에서 엄청난 유사성을 목격할 수 있었다.

- 세포라 매장과 유사하게 수손 매장도 널찍하고 현대적인 배치와 디자인을 보여주었다. 상품 진열대는 벽을 따라 수평으로 매장 정면을 향해 위치해 있었고, 개방형 카운터 구역은 매장의 중앙에 있었다. 또 매장 정면의 왼쪽과 오른쪽으로 두 개의 입구가 나 있었다.

- 세포라 매장과 유사하게 수손 매장 바닥의 색채 구성도 흑백의 '대리석' 모양이었다. 전장의 스포트라이트는 극적인 조명효과를 내고 있었다. 제품 진열대의 일부로서 제품을 향해 비추고 있는 기다란 원통형 조명 등의 효과도 빼놓을 수 없다.

- 세포라 매장과 유사하게 수손도 분위기를 연출하기 위해 음악을 사용하고 있었다. 최신 팝과 재즈를 비롯한 이 음악들은 매장의 분위기를 잘 나타내고 있었다.

- 세포라 매장과 유사하게 수손 매장의 디자이너 브랜드 향수도 알파벳 순서에 따라 진열돼 있었고, 주요 브랜드의 이름이 진열대 맨 위쪽에 붙어 있었다.

- 세포라와 수손의 판매원 모두 현대적인 검은색 유니폼을 입고 있었다. 고객을 위한 쇼핑 바구니는 카운터 구역 옆이나 그 근처에 비치되어 있었다.

- 세포라와 유사하게 수손도 자기 매장 브랜드의 립스틱을 팔고 있었다. 세포라 제품처럼 수손 립스틱에도 그 립스틱의 모양과 스타일을 말해주는 세 자리 숫자와 글자로 된 라벨이 붙어 있었다. 이 립스틱 제품은 튜브 모양의 용기에 들어 있었는데, 튜브의 투명한 부분을 통해 제품의 일부분이 보이도록 돼 있었다.

필자가 의견을 개진할 때 중요하게 여긴 것은, 매장의 모든 개별적 요소들이 동일했는가 하는 점이 아니었다(사실 놀라울 정도로 많은 부분이 동일하긴 했다). 가장 중요한 사항은 이 요소들이 전체적으로 봤을 때 어떤 유사한 고객경험을 포함하고 있어서 고객에게 혼란함을 줄 수 있는가 하는 점이었다.

사실 판사는 페더레이티드에 대한 세포라 측의 가처분신청*preliminary injunction*을 받아들이면서, 매장 방문객들이 세포라가 소유한 또는 세포라가 운영하는 시설에 온 듯한 착각을 불러일으킬 수 있다는 판결을 내렸다. 이 두 회사는 2000년에 이 소송을 타결하였으나, 타결 내용은 공개되지 않았다.

이런 사건은 그 진위가 명확하지 않은 경우가 많다. 모방 시비는 사실 애매모호한 면이 있어서 법적 절차를 적용하기 힘든 경우가 많다. 그러므로 기업이 브랜드경험을 보호하기 위해서는 다른 사업적 절차를 고려해보아야 한다. 예를 들면 기밀유지 서약서를 요청하거나 디자인 창안자를 공개하지 않는 방법이 있다. 또한 비즈니스에는 오래된 규칙이 하나 있다. 최초의 브랜드는 선발주자의 이점을 누린다는 것이다. 이 이점은 브랜드경험을 관리하는 데에도 적용된다. 어떤 영역에서건 최초가 된 기업은 재빨리 고객의 충성심을 얻어서 대표적 지위를 얻게 되는 경우가 많다. 최초가 되면 기사거리가 될 수 있을 뿐만 아니라, 모방 또한 독창성에 대한 최고의 찬사라고 여길 수도 있게 된다.

브랜드 벗기기와 입히기 : 브랜드경험 관리 방법

브랜드의 헌 옷을 벗기고 새 옷을 입힌다는 표현은 브랜드경험을 개발하고 기획하고 통합하기 위한 관리와 조사연구를 일컫는 말이다. 경험적 기반이 설계되면 브랜드경험은 이 경험적 기반의 관련 요소를 모두 담아 뒤이어 바로 기획되어야 한다. 따라서 기존의 브랜드의 경우 몇 단계에 걸쳐 기존의 옷을 벗겨내고, 있는 그대로의 본질을 드러내야 한다. 브랜드경험이 가진 비본질적이고 바람직하지 못한 디자인이나 시행방법을 모두 제거하기 위해서다. 말하자면 포장이나 광고, 웹 디자인 등을 들 수 있다. 그리고 나서, 이 브랜드의 가치를 높이기 위해 새로운 디자인과 시행방법이라는 새 옷을 입히는 것이다.

이 과정은 내부에서 혹은 디자인 팀, 광고 대행사, 웹디자이너 같은 실무 전문가들과 함께 진행할 수 있다. 이때 고객의 의견도 함께 구할 것을 권한다. 이상적인 것은 전문가들의 브랜드 벗기기와 입히기 작업에서 시작해서 고객들의 의견을 반영하는 두 단계를 갖는 것이다. 고객 의견을 듣는 방법으로는 포커스 그룹 인터뷰나 개별 인터뷰 등 여러 가지 방법이 있다.

필자는 경영자 훈련이나 컨설팅 업무를 해줄 때 이 브랜드 벗기기와 입히기 방법을 여러 차례 써보았다. 이 방법을 통해 얻은 통찰력은 놀라울 정도다. 결과에는 보통 전문가와 고객들의 창의적인 아이디어를 비롯하여, 정량적 평가와 정성적 통찰력이 모두 포함된다. 디자인과 커뮤니케이션 요소의 중요도에 따른 순서와 같은 정량적 정보는 디자인이나 커뮤니케이션 요소를 벗겨내고 더하는 순서에서 끌어낼 수 있다. 정성적 통찰력은 디자인이나 커뮤니케이션 요소를 제거하거나 더하기 전에 행하는 논의과정을 분석함으로써 얻을 수 있다. 창의적인 통찰력은 참가자들이 새로운 디자인이나 커뮤니케이션 요소를 제안하거나 디자인이나 커뮤니케이션에 대한 전반적인 해결책을 새롭게 제안할 때, 거기에 나타나는 순서에서 얻을 수 있다.

이 과정의 마지막 부분은 시행에 따른 각각의 경험이나 일관성 정도에 대한 전반적인 사항뿐 아니라, 광고나 포장, 웹 사이트 등 다양한 시행에서 반복된 디자인 요소들을 정량적·정성적으로 평가하는 것을 포함한다. 이러한 평가를 통해 브랜드경험의 모든 측면이 올바르게 연결되어 있고 그 결과 바람직한 경험을 가져오는지 확인할 수 있다.

요약 CONCLUSION ··· 이번 장에서는 세 개의 실행 영역 중 첫 번째인 브랜드경험의 개념과 방법에 대해 알아보았다. 여기서 가장 중요한 과제는 브랜드경험이 경험적 기반, 특히 종합적 실행 테마에서 나온다는 점을 확실히 하는 것이다. 이 테마에 대해 결정을 내리고 나면 제품이나 그 제품을 둘러싼 외관과 분위기, 경험적 커뮤니케이션과 같은 브랜드경험을 디자인하는 구체적인 측면으로 전진할 수 있다. 어떤 상황에서는 다른 회사가 자사의 정체성 및 상품 외장을 모방하지 못하도록 브랜드경험을 법적으로 보호해야 하는 경우도 있다.

이 장에서 일관되게 주목한 것은 사전에 기획된 정적인 시행 영역이었다. 제6장에서는 매장에서 또는 세일즈 콜이나 콜 센터, 온라인, 모바일 커뮤니케이션 등을 통해서 1대1로 발생하는 동적인 고객 인터페이스를 다루고자 한다.

CHAPTER 6

고객 인터페이스를 조직화하라

고객 인터페이스는 경험적 기반의 두 번째 핵심 실행 영역이다. 이 고객 인터페이스는 고객과 기업 사이에 발생하는 정보와 서비스의 동적인 변화를 말한다. 이 변화는 직접적인 대면이나 전화, 온라인, 그 밖의 여러 방식을 통해 일어날 수 있다. 쌍방향 접촉은 예금자가 은행에서 ATM기를 사용할 때나 투숙객이 호텔 카운터에서 체크인을 할 때, 고객이 가게에서 물건을 환불할 때, 사람들이 인터넷에서 채팅을 할 때 등 많은 경우에 일어난다.

고객 인터페이스는 브랜드경험을 통해 만들어진 고객경험을 강화시키기도 하고 약화시키기도 한다. 그러므로 고객 인터페이스를 주의 깊게 조직화할 필요가 있다. 고객 인터페이스는 경험적 기반의 종합적 실행 테마를 따라야 하며, 그 내용과 형태는 고객정보에 기반을 두어야 한다.

CEM은 고객 인터페이스의 세밀한 변화 양상을 포착한다

고객 인터페이스에 대한 CEM의 접근방식은 근래에 개발된 CRM의 소프트웨어와 데이터베이스 관리기술을 훨씬 넘어서는 것이다. 대부분의 CRM 솔루션은 그저 쉽게 얻어낼 수 있는 것, 즉 고객과 기업 간에 그 동안 이루어진 거래 내역을 기록하는 데 지나지 않는다. 이들 솔루션은 콜센터나 이메일, 구매 거래와 같은 특정한 인터페이스 접점만을 다루고 있다. 표준화된 CRM 소프트웨어 제품들은 고객별로 맞춤화하기가 어려우며, 고객경험에서 아주 중요한 역할을 하는 비언어적 정보도 포착하지 못한다. 끝으로 이들 제품은 실행 비용이 많이 들면서도(평균적으로 중·대규모의 기업의 경우 4,000만~6,000만 달러가 든다), 고객과 관련한 차별화 효과는 별로 주지 못한다. 기업이 자사 고객에게 진정으로 만족스러운 경험을 주기 위해서는 CRM이 제시하는 것을 넘어서야 한다.

고객 접점에서 고객과의 상호작용 과정을 기획하고 관리하는 일은 고객 인터페이스 자체에 대한 이해에서 시작해야 하는 복잡한 과제다. 대부분의 기업에게 고객 인터페이스란 세 가지 유형의 교류와 상호작용을 포함한다.

1. 직접적인 1대1 대면*Face-to-face* : 1대1로 대면하는 방식의 인터페이스에는 최종 소비자를 대상으로 하는 매장이나 기업의 현장 영업직원이나 B2C나 B2B 서비스 담당직원을 통해 발생하는 교류와 상호작용을 포함한다. 컨설팅 서비스나 상담, 엔터테인먼트 같은 일부 상품들은 전적으로 직접적인 1대1 대면을 통해서만 고객에게 전달된다.

2. 원거리 개별 접촉*Personal-but-distant* : 원거리 개별 접촉 방식의 상
   호작용은 전화나 팩시밀리, 또는 편지 등으로 이루어진다. 1대1로
   접촉하는 속성은 동일하기 때문에 고객 개개인에 맞추어 변화를 줄
   수 있지만, 기업의 담당자와 고객이 물리적으로 같은 공간에 있지
   않고 멀리 떨어져 있다는 점이 다르다.
3. 컴퓨터에 의한 접촉*Electronic* : 컴퓨터에 의한 접촉은 전자상거래
   사이트나 이메일, 혹은 문자메시지*SMS*를 통한 교류와 상호작용을
   포함한다. 이런 종류의 인터페이스는 개별적인 것으로 보일 수 있
   으나, 정해진 템플리트를 이용하는 등 대규모 고객들을 대상으로
   하는 커뮤니케이션인 경우가 많다.

다음에 제시할 두 가지 사례는 어떻게 고객경험을 중심으로 고객 인터
페이스를 조직화할 수 있는지 잘 보여준다. 나이키파크*NikeParks*는 오늘
날의 젊은이들을 위한 역동적이고 신나는 온라인 인터페이스의 대표적
인 예다. 또한 힐튼호텔이 2002년에 출범시킨 고객 인터페이스 프로젝
트는 여타의 수많은 CRM 프로젝트를 훨씬 넘어서는 고객중심 프로그램
이라고 할 수 있다.

나이키파크 : 역동적인 인터페이스로 브랜드를 부각시킨다

2002년 한일 월드컵과 때를 맞춰 지구촌 행사를 마련한 나이키는 기능
성을 중시하는 스포츠 브랜드에 걸맞는 역동적인 최첨단 인터페이스가
어떠한 것인지를 보여주었다. 사람들은 전 세계 어디서나 '나이키파크'

를 방문하여, 격렬하고 스피드 넘치는 시합에 참가할 수 있었다. 어떤 의미에서 보면 나이키는 전 세계 팬들을 위해 누구나 참가할 수 있는 나이키만의 아마추어 월드컵을 기획한 것이다.

나이키파크는 도쿄, 서울, 멕시코시티, 런던, 베이징, 로스앤젤레스, 상파울루, 베를린, 파리, 부에노스아이레스, 마드리드, 로테르담, 로마 등 전 세계의 도시에 만들어졌다. 행사의 규모는 도시마다 차이가 있었다. 월드컵 주최 도시로 축구팬들이 대대적으로 몰리는 서울이나 도쿄 같은 곳에는 4주 동안 경기장 전체를 통째로 나이키파크로 만든 반면, 상대적으로 덜 열광적인 로스앤젤레스 같은 곳에서는 시민 공원에서 하루 동안 나이키파크를 여는 식이었다.

행사 장소가 어디든 게임 방식은 동일했다. 단체 혹은 개별적으로 신청한 참가자들은 세 명씩 팀을 이루어 3분 동안 특별한 축구 기량을 겨

Photo by the author

[그림 6.1] 도쿄의 나이키파크 외관.

루었다. 게임 중에는 족구*Foot Volley*, 퓨널*Funnel*, 스피드 샷*Speed Shot* 등이 있었는데, 통칭해 스콜피온 K.O.(Scorpion K.O.) 게임이라고 불렀다. 이유는 승자는 다음 회에 진출하는 반면 패자는 눈물을 머금고 집으로 돌아가야 했기 때문이다. 마지막까지 올라간 승자들에게는 부에노스아이레스에서 열리는 결승전에 참가할 수 있는 특전이 주어졌다.

필자는 2002년 6월에 도쿄의 나이키파크를 방문했다. 나이키는 행사 장소로 요요기*Yoyogi* 경기장을 선택했는데, 젊은이들에게 인기 있는 하라주쿠 가까이 위치해 있었기 때문이었다. 나이키는 이 지역 전체를 축구를 위한 멀티미디어 세상으로 바꿔놓았다. 이들이 내세운 슬로건은, '그곳에서 경기만 보지 말고, 축구를 하자!' 였다. 모든 경험은 게임을 하면서 만들어지는 것이었다. 요요기 경기장 안팎에는 소규모 팀들이 시합할 수 있는 경기 코트가 곳곳에 만들어졌으며, 연습장과 테이블 풋볼 경

Photo by the author

[그림 6.2] 도쿄의 나이키파크에 전시된 축구공.

기대, 선수와 골키퍼가 대결을 펼칠 수 있는 페널티 슛 공간, 토너먼트식의 특별 3인 경기장도 마련돼 있었다. 훈련장 한 곳에는 비디오 스크린이 설치되어 유명 선수들만의 특별한 동작을 보여주었다. 비디오 스크린을 통해 자신이 좋아하는 선수의 모습을 보면서 동작을 연습할 수 있도록 말이다. 일본의 앞서가는 커뮤니케이션 기업인 NTT 도코모*DoCoMo*는 부스를 설치하여, 방문객들이 자신의 축구 경기 모습을 찍어서 친구에게 송신할 수 있도록 해 주었다.

나이키파크와 전 세계에 걸친 스콜피온 K.O. 토너먼트를 통해서, 나이키는 축구팬들에게 신나는 월드컵을 적극적인 쌍방향 방식으로 경험할 수 있도록 해 주었다. 나이키파크에서는 고객이 바로 스타였다. 나이키파크의 분위기는 전반적으로 깜깜하고 드라마틱하게 꾸며져 스포츠 경기장이라기보다는 디스코테크처럼 보였고, 특히 밤에는 더욱 그러했다. 어디서나 볼 수 있는 비디오 전시는 강렬한 3원색 조명을 비추어 돋보이게 해놓았다. 브랜드경험을 주는 것이 목표였지만, 사람들 앞에 이름과 로고를 들이미는 노골적인 방식이 아닌 세련된 방식이었다. 물론 현장에는 나이키 신발과 스포츠 용품을 구입할 수 있는 장소가 있었다. 그러나 나이키파크는 상업주의에 초점을 두지 않았다. 나이키는 나이키파크를 통해 축구를 직접 해 볼 수 있게 하고, 그 과정에서 독특한 고객 인터페이스를 창출해냈다.

나이키의 축구 웹사이트인 나이키풋볼닷컴(www.*nikefootball*.com/ www.*nikesoccer*.com)은 위치, 날짜, 방문한 축구 스타 등과 같은 나이키파크에 관한 정보를 제공해 주었다. 뿐만 아니라 고객들은 이 웹 사이트 상에서 특별히 맞춤화된 경험을 할 수 있었다. 각 행사 지역에서 나이키파크가 문을 닫은 후 사이트에는 특별한 메시지가 떴다. 런던의 경우 방문자들은 다음과 같은 세련된 메시지를 보았다. "이제 나이키파크의 S.K.O.는 끝이 났습니다. 그러나 당신까지 그럴 필요는 없습니다. 계속 즐기십시오." 멕시코시티의 경우에는 멕시코의 아주 공손한 커뮤니케이션 스타일에 맞춘 다음과 같은 메시지가 떴다. "토너먼트가 끝났습니다. 나이키파크에 직접 참가해주신 모든 분께 감사드립니다." 싱가포르의 경우에는 다음과 같은 호기심을 불러일으키는 메시지가 올라왔다. "등록된 참가자들에게만 SMS를 통해서 비밀 페이지를 보여드립니다." 각 지역의 토너먼트 경기가 끝나면 결과와 우승자의 사진을 사이트에 실어주었다.

그러나 이 웹 사이트는 라이브 행사를 전해 주는 온라인 가이드 이상의 역할을 한다. 이 사이트는 방문자들에게 풍부하고 흥미로운 경험을 많이 제공한다. '토너먼트' 버튼을 클릭하면, '비밀 토너먼트'에 관한 신기하고 놀라운 이야기 속으로 들어간다. 이것은 가상의 8개 팀이, 바다 위에 떠있는 묘령의 낡은 유조선을 타고 펼치는 토너먼트이다. 방문자는 이 유조선에 '입장' 하여, 다 녹슨 선박 내부에 있는 작은 축구 경기장을 발견한다. 이곳에는 흐릿한 전구 불빛만 겨우 비칠 뿐이다. 이 사이트의 네비게이션 바는, 화물상자 곁에서나 볼 수 있을 듯한, 아주 거칠게 등사한 글씨체로 되어 있다. 롤오버 메뉴도 그와 비슷한 거친 글씨체로 돼 있고, 아주 천천히 배의 움직임에 따라 움직인다. 버튼들은 녹슨 철판 모양을 하고 있으며, 사슬처럼 굴러 내려간다. 음향 효과는 유조선의 엔진이 돌아가는 듯한 느낌을 준다.

사이트에 담긴 컨텐츠 양도 어마어마하다. 펑크 서울 브라더스 *Funk Seoul Brothers*, 토로스 로코스 *Toros Locos*, 투토 베네 *Tutto Bene*를 비롯한 결선에 진출한 8개 팀에 관한 정보를 구할 수 있을 뿐 아니라, 실사와 애니메이션으로 훌륭하게 만들어놓은 많은 비디오 파일들을 통해 준결승에서 결승에 이르기까지 모든 토너먼트 자료를 얻을 수 있다. 방문자들은 토너먼트 중에서 자신이 '가장 좋아하는 순간'을 볼 수 있는데, 그런 장면을 골라 느린 동작으로 보거나 프레임 별로 보면서 그 동작의 기술을 좀더 면밀히 감상할 수도 있다.

축구 팬이라면 이 사이트에서 기꺼이 몇 시간을 보낼 수 있을 것이다. 그저 구경만 하는 것도 아니다. 방문자들은 온라인을 통해 여러 가지 스콜피온 K.O. 게임을 할 수 있다. 각 플레이어는 세 명으로 구성된 팀을 보유하게 된다. 사이트 내의 첨단 기술로 플레이어는 자신의 팀이 토너먼트 경기를 시작하기에 앞서 특별한 기술을 훈련시킬 수 있다. 방문자가 선택한 팀은 상품을 놓고 컴퓨터가 조종하는 팀과 게임을 벌인다. 상품에는 선수의 사인이 담긴 지오 크롬 축구공*Geo Chrome Ball*, 비밀 토너먼트 티셔츠*Secret Tournament T-shirt*, 그리고 대상인 얼티메이트 나이키 축구용품 세트*Ultimate Nike soccer gear pack* 등이 있다.

고객 인터페이스 경험의 완성은 방문자가 사이트 상에서 나이키 제품을 구입함으로써 이루어진다. 신발을 사고 싶은 고객은 디자인뿐 아니라 바닥 소재, 컬러 구성까지 자신이 원하는 대로 선택해 주문할 수 있다(그림 6.3 참조). 고객이 원할 경우 자신의 이름과 등번호도 넣을 수 있다.

Courtesy of SCHMITT

[그림 6.3] Nike.com에서 구입한 슈미트SCHMITT라는 저자의 이름이 새겨진 축구화

힐튼호텔 : 서비스경험을 극대화하는 커뮤니케이션

2002년 힐튼호텔은 고객에 대한 커뮤니케이션과 서비스를 향상시키기 위해 야심찬 고객 인터페이스 프로젝트를 출범시켰다. 이 새로운 프로그램은 힐튼호텔의 우량고객과 기업고객, 신규고객을 타깃으로 했다. 책임자는 브랜드 통합 담당 부사장인 레베카 와이어트 *Rebecca Wyatt*와, 고객 및 브랜드 전략 담당 수석 부사장인 발라 수브라마니안 *Bala Subramanian*이었다. 이 프로젝트의 목표는 고객충성도를 높여서, 흔히 지갑 점유율 *share of wallet*이라 불리는 고객 점유율을 높이는 것이었다.

이번 새 프로젝트에서는 특히 다양한 이름을 가진 힐튼 브랜드 전체에 걸친 교차판매*Cross sale*가 중요한 문제였다. 힐튼의 브랜드에는 힐튼*Hilton*, 엠버시 스위트*Embassy Suites*, 더블트리*Doubletree*, 햄튼 인*Hampton Inns*, 힐튼 가든 인*Hilton Garden Inn*, 홈우드 스위트 *Homewood Suites*, 인터내셔널 콘라드*International Conrad* 등이 있다. 이 계획은 이전에 나온 브랜드 구성 프로젝트의 일환으로 이루어진 것으로, 그 프로젝트에는 필자도 일원으로 참가했었다. 당시 브랜드 구성 프로젝트의 목표는 하나의 회사라는 이미지를 창출하면서도 각 계열사마다의 고유한 정체성을 유지하고 교차판매를 촉진시키는 방식으로 브랜드를 확립하는 것이었다.

힐튼의 프로젝트 팀은 먼저 고객경험을 풍부하게 해 줄 수 있는 17개의 중요 접촉점을 규정하고, 실패할 경우에 대비해 복구 프로그램도 마련해 두었다. 접촉점으로 규정한 관련 요소들을 살펴보면, 전화나 인터넷, 중개인을 통한 예약, 브랜드 커뮤니케이션, 영업과 고객관리 커뮤니케이션, 도착과 객실에 대한 첫인상을 포함한 체크인 과정, 모닝콜과 메시지 전달, 객실 내에서의 접객, 힐튼 멤버쉽 HHonors의 선정·등록과 마케팅·커뮤니케이션, 고객 지원, 룸서비스, 호텔 프론트, 비즈니스 서비스 센터 등이 있다. 프로젝트의 목표는 이러한 주요 접촉점들을 재설계하여, 고객의 선호 사항과 요구 사항, 중요하게 여기는 것에 근거해 이상적인 고객 맞춤형 브랜드경험을 제공하는 것이었다.

예를 들어 더블트리 호텔에 여러 번 머문 적이 있는 고객은 복잡한 투숙 절차를 원하지 않을 것이다. 여기에는 매니저가 고객을 객실까지 모시고 가서 편의시설을 설명해 주는 것도 포함된다. 고객들은 이미 알고 있는 것을 또다시 들어야 하는 형식적인 투숙 절차를 친절한 서비스라고 받아들이기보다는 시간 낭비라고 여길 것이다. 그러나 처음 방문한 고객이라면, 혹은 더블트리에서 투숙해 보았지만 콘라드 호텔에는 처음 방문하는 고객이라면, 그런 개별적인 배려를 아주 고맙게 생각할 것이다. 그러므로 시스템을 통해 고객의 이전 경험과 선호하는 사항을 바탕으로 구체적인 서비스 방식을 선택할 수 있어야 한다.

이러한 주요 접점들 위에서 성공적인 고객 인터페이스를 디자인해 내기 위해, 프로젝트 팀은 다음 6개 카테고리에 해당하는 구체적인 질문의 답을 찾아야만 했다.

1. 진정한 '진실의 순간(MOT : Moment of Truth, 고객이 구매를 결정하거나, 감동을 받는 등 기업의 입장에서 볼 때 고객에게 가장 중요한 순간이라고 여겨지는 상황에서의 접촉점을 일컫는 CRM 용어. Touchpoint, Contactpoint와 동일한 개념이다. - 옮긴이 주)'은 언제인가? 그 순간에 고객이 가지는 욕구와 기대, 요구는 무엇인가? 이것은 고객집단별로 어떻게 달라지는가?

2. 이상적인 서비스 응대는 어떤 것인가? 꼭 필요한 서비스는 무엇인가? 우리는 상황을 제대로 예측하고 훌륭한 서비스를 어떻게 제공하고 있는가?

3. 우리는 어떻게 서비스 응대를 고객 개인별로 맞춤화하고, 고객관계 구축을 촉진하기 위해 어떻게 주요 접촉점을 활용하고 있는가? 이것은 고객집단별로 어떻게 달라지는가?

4. 우리는 어떻게 주요 접촉점과 고객과의 상호작용을 활용하여 브랜드의 가치를 더욱 생생하게 전달할 수 있는가? 어떻게 하면 타깃 고객과 뜨내기 여행자 고객집단 모두에게 좀더 의미 있고 특별한 브랜드가 될 수 있겠는가?

5. 어떻게 하면 브랜드가 차별화된 서비스를 보유하고 있다는 것을 확연하게 느끼게 할 수 있을까? 다른 브랜드로 옮겨가는 고객을 막을 장벽을 만들 수 있을까?

6. 이 모든 사항을 실현하기 위해서는 어떤 지식과 분석방법, 기술이 필요한가?

힐튼호텔이 2003년에 자사의 새로운 접근법을 어떻게 시행했는지 한 번 살펴보자. 지금부터 '원거리 개별 접촉점' 중에 한 가지인 '예약'에 대해 살펴보겠다. 시범대상이 된 고객은 자네트 존스로, 유명한 엔터테인먼트 회사의 CFO(Chief Financial Officer: 재무 담당 최고책임자)인데, 1997년부터 힐튼 멤버십 HHonors 회원이다.

* 힐튼 멤버십 HHonors 우대 고객 서비스에 전화 주셔서 감사합니다. 존스 씨, 어떻게 도와드릴까요?

  −벨이 두 번 울릴 때 전화 받음. 전화번호를 가지고 회원이름을 인식하여 묻지 않고 바로 불러줌.

* 8월 22일부터 이틀 동안 알파레타로 여행하시는군요. 그 지역에서 고객님이 선호하시는 호텔을 확인해 드리겠습니다. 힐튼 가든 인 노스포인트*Hilton Garden Inn Northpoint*가 있군요.

  여행중에 계속 힐튼의 패밀리 브랜드를 이용해 주셔서 대단히 감사합니다. 힐튼 가든 인에 방이 있는지 확인해 드리겠습니다. …어제 힐튼 피셔맨 와프*Hilton Fisherman's Wharf* 객실에 머무셨군요. 지내시기 괜찮으셨습니까?

  죄송하지만 그 날은 힐튼 가든 인에 객실이 없다고 합니다. 하지만 알파레타의 엠버시 스위트 호텔에는 확실히 예약을 해 드릴 수 있습니다. 거기서 두 블록밖에 떨어져 있지 않답니다. 고객님은 저희 엠버시 스위트 호텔에서도 여러 차례 머무신 걸로 알고 있습니다. 2층에 있는 방을 예약해 드려도 될까요. …킹사이즈 침대에… 깃털 베개. 맞는지요?

  −예약 가능성, 회원 정보, 선호하는 사항 확인.

- 고객님이 원하시는 조건에 맞추어 즉시 확인 이메일을 보내드리겠습니다. 거기에 호텔 주소와 약도도 함께 보내드리겠습니다. 고객님의 이메일 주소를 확인드리겠습니다. 더 예약하실 내용이나 저희가 또 도와드릴 사항이 있으십니까?

  —객실 예약. 고객 정보 확인. 도움이 더 필요한지 확인.

위 내용을 보면, 예약 담당자가 힐튼호텔의 시스템 기술을 통해, 존스 씨의 힐튼과의 거래 기록이나 객실의 위치를 비롯한 여러 편의시설에 대한 선호 사항을 확인할 수 있다는 것을 알 수 있다. 이런 식으로 힐튼호텔은 이 호텔을 다시 찾는 방문객들을 위해 개인화된 고객 인터페이스를 제공할 수 있다.

여기에는 전화를 통한 인터페이스를 넘어, 개별적으로 이메일을 통해 예약을 확인해 주거나 상기시켜 주는 것까지 포함한다. 객실에 투숙할 때 개인적으로 환영인사를 준비하는 것은 말할 것도 없다. 존스 씨가 체크아웃을 하고 집으로 돌아가면, 호텔에서는 감사와 사후점검 메시지가 담긴 이메일을 보낸다. 이 이메일은 호텔에서 제공한 서비스가 그녀의 고객경험을 향상시켜 주었는지 확인하고, 새로이 적립된 HHonors 포인트와 지금까지의 누적 점수를 확인시켜 주기 위한 것이다. 그럼으로써 고객이 경험한 모든 것이 기억에 남는 만족스러운 것이었는지 확인할 수 있게 해 준다.

기업의 관점에서 바라보는 프로그램은 어떠할까? 힐튼호텔은 이 프로그램을 통해 '고객만족' 외에 무엇을 얻고자 하는 것일까? 힐튼이 이 프로그램과 연계시켜 목표로 삼고 있는 수치는 다음과 같이 야심찬 것이었다.

- 고객만족도를 75%로 높인다.
- 최상위 고객과 주요 거래처에 대한 지갑 점유율을 40%에서 45%로 높인다.
- 처음 이용 고객의 유지율을 10% 높인다.
- 브랜드 교차 투숙률을 5% 높인다.
- 인터넷을 통한 예약률을 30%로 높인다.
- 인터넷을 통한 예약비용을 6달러에서 3달러로 낮춘다.

힐튼호텔은 2002년 4월에 이 프로그램 출범의 1단계를 완수했다. 프로그램은 매 분기마다 추가 계획을 시행해 나갈 것이다. 이미 프로그램의 성공 여부를 나타내는 지표가 나오고 있는데, 거기에는 VIP나 단골고객으로 인정받았다는 고객의 인식 증가도 포함되어 있다. 교차판매 수익은 25% 이상 증가했다. 인터넷을 통한 예약비용은 2003년에 4달러 이하로 떨어졌고, 인터넷 예약 비율은 2003년에 16%, 2007년에는 30%를 넘어설 전망이다. 1단계는 2002년 4월부터 8월말까지 시행되었으며, 이 기간에 1억 2만 명의 고객이 힐튼 계열의 호텔에 투숙했다. 이 중 330만 명이 '우수 고객'으로 승격되었다. 이 중 40만 명 이상은 적절한 자격 요건을 갖추고도 새롭게 적용한 DB관리 프로그램의 기능상 한계로 HHonors 회원으로 인정받지 못한 고객들이었다.

뿐만 아니라, HHonors 서비스센터에 걸려온 전화 중에 투숙을 하고도 적립 점수를 받지 못했다는 항의가 약 30% 감소했고, 고객 프로필을 갱신하기 위해 고객이 전화를 해야 하는 일도 45% 이상 감소했다.

이 프로그램은 고객경험과 그것의 효과를 측정하는 데 CRM보다 훨씬 더 강력한 힘을 발휘했다. 그러므로, CEM 프로그램은 모든 접점에서 일

어나는 고객경험을 통해 서비스와 고객 충성도를 높일 수 있는 청사진을
제시한다.

고객 인터페이스에 대한 CEM 접근법

　호텔을 이용하거나 매장을 방문하거나, 판매원이 고객의 사무실이나
가정을 방문하거나, 사후점검 차원에서 고객에게 전화를 걸거나, 고객이
회사의 웹 사이트를 방문하는 등 모든 교류와 상호작용은 고객과 유대를
맺고, 고객에게 즐거움과 올바른 정보를 효과적으로 제공하고, 고객의
삶을 풍요롭게 해줄 수 있는 기회를 제공한다. 뿐만 아니라 기업은 적절
한 쌍방향식 매장 분위기를 기획하고, 적재적소에 사람을 뽑아 훈련시키
고, 다양한 고객 접점에서 적절한 교류와 상호작용이 가능한 웹 사이트
를 구축함으로써, 자사와 자사의 제품을 차별화시킬 수 있다.
　CEM 프로젝트의 일환으로서, 기업이 고객 인터페이스를 기획하고 구
성할 때는 항상 고객에 대한 정보를 반영해야 한다. 고객 인터페이스를
기획할 때, 가장 선행되어야 할 질문들은 실행과 연관된 것이어야 한다.
즉 고객이 매장에서 무엇을 하고 싶어 하는가? 고객은 어떤 후속조치를
바라는가? 고객은 웹 사이트에서 무엇을 하고 싶어 하는가? 등과 같은
질문이어야 한다.
　또한 기업은 고객 인터페이스를 고객의 경험세계에 대한 이해를 바탕
으로 해 창출한 경험적 기반에 연결시켜야 한다. 또한 고객 인터페이스
는 실행의 다른 두 축인 '브랜드경험' 과 '지속적인 혁신' 과 통합되어야
한다. 즉 고객 인터페이스의 일부로 나타나는 역동적인 교류와 상호작용

과 같은 요소들조차도 제품의 이미지나 제품의 외형과 분위기, 나아가 모든 브랜드 커뮤니케이션을 강화하고 증진시킬 수 있어야 한다. 더구나 기업의 혁신 정책은 미래를 내다보며 고객 인터페이스에 대해 새롭게 접근하는 방법론을 포괄하고 있어야 한다.

어떻게 하면 기업이 이 모든 것을 달성할 수 있을까? 제4장에서 우리는 경험적 기반이 어떻게 종합적 실행 테마에 이르는지 살펴보았다(레드 불의 '병 속의 에너지'). 실행 테마는 명확하고 차별적이어야 하며 고객경험에 중점을 두어야 한다. 고객 인터페이스는 전략적으로 집중되어 있고 다른 모든 실행 요소들과 통합성을 가져야 한다.

1999년과 2001년에 필자는 라틴 아메리카의 경영 프로그램의 선도적인 조직팀인 HSM 그룹과 함께 일할 기회가 있었다. HSM 그룹은 컨벤션 센터나 소규모 호텔 회의실이나 온라인 등을 통해 라틴 아메리카 전역의 경영자들을 위한 훈련 워크숍이나 회의, 그 밖의 여러 가지 훈련 프로그램들을 조직하는 일을 맡고 있다. 이 회사의 고객 중에는 그러한 학습 프로그램의 직접적인 소비자뿐만 아니라, 강사나 컨설턴트 같은 B2B 고객이 포함되어 있다. 필자처럼 컨텐츠 제공자로 관계를 맺고 있는 사람도 있고, HSM 프로그램 중 어느 것을 직원들에게 제공할지 결정하는 조직 내의 인적자원 관리 담당직원과 같은 입장도 있다. HSM은 이러한 다양한 고객과의 인터페이스에서 동일한 한 가지 목표에 집중한다. 그것은 '개개인에게 맞는 탁월한 서비스와 쉽고 접근이 용이한 학습'을 제공한다는 종합적 실행 테마에 바탕을 둔 것이다. HSM은 최고의 직원을 고용하는 것에서 그 직원들에게 서비스를 제공하거나 고객과 상호작용을 하는 법을 훈련시키는 과정에 이르기까지, 그리고 현장에 나가기 전에 온라인 커뮤니케이션을 계속 테스트해보는 과정에 이르기까지, 자사의 모든 서비스에 그러한 테마를 담는다.

고객 인터페이스 설계의 3가지 핵심 이슈

고객 인터페이스를 조직하고, 매장이나 고객과의 전화통화, 웹 사이트 등의 접점들을 통합하려면, 기업은 3가지 핵심 이슈, 즉 본질*essence*과 융통성*flexibility*의 적절한 조화, 스타일*style*과 내용*substance*의 적절한 조화, 고객 인터페이스를 지속하는 시간에 대해 살펴보아야 한다(그림 6.4 참조).

본 질 과 융 통 성

바람직한 고객 인터페이스에는 본질과 융통성의 적절한 조화가 담겨 있어야 한다. 고객 인터페이스를 조직하기 위해서는 그것의 본질 즉 주요 작용, 상호 작용, 교환 등을 이해할 필요가 있다. 말하자면 고객을 어떻게 맞이할 것인가? 고객과 접촉하는 동안에는 어떻게 해야 하는가? 사후 조치는 어떻게 해야 하는가? 등의 문제를 들 수 있다. 한편으로 융통성 또한 중요한 문제다. 융통성은 판매 공간을 활기 넘치는 곳으로 바꾸어 놓는다. 융통성으로 인해 고객은 서비스 직원을 로봇이 아닌 인간으로 인식하게 된다. 융통성은 또한 고객 인터페이스가 신선하고 현대적으로 느껴지게 하기 위해서도 필요하다.

워싱턴 뮤추얼*Washington Mutual*은 시애틀에 기반을 둔 은행으로, 직원과 고객의 사이를 가로막는 두꺼운 플렉시 유리 창구를 없앰으로써 고

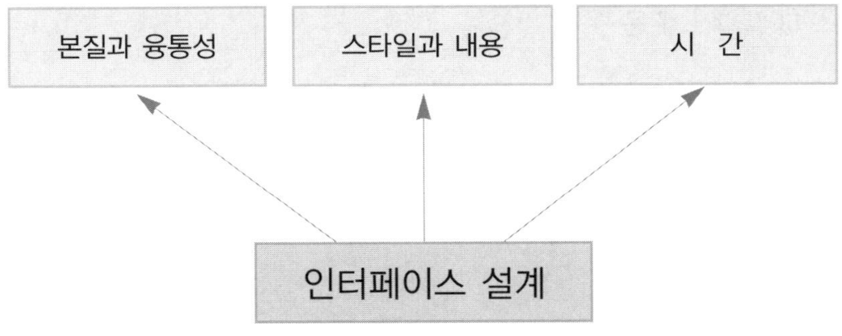

[그림 6.4] 인터페이스 설계의 세 가지 이슈

객의 은행 이용 경험을 바꾸어 놓았다. 워싱턴 뮤추얼은 '오카시오(Occasio, 라틴어로 '좋은 기회'라는 뜻 – 옮긴이 주)'라고 이름 붙인 개념에 따라 새로운 스타일의 지점을 디자인했다. 이 지점은 겉으로만 보면 은행이라기보다 일반 매장 같은 분위기다. 오카시오 스타일의 지점에 들어가면 고객은 먼저 '안내원'의 인사를 받게 되는데, 이들이 고객을 적절한 구역으로 데려다준다. 고객이 데려온 아이들은 즐겁게 시간을 보낼 수 있는 놀이공간으로 안내된다. 오카시오 지점에는 책상도 없다. 대신 은행 직원들이 전기로 작동되는 '텔러타워*teller tower*'에서 업무를 한다. 일부는 지점 내부를 돌아다니면서, 휴대용 '이텔러*e-teller*'를 이용해 고객을 돕는다. 직원들은 틀에 박힌 은행원 복장이 아닌 카키색의 캐주얼한 복장을 하고 있다. 이 얼마나 멋진 발상인가! 이런 것이 고객 인터페이스 영역의 진정한 돌파구라 할 수 있다.

스타일과 내용

올바른 고객 인터페이스는 또한 스타일과 내용의 적절한 조화를 담고 있어야 한다. 여기서 스타일이란 고객 인터페이스의 본질과 융통성을 표현하는 '방식'을 뜻한다. 내용은 그와 관련된 실체를 뜻한다. 인터페이스는 흔히 불균형을 이루는 경우가 많다. 스타일이 너무 과한 데 반해(수많은 과대 광고, 가짜 친절 등), 판매 내용이 너무 부실한 경우가 이에 속한다. 그런가 하면 기업이 고객에게 거는 판매권유 전화의 경우, 대부분 내용만 강조하면서 고객이 구매를 하도록 유도할 뿐, 고객을 끄는 매력이나 스타일이 없는 경우가 많다. 어떤 웹 사이트는 스타일 면에 치우쳐서 화려한 애니메이션을 너무 많이 제공한 결과, 고객에게 방해가 되고 마는 경우도 많이 있다. 반면에 내용 면에 치중하는 사이트는 글이 빽빽한 페이지만 보여줘서 읽어나가기가 힘들다. 그러므로 매장이든 전화통화든 웹 사이트든 즐거운 고객경험을 위해서는 스타일과 내용의 조화가 꼭 필요하다.

시간

인터페이스 교류와 상호작용은 그 본질상 시간이 흐르면서 확대된다. 따라서 시간의 경과에 따라 고객과의 접촉을 어떻게 단계적으로 조정해 나가야 하는가 하는 문제가 발생한다. 고객에게 즐거운 경험을 주기 위해서는 어떻게 고객접촉을 시작해야 하는 걸까? 그 접촉은 얼마나 지속시켜야 할까? 구매로 전환되는 핵심 포인트는 언제일까? 고객은 언제 떠나는 것이 바람직하며, 기업은 어떻게 하면 고객이 되돌아오게 만들 수 있을까?

지금까지 다룬 3가지 이슈는 매장이든 방문 판매든 인터넷 사이트든 상관없이 모든 유형의 고객 인터페이스와 관련이 있다.

어떤 유형의 인터페이스를 조직하건 고객에 대한 연구는 이 3가지 이슈를 규명하는 과정이어야 한다. 제3장에서 논의한 '자연스러운 거주환경에서의 조사' 방법은 바람직한 매장 인터페이스에 대한 통찰력을 얻는 데 도움이 될 수 있다. 판매를 위한 고객접촉을 역할극으로 시연해 보면 전화 판매를 체계화하는 데 필요한 지침을 얻을 수 있다. 또 특정한 제품을 찾는 등 구체적인 목적을 가진 고객이 인터넷 사이트를 둘러보는 방식을 관찰해 보면, 웹 사이트를 어떻게 구축해야 할지 즉 어떤 아이콘과 링크, 탐색 시스템 등을 사용하는 것이 좋은지 통찰력을 얻는 데 큰 도움이 된다.

인터페이스 접점을 서로 연결하라

1대1 대면, 원거리 개별 접촉, 컴퓨터에 의한 접촉, 이 3가지 접점을 서로 연결하는 것은 인터넷이 판매와 서비스 인터페이스에 도입된 이래 많은 기업이 직면하고 있는 경영과제다. 이제 서비스와 교역은 '1대1 대면'이나 전화통화와 같은 '원거리 개별 접촉' 뿐만 아니라, 표준화된 전자 시스템 방식으로도 많이 발생하기 때문이다. 많은 기업들은 이 세 가지 서로 다른 인터페이스를 연결시키려는 시도조차 하지 않고 있다. 그러나 이미 그 일을 성공적으로 해낸 기업도 있다.

사치품 시장을 한번 보자. 사치품 생산 기업은 다른 대부분의 기업들이 개별적인 각각의 고객 인터페이스에만 집중하던 시절부터 이미 인터페이스 통합의 위력을 알고 있었다. 사실 그럴 수밖에 없다. 사치품 생산 기업의 제품은 값이 비싸고, 이들이 상대하는 고객은 이미 자신이 원하는 것은 거의 다 살 수 있을 정도로 부유한 사람들이다. 사치품은 일반적으로 품질이 좋다. 그러므로 구매 의사결정 과정에서 제품의 특성이나 편익이 미치는 영향은 극히 미약한 반면, 고객은 종합적인 경험을 더 중요하게 여긴다.

사치품 판매상들은 매장 내에서 고객이 유쾌하고 만족스러운 경험을 맛보게 하는 데 사력을 기울인다. 아름다운 매장 디자인이나 세련된 분위기, 고객이 원하는 것을 정확히 찾을 수 있게 도와주고 고객이 원하는 때에 정확히 배달해 주는 매장 직원 등을 예로 들 수 있다.

전자상거래의 도입으로 사치품 생산 기업은 온라인상으로도 이 고급스러운 경험을 옮겨놓아야 하는 중대한 과제에 직면했다. 사실 사치품 기업 중에 아직도 이런 인터페이스 통합을 주저하는 기업도 있다. 그동안 그들이 고객에게 제공해 온 최상의 경험을 인터넷을 통해서 비슷하게나마 제공할 수 있을지 확신이 없기 때문이다. 그러나 한 선도적인 기업이 시의적절한 때 전자상거래의 세계로 뛰어들었다. 그 기업은 슈토이벤닷컴*Steuben.com*이다.

코닝*Corning*의 자회사인 슈토이벤은 꽃병이나 조각품, 장식품 등 비할 데 없이 맑고 투명한 유리 디자인 제품을 생산하는 곳이다. 슈토이벤에는 열성적인 고객층이 있었다. 이들은 슈토이벤이 웹으로 진출했을 때 함께 따라갔다. 왜냐하면 온라인 사용자 인터페이스를 매장 내에서 느끼는 고객경험과 아주 흡사하게 만들어놓았기 때문이다. 사치품 고객들은 자신이 원하는 것을 쉽게 찾고 싶어 한다. 그래서 이 사이트는 의도적으로 사이트 맵을 단순화시켰다. 사치품 소비자들은 빠른 서비스를 원한다. 따라서 슈토이벤은 처음 사이트를 출범시킬 때 속도를 최우선 과제로 삼았다. 인터넷 초창기에도 슈토이벤은 가장 빠른 사이트 중 하나였다. 사치품 소비자들은 또 제품을 빨리 손에 넣기를 바란다. 이 사이트의 백엔드(backend, 소비자 정보와 구매 정보, 배송지 정보 등을 통합하여 관리하는 온라인 쇼핑몰의 관리 시스템 ― 옮긴이 주)는 슈토이벤이 가지고 있던 기존의 주문·재고 시스템과 완벽하게 통합되어, 구매한 다음 날 페덱스 *FedEx*를 통해 고객이 제품을 받아볼 수 있게 하였다.

이 사이트는 기존의 슈토이벤 고객과 사이트를 통해 슈토이벤 제품과 친숙해진 새로운 고객 모두를 끌어들임으로써 즉각적인 성공을 거두었다. 닷컴 붐 시절에 슈토이벤은 코닝 내에서 가장 단기간 내에 수익이 증가한 회사였는데, 고객의 거의 68% 정도가 웹을 통한 고객이었다. 고객의 기대를 이해하고 고객 인터페이스에 세심한 주의를 기울인 결과 대성공을 거둘 수 있었던 것이다.

박스 6.1 프레타 맨거의 열정적인 사람들

프레타 맨거*Pret A Manger*는 영국의 작은 샌드위치 가게지만, 단순한 샌드위치 가게 이상의 뭔가를 보여준다. 즉 성공적인 개별 고객 인터페이스를 통해 한 회사가 어떻게 그 분야의 최고가 될 수 있는지를 보여주는 모범이라 하겠다. 프레타 맨거는 런던 노동자 출신인 줄리안 멧칼프*Julian Metcalfe*와 싱클레어 비첨*Sinclair*

Beecham 두 사람이 설립한 회사인데, 이들은 처음에 런던 주변에서 신선한 점심을 먹을 수 있는 곳이 부족하다는 것에 착안해 사업을 시작했다. 프레타는 영국에만 116개, 홍콩과 뉴욕에도 수십 개의 체인을 두고 있으며 전 세계로 계속 확장되고 있다. 프레타가 너무 인기가 있다보니 맥도널드 *McDonald's*가 프레타의 독창성을 훼손하지 않겠다는 전제 하에 지분 33%를 취득하기도 했다.

프레타를 독창적으로 보이게 하는 것은 과연 무엇일까? 프레타의 회장이자 CEO인 앤드류 롤프 *Andrew Rolfe*는 이렇게 설명한다. "프레타 맨거는 자신이 하는 일에 열정을 가진 사람들이 손수 만든 맛있고 신선한 자연식품을 제공한다는 브랜드 이미지를 가지고 있습니다."

프레타가 뛰어난 인터페이스 경험을 주기 위해서는 앤드류 롤프가 말한 것처럼 "자신이 하는 일에 열정을 가진 사람들"이 필요하다. 프레타 팀의 일원이 되는 것은 쉬운 일이 아니다. 프레타는 지원자 중에서 단 5%만 뽑는다. 지원자들은 일반 면접을 본 후에 개별 매장 매니저와 다시 면접을 본다. 그러고 나서 이들을 매장으로 보내 하루 동안 일을 시켜본다. 입사 희망자들과 함께 일을 한 직원들은 그 사람을 뽑아야 할지 말아야 할지 투표를 한다. 이러한 과정을 통해 지원자의 적합성과 훌륭한 팀워크를 확보할 수 있다. 장려금이나 급여인상, 회사 주최 파티와 같은 직원에 대한 여러 가지 혜택은 프레타 직원들의 충성심과 행복감을 이끌어내는 데 도움을 준다.

이러한 특별한 사업 방식은 마케팅에까지 확대된다. 프레타의 마케팅 담당 이사인 모래그 맥케이 *Morag McCay*의 말에 따르면, 프레타의 마케팅은 '우리가 파는 것과 그것을 파는 이유'가 같다는 원칙 하에 이루어진다. 다른 말로 하면 프레타는 단순히 샌드위치를 파는 것이 아니라 프레타의 경험적 기반 전체를 파는 것이다. 고객은 회사의 모든 접점에서 통합된 서비스를 기대할 권리가 있다. 그리고 마케팅 캠페인은 회사의 진실성을 바탕으로 시행된다. 프레타의 커뮤니케이션 매니저인 로나 윌리엄스*Launa Williams*의 말을 들어보자.

"우리는 결코 제품의 품질을 희생시킨 적이 없어요. 품질은 우리에게 아주 중요할 뿐 아니라, 브랜드를 비롯해서 우리가 하는 모든 행위를 반영하기 때문입니다. 오늘날 프레타의 성공을 가져다준 중요한 요소들이 많이 있습니다. 우리가 가진 사람들, 우리의 문화, 그리고 우리가 믿는 가치가 바로 그것이죠."

※ 앤디 밀리건*Andy Milligan*과 숀 스미스*Shaun Smith*:《Uncommon Practice, People Who Deliver a Great Brand Experience》(2002, Financial Times Prentice Hall) pp. 54~61.

기술력을 통해 인터페이스 경험을 향상시키는 방법

슈토이벤의 경우에서 알 수 있듯이, 적절한 인터페이스를 위해서는 적절한 직원뿐 아니라, 적절한 기술력을 갖고 있어야 한다. 기술력은 적절한 CRM 프로그램을 채용하거나 비효율적인 인터페이스를 제거함으로써, 고객이 인터페이스에 직접 관여할 수 있는 기회를 늘인다.

고객을 운전석에 앉혀라

기술력을 이용하여 인터페이스를 향상시키는 가장 좋은 방법 중의 하나는 고객 스스로 그 기술을 사용하게 만드는 것이다.

여행 관련 기술이 좋은 예이다. 호출기나 휴대폰, PDA를 갖춘 여행자들이 점점 많아짐으로써, 적절한 무선 기술을 이용하면 고객들 스스로가 자신의 여행 경험을 더 잘 컨트롤하게 할 수 있다.

몇몇 항공사는 인터넷과 무선 기술을 개발하여, 정확하고 시의적절한 정보를 제공함으로써 고객과의 관계를 지속적으로 유지하고 있다.

사전 통보를 예로 들어보자. 고객이 항공사 웹 사이트에 등록하면, 호출기나 휴대폰, PDA를 통해 항공편에 관한 정보나 출발 정보, 좌석 업그레이드, 좌석 예약 등 여러 가지 정보를 얻을 수 있다. 어떤 장치로 어떤 종류의 정보를 얼마나 자주 받을지 옵션을 지정해 놓음으로써, 고객은 시스템을 자신에 맞게 바꿀 수 있다. 배우자나 친구가 인터넷이나 다른 모바일 장치를 통해 항공편 도착에 관한 정보를 받게 할 수도 있다. 뿐만 아니라 웹 사이트를 이용하면 고객이 운항시간표 파일을 다운로드 받거나 좌석 업그레이드를 요청할 수도 있고, 마일리지를 확인하거나 인터넷 할인가로 나온 비행기표를 구입할 수도 있으며, 예약 사항의 확인이나 변경이 가능하다.

고객 맞춤형 관계 프로그램을 채택하라

고객경험을 향상시키는 또 다른 방법으로는 고객맞춤형 관계 프로그램(customized relationship program, CRP)을 이용하는 것이 있다. 당신이 스스로 아주 친하다고 여기고 있는 사람을 슈퍼마켓 안에서 발견하고 그에게 달려갔다고 가정해 보자. 그 친구가 당신을 알아보지 못한다면 어떨까? 어젯밤에도 오랜 시간 함께 저녁을 먹은 친구가, 다음날이 되자 당신이 함께 저녁을 먹었다는 사실조차 잊어버린다면 어떨까? 또 오늘 아침 자기가 몰던 차를 15,000달러에 팔겠다고 얘기한 친구가, 오후가 되자 20%를 더 올려받아야겠다고 한다면? 그러다 밤이 돼서는 두 사람이 다 아는 또 다른 친구에게 그 차를 반 가격에 팔려고 한다면 어떻게 될까?

우정이란 변덕스러운 것이긴 하다. 그러나 어떤 기준으로 보더라도 위와 같은 상황이라면 지속적이고 안정된 친밀한 관계가 불가능하다. 당신이 만약 이런 경우를 당했다면, 아마도 그 '친구'가 미쳤거나 기억상실증에 걸렸거나, 아무리 잘 봐준다 해도 괴팍하다고 생각하게 될 것이다.

그런데 대부분의 고객들은 비즈니스에서 이런 기업을 접해 본 경험이 있다.

필자는 내가 이미 가지고 있는 카드를 만들라는 신용카드 회사의 전화를 받은 적이 있다. 전에 한번도 투숙한 적이 없는 호텔에 갔을 때 직원이 웃으면서 "다시 찾아주셔서 감사합니다"라고 인사를 한 적도 있다. 자주 가는 동네 가게에서는 새로 들어온 싹싹해 보이는 판매원이 종종 이렇게 묻곤 한다. "손님, 저희 배달 서비스에 대해 설명을 드릴까요?" 내가 그 배달 서비스를 10년 넘게 쓰고 있는데도 말이다. 우리는 모두, 우리가 그들의 친구요, 그들의 열성고객이요, 그들의 가장 중요한 자산이라고 말하는 기업으로부터 그와 비슷한 대우를 받은 적이 있다. 뭔가 잘못돼도 한참 잘못됐다.

CRM은 원래 그러한 관계가 가지고 있던 문제점들을 해결하기 위한 것이었다. 데이터베이스나 소프트웨어를 통해서, 우리가 절친한 친구에게

서 기대하는 일상적인 기억능력과 비슷한 정도의 기억능력을 기업에게 제공함으로써, 문제를 해결할 수 있다고 보았다. 앞서 논의한 힐튼호텔의 CRM 프로그램 같은 경우, 모든 고객이 평생 동안 접촉한 기록을 유지하고 있어 고객경험을 향상시키고 개인화하는 데 도움을 준다.

그러한 프로그램의 과제는 고객정보 영역에 누구도 흉내낼 수 없는 고객맞춤형 요소를 포함시키는 것이고, 이는 곧 CRM에서 CRP로의 전환이라 할 수 있다.

예를 들어 내가 자주 가는 호텔의 직원이라면, 내가 종종 안내 데스크에 들러 그 도시에서 가장 늦게까지 문을 여는 식당이 어딘지 물어본다는 사실을 알 것이다. 그러므로 내가 여행지로 떠나기에 앞서, 가려고 하는 도시에서 가장 늦게까지 문을 여는 식당을 알려주는 개인적인 이메일을 보내준다면 기분이 좋을 것이다. CRP는 인터페이스 경험을 강화시키는 데 중요한 역할을 할 수 있다.

기술력으로 비효율적인 인터페이스를 제거하라

요즘은 백과사전을 직접 들고 팔러다니는 영업사원이 거의 없다. 다행스러운 일이다. 1996년, 브리태니커*Britannica* 백과사전은 웹 서비스를 제공하면서 방문판매를 중지했다. 2001년 7월에 브리태니커는 온라인 서비스를 출범시키면서 첫 해에만 45,000명의 온라인 구독자를 모았다. 이제 많은 컴퓨터 사용자들은 인터넷에서 정확한 정보를 얻을 수 있다는 사실과, 책을 찾는 것보다 더 효과적으로 정보를 이용할 수 있다는 사실을 알고 있다. 브리태니커는 더욱 효율적이고 성공적인 고객 인터페이스를 위해 기술 발전을 활용해 비효율적인 인터페이스를 제거한 것이다.

요약 CONCLUSION …   고객 인터페이스에는 기업과 고객 사이의 모든 종류의 교류가 포함된다. 매장에서의 교류일 수도 있고, 우편이나 전화, 팩스, 온라인, 문자 메시지 등을 통한 것일 수도 있다. 고객과 기업 간의 역동적인 접촉인 고객 인터페이스를 설계하려면 '본질과 융통성' '스타일과 내용' '접촉 시간' 이라는 3가지 이슈에 대한 질문을 던져야 한다. 이 이슈를 해결하기 위해서 기업은 적절한 직원을 뽑아 훈련시키는 한편, 적절한 기술력을 이용해야 한다.

브랜드경험과 고객 인터페이스 외에, 기업의 혁신 또한 고객경험의 주축이라 할 수 있다. 제7장에서는 경험 지향적인 기업이 왜 꼭 지속적인 혁신에 참여해야 하는지 논의하고자 한다.

CHAPTER 7

지속적인 혁신에 몰두하라

경험적 기반에서 제시한 약속을 실천하기 위해, 기업은 CEM을 이용해 고객경험을 강화하고 경쟁에 뒤떨어지지 않도록 지속적인 혁신에 몰두해야 한다. 이 장에서는 기업이 어떻게 그런 혁신을 일궈낼 수 있을까 하는 방법과 여러 기업들이 벤치마킹할 수 있는 성공적인 혁신 사례에 대해서 설명하고자 한다.

CEM은 끊임없는 혁신의 원동력

CEM의 관점에서 볼 때 혁신에는 여러 가지 종류가 있다. 우선 '획기적인 제품'이 있다. 이는 고객경험을 완전히 바꿀 수 있는 매우 혁신적인 제품을 말한다. 안락함과 편안함이라는 경험을 생각해 보라. 그것은 가정용 가전제품의 혁신이 가져다준 것인데, 세탁기, 건조기, 냉장고, 전자레인지, 진공청소기, 에어콘 같은 제품을 예로 들 수 있다. 또 사업의 성장을 도와주는 획기적인 혁신도 있다. 엘리베이터는 현대적인 대형 건물이 생겨나게 해 주었고, 에스컬레이터는 백화점을 창조해냈으며, 비행기는 글로벌 비즈니스를 용이하게 했고, 컴퓨터는 일하는 방법을 변화시켰다.

획기적인 혁신 외에도 기존의 제품이나 고객 인터페이스에 대한 '작은 혁신' 역시 고객경험을 강화시킬 수 있다. 혁신은 사업 확장과 브랜드 다각화를 가능하게 해 준다. 새로운 맛이나 향을 가미해 출시하거나 새로운 유형의 제품을 개발하거나(예를 들어, 가루세제를 액체세제로 바꾸는 등) 새로운 제품군에 기존의 브랜드 명을 사용하는 것도 혁신이다. 이렇듯 비교적 사소한 혁신도 고객경험을 더욱 풍부하게 할 수 있다.

마지막으로 몇 가지 마케팅 혁신은 신제품 출시와 특별행사, 광고와 판매촉진, 그 외에 고객을 위한 중요한 활동에서 기업이 뛰어난 독창성을 갖도록 해 준다. 앞 장에서 이미 우리는 잠바주스(4장), 세포라(5장), 나이키(6장) 등 고객경험을 풍부하게 하기 위한 마케팅 혁신에서 성공했던 기업을 살펴보았다.

이 장에서는 여러 유형의 혁신과 올바른 고객경험을 창조하기 위해 혁신을 기획하는 방법에 대해 설명하려고 한다. 여러 이론과 내 견해를 제시하기 전에 우선 두 가지 사례를 살펴보자. 우리는 1990년대 후반부터 2000년대 초까지 실제로 혁신의 모든 면에서 뛰어났던 기업 하나를 살펴볼 것이다. 바로 애플 컴퓨터*Apple Computers*다. 애플은 획기적인 신제품을 개발했고 사업과 브랜드를 다각화했으며 마케팅에서 혁신을 이루었다. 그리고 그 혁신을 통해 회사의 실적은 물론 고객경험에 긍정적인 영향을 미쳤다. 그 다음에 우리는 아마존닷컴*Amazon.com*의 사례를 통해서 경험적 혁신과 작은 혁신들이 계속 쌓여 어떻게 훌륭한 고객경험을 만들 수 있는지 살펴볼 것이다.

애플 컴퓨터 : 혁신의 근본으로 돌아가자

애플은 오랫동안 혁신의 대명사로 알려져 왔다. 1990년대 중반 애플이 어려운 시기를 맞이하자, 그 어느 기업의 고객들보다도 충성스러운 애플의 고객들은 자신의 라이프스타일까지 변화시켰던 한 기업의 몰락이 눈앞에 다가온 것처럼 슬퍼했다.

그러나 또다시 애플을 회생시킨 것은 혁신 정신이었다. 1990년대 말, 애플은 혁신의 근본으로 돌아가 고객경험에 깊은 영향을 미치는 제품을 만들어내기 시작했다. 가장 획기적인 혁신은 아이맥*iMac*이었다. '박스에서 컴퓨터를 꺼내 인터넷을 연결하기까지 10분이면 된다'는 광고 내용처럼 간편하고 저렴한 가격의 컴퓨터였다. 고객들은 아이맥을 통해서 전례 없이 손쉽게 인터넷을 경험할 수 있었다. 속도 또한 빨랐다. 애플의 G3와 G4 프로세서가 소개되었을 당시에는 그것이 세상에서 가장 빨랐다. 획기적인 음질의 음악감상 장비인 아이팟*iPod*과 다양한 랩톱 옵션,

DVD 기능 등 아이맥에 뒤이은 성공적인 일련의 혁신들로 애플은 경쟁자들과 확실하게 차별화되었다.

사소한 것에 대해서도 절대 그냥 넘어가지 않는 회사인 애플은 작은 혁신에도 탁월했다. 아이맥을 통해 얻은 엄청난 수익도 부족하다는 듯이, 애플은 다섯 종류의 밝은 색 반투명 플라스틱 케이스로 만들어진 독창적인 제품군을 만들어내 컴퓨터도 충분히 매력적일 수 있다는 것을 증명했다. 이로써 애플의 제품은 타 경쟁사와는 확연한 차별성을 확보하게 되었다. 실제로 애플은 아주 우연히 아이맥으로부터 계보를 그리는 디자인 경향을 채용하였고, 애플이 밝은 색조를 포기한 후에도 CD 플레이어부터 PDA나 전자레인지에 이르기까지 모든 제품에서 호화로운 색의 반투명 케이스 경향이 성공을 거두고 있다. 애플의 영향으로 고객경험, 심지어는 전혀 상관없는 제품을 사는 고객들조차 변화되었던 것이다.

많은 기업들은 그저 파스텔톤 디자인 붐에 편승하려 할 뿐이었다. 그러나 애플은 그렇지 않았다. 애플은 이미 다음 혁신을 향해 움직이고 있었으며 아이맥에서부터 이러한 움직임이 나타났다. 새로운 아이맥은 제품의 받침대 역할을 하는 포드(연료·엔진 등이 들어 있는 우주선 날개 밑의 유선형 용기로 밥그릇을 엎어놓은 모양. 우주선 이륙 얼마 후에 내부의 연료가 다 소진되면 우주선 본체에서 떨어져 나온다. ─옮긴이 주) 위로 가느다란 스테인레스 막대가 평면스크린으로 연결되면서 놀랍게도 전체적으로는 우주시대를 연상시키는 디자인 특징을 가진 제품이다.

애플의 마케팅 혁신은 어느 모로 보나 제품 혁신만큼이나 강한 인상을 주었다. 애플의 '다르게 생각하기*Think Different*' 캠페인은 광범위한 관심을 끌고 격찬을 받았으며, 고객들은 광고 게시판이나 버스 정류장에 언제 또 재미있는 아이맥 광고가 실릴까 기대하기 시작했다.

애플의 혁신 정신은 회사 전체에 퍼져 있으며, 서로 다른 애플의 부서들 모두 혁신 정신을 공유하고 있다. 애플이 운영체계의 새로운 버전인 OS10.2를 내놓자, 마케팅 부서에서는 딱딱한 프로젝트 코드명 대신 '재규어' 라는 이름을 붙여, 제품의 브랜드를 Mac OS version 10.2 Jaguar라 명명했다. 제품의 특징에 쾌활함과 명랑함이라는 컨셉을 지속적으로 부여하면서, 애플은 포장박스에 부드러운 톤의 컬러를 사용하고, '격렬하게 혁신적인Wildly Innovative' 이라는 재치 있는 슬로건을 내건 광고를 기획했다.

아마존닷컴 : 작은 혁신들이 만든 근사한 온라인 경험

온라인 사업을 시작한 이래 아마존닷컴은 작은 혁신들을 조금씩 쌓아 커다란 혁신을 이룩하는 데 상당한 실력이 있음을 보여주었다.

확실히 아마존닷컴을 이용했던 사람들은 모두 이 사이트가 얼마나 대단한지 잘 알고 있다. 오늘날 고객이 온라인에서 맛볼 수 있는 경험은 지속적인 기술 발전과 혁신의 결과다.

아마존은 사용자 각자의 환경에 맞게끔 온라인 경험을 최적화하기 위해 쿠키cookie를 사용한 최초의 웹 사이트였다. 만약 당신이 아마존 사이트를 재방문할 경우, 사이트 상단에는 자동적으로 당신의 이름이 나타나며 환영한다는 인사말이 나온다. 전에 방문했을 때의 구매 행위와 검색 행위에 따라 사이트는 전에 샀던 품목과 비슷한 책, 음반, DVD, 조리기구 등을 당신에게 추천한다.

당신이 찾으려는 것이 무엇인지 확실히 알고 있다고 가정하자. 검색 기능에서 책제목을 타이핑하면 그 책의 페이지에 접속하는데, 그 책을 사는 것뿐만 아니라 비슷한 제목의 책을 검색하고 다른 사람들이 그 책에 대해 어떻게 생각하는지에 대해서도 쉽게 찾을 수 있다. 그 페이지는 책에 관한 필수적인 정보를 알려주는데, 그 중에는 아마존의 물류센터에 남아 있는 책의 재고도 포함되어 있다. 당신은 주문한 책의 재고가 몇 권이며 24시간 내, 2~4일 내, 3주 내 등 언제 받아볼 수 있는지 미리 알게 된다.

그 페이지 아래로 이동하면 '획기적인 구매 기회' 부분에 이르는데, 그 책과 동일한 주제의 베스트셀러를 묶어 할인된 가격으로 살 수 있는 혁신적인 기능이다. 바로 아래에는 '이 책을 구매한 고객이 구매한 다른 책들'이라는 메뉴가 있다. 즉 나와 비슷한 취향의 사람들이 어떤 주제에 관심이 있는지 알려줌으로써 구매를 유도하는 것이다.

아마존은 몇 년에 걸쳐 고객들이 관심 있어 했던 아이템에 관한 정보를 제공하는 등 여러 가지 서비스를 점점 더 많이 추가하였다. 책에 관한 '상세 정보'를 통해서 고객들은 출판 정보와 아마존닷컴에서의 판매 순위, 일반 고객들의 서평, 이 책을 많이 구매한 '독자층'이 누구인지 알게 될 것이다. 화면 아래로 내려가면 당신은 편집자 서평을 볼 수 있다. 이곳에는 그 책에 대한 아마존 자체 서평과 퍼블리셔스 위클리*Publisher's Weekly* 등 다른 주요 서평 전문지들의 서평이 포함되어 있다. 또 다른 특별 기능은 방문자가 현재 살펴보고 있는 책과 함께 읽을 만한, 혹은 대신할 만한 다른 책들을 추천해 주는 기능이다. 처음부터 아마존닷컴은 사용자들에게 피드백과 커뮤니티 개발을 장려해왔다. 고객 서평은 이 정책의 가장 중요한 부분이다. 사용자라면 누구든지 책이나 DVD, 음반 등 다른 품목에 관한 소감을 쓸 수 있다. 원하기만 한다면 비평가로서의 자신에 관한 정보를 제공하고 소개하며 당신이 쓴 모든 서평을 모아 볼 수 있는 페이지도 있다. 이 잘 발달된 온라인 커뮤니티에서 고객들은 자신들이 구매한 책과 음반, 다른 품목에 관한 의견을 활발하게 교환할 수 있다.

직접 서점에서 책을 살펴보는 것과 비슷한 경험을 제공하기 위해 아마존닷컴은 '책 들여다보기'라는 독창적인 기능을 만들어냈는데, 여기에서 고객들은 인쇄된 책의 실제 페이지를 살펴볼 수 있다. 이 기능은 서점에서 책을 집어 들고 책장을 넘겨보는 것과 가장 비슷한 온라인 기능이다. 당신은 책표지에 있는 추천사도 읽을 수 있고 목차와 색인을 훑어보고 작품의 맛을 느끼기 위해 몇 페이지를 맛보기로 읽어볼 수도 있다.

그럼, 이제 이 책이 읽을 만한 가치가 있다는 확신이 들었다고 하자. 구매할 준비가 된 것이다. 아마존닷컴의 인터페이스는 쉽고 빠른 구매를 가능하게 한다. 재방문 고객인 당신에게는 몇 가지 선택 사항을 제공한다. 가장 처음 구현된 혁신은 '원 클릭One-Click' 기능이었다. 만약 이 버튼을 누르면 당신의 구매 정보는 아마존닷컴에 모두 저장되어 매번 구매할 때마다 정보를 재입력하지 않아도 된다. 아마존닷컴의 패스워드만 입력하면 당신이 사용하는 모든 컴퓨터에서 이 기능을 사용할 수 있다. 일단 주문을 하면 아마존닷컴은 즉시 이메일로 승인 내역을 보내고 발송할 때 주문한 품목을 다시 알려준다.

아마존닷컴은 인터넷의 성장과 함께 발전해왔고 고객의 온라인 경험을 변화시키기 위한 작은 혁신들을 지속해 왔다. 아마존은 지속적으로 혁신을 거듭함으로써 고객이 최첨단 온라인 소매상으로부터 기대할 만한 서비스를 끊임없이 구체화해 나가고 있다.

혁신은 어떻게 고객경험에 기여하는가

애플과 아마존닷컴이 보여주듯 혁신은 몇 가지 방법으로 고객경험에 기여할 수 있다.

첫째, 혁신은 기업의 가치를 증대시킨다. 특히 이것은 애플과 같은 컴퓨터 제조 회사에 중요하다. 기업은 지속적으로 혁신을 만들어 가야 한다. 제품의 기능을 강화할 수 있는 새로운 보조장치를 개발하거나 기존 제품의 특징을 살린 새로운 버전을 만들어 냄으로써 말이다. 만약 그렇게 하지 못한다면 기존 제품은 금세 그 가치가 없어지고 그 결과 실망스럽고 짜증스런 경험만을 주게 된다. 애플의 많은 고객들이 1990년대 중반 바로 그런 경험을 한 바 있다. PC와 애플컴퓨터의 기능적 차이는 점점 더 좁혀졌다. 사실 노트북 같은 부문에서 PC는 가벼운 무게나 인터넷 접속 기능, 편리한 휴대 등 애플보다 훨씬 더 매력적인 특징으로 고객에게 다가가고 있었다. 일부 고객들은 애플이 파산할까봐 두려워했다. 이런 문제들은 모두 애플의 혁신 부족에서 나온 결과였고 회사의 상황은 점점 더 악화일로로 치달았다. 1997년 스티브 잡스 *Steve Jobs*가 애플로 돌아온 후에야 상황이 개선되었다. 오늘날 애플에 대한 고객의 인식은 완전히 달라졌다. 애플은 1980년대 초를 휩쓸었던 혁신 정신을 회복하고 다시금 고객에게 뛰어난 가치를 제공하고 있다.

둘째, 혁신은 새로운 해결책과 새로운 경험을 제공함으로써 고객들의 삶을 개선시킨다. 그러나 이런 해결책이 영원히 새로운 것은 아니다. 또 다른 새로운 해결책이 결국 그것을 대신하게 된다. 마케팅 분야는 '제품의 라이프사이클'이라는 개념을 통해 오랫동안 이러한 변천과정을 다루어왔다. 새로운 제품이 시장에 진입하고 성공적인 제품은 판매가 최고조에 도달할 때까지 성장을 거듭하지만, 마침내 더 새로운 제품이 그것들을 대신한다. 예를 들어 편지에서 팩스로, 다시 팩스에서 이메일로 진행된 비즈니스 커뮤니케이션의 발전에는 커뮤니케이션의 즉시성, 용이함, 개인화, 친밀함과 같은 요소를 담은 변화가 있었음을 알 수 있다. 기술 혁신을 추진할 수 있는 기업은 사람들의 삶을 개선하여 엄청난 경험적 가치를 더하게 된다.

일부 일본 기업들은 서구 사회에서는 거의 주의를 끌지 못하는 영역에서 경험적 혁신을 보여주고 있다. 바로 변기*toilet*다. 일본 기술자들에 의해 초라한 변기가 위안을 주는 도구이면서 건강도 관리할 수 있는 도구로 바뀌었다.

조밀한 인구밀도 때문에 보통 일본 가정에서 욕실은 한 개인이 진짜 프라이버시를 누릴 수 있는 유일한 공간인 경우가 많다. 변기 제조업자들은 그 경험을 강화시키려고 애쓰고 있다. 예를 들어 마츠시타*Matsu-shita*는 난방과 냉방 장치가 있는 3,000달러짜리 변기를 개발했다. 욕실에 들어가면 자동적으로 변기 시트가 올라가고 온도를 맞추기 시작한다. 사용자는 매일 특정 시간에 욕실을 따뜻하게 하거나 시원하게 하도록 미리 프로그램할 수 있다. 이 업체의 기술팀 책임자인 히로유키 마츠이*Hiroyuki Matsui*는 자신 있게 말한다. "30초면 욕실의 온도를 7℃나 오르내리게 할 수 있습니다."

경쟁사인 아이넥스*Inax*는 지저귀는 새소리와 세차게 흐르는 물소리, 흔들리는 풍경소리, 전통적인 일본의 하프소리가 포함된 6사운드트랙을 갖춘 변기를 내놓았다.

제품 개발자들은 또한 건강과 관련이 있는 변기의 기능을 개발하려고 노력하고 있다. 변기 시장에서 가장 높은 점유율을 보이고 있는 토토

*Toto*는 웰유2 *Wellyou II* 라는 모델을 내놓았는데, 여기에는 사용자의 소변을 모아 당뇨 여부를 측정하는 작은 용기가 장착되어 있다. 마츠시타는 사용자의 주치의에게 여러 가지 건강 관련 자료를 제공하는 인터넷 변기를 만들어낼 야심적인 계획을 가지고 있는데, 의사에게 제공하는 자료에는 체중과 체지방, 혈압, 소변의 당도, 알부민, 소변 속의 혈액정보가 포함된다. 개발자들은 이 모델이 5년 안에 현실화될 것으로 기대하고 있는데, 일본의 고령화 진전과 더불어 대단히 실용적인 설비로 자리잡을 것이다.

마지막으로 혁신은 참신한 이미지를 표현할 수 있다. 더 이상 참신하게 여겨지지 않는 기업은 고객을 잃게 된다. 유용한 제품을 만들어낼 수는 있겠지만, 회사는 구식이고 유행에 뒤떨어졌다는 이미지를 얻게 될 것이다. 머지않아 고객들은 혁신적인 접근법을 보여주는 경쟁사로 옮겨갈 것이다. 아마존닷컴은 고객 인터페이스에서 지속적인 혁신을 추구하여 고객들에게 참신한 이미지를 가진 회사로 남아 있다.

갭(Gap : 1969년 도널드와 도리스 피셔에 의해 샌프란시스코에서 설립된 의류 유통 전문회사 – 옮긴이 주)은 2000년 초에 혁신적인 도전에 직면했다. 회사는 더 이상 참신하게 보이지 않았으며, 구슬장식 바지, 힙합 바지, 배꼽 티 등을 내놓으면서 베이비붐 세대의 고객들로부터 더 멀어졌다. 이런 스타일은 청소년 대상의 의류시장에서조차 전혀 관심을 끌지 못했다. 갭이 내놓은 스타일은 목표로 했던 어떠한 시장에서도 애초에 의도했던 고객경험을 얻을 수 없었다. 갭은 직장 내 유니폼이 없어지고 평상복 인구가 계속 증가하던 1990년대에 흰색 티셔츠, 청바지 등의 브랜드로 유명해지면서 명성을 쌓았다. 샤론 스톤 *Sharon Stone*이 1996년 아카데미 시상식에서 25달러짜리 검은색 갭 티셔츠를 입고 나타났을 때, 갭은 월스트리트의 총애를 받게 되었다. 그러나 2000년대 초 올드 네이비*Old Navy*나 바나나 리퍼블릭*Banana Republic*과 같은 브랜드를 포함한 일군의 제품들의 뒤를 이은 제품 라인은 유행에 뒤떨어지는 것처럼 보였다. 이 책의 앞부분부터 계속 강조해 왔듯이, 혁신은 제품에서뿐만 아니라 마케팅에서도 꼭 필요하다. 갭은 그 점에서 역시 지쳐버린 것 같았다. 주목할 만한 광고 캠페인도 없었고, '카키스 스윙*Khakis Swing*' 같은 뛰어난 디스플레이도 없었고, '올드 네이비*Old Navy*' 같이 뛰어난 제품포장의 개선도 없이 침체기가 몇 년 동안 계속되었다. 2000년 2월 53달러까지 치솟았던 주가는 2002년 2월에는 12달러로 떨어졌다. 최고경영자인 밀라드 드렉슬러*Millard Drexler*는 2001년 가을 4/4분기 손실이 3,400만 달러에 이른다는 발표를 한 후 사임했다.

고객경험과 혁신 전략

필자는 기업이 자사의 혁신 전략과 계획에 고객경험을 포함할 것을 적극 추천한다. 혁신은 고객경험에 매우 강력한 영향을 미치기 때문에, 회사는 고객경험을 빨리 파악하고 그에 따라 애초에 수립한 혁신의 지속과 변경 전략을 새로운 개발과 마케팅 성과에 포함시킬 필요가 있다. 이것은 회사가 앞으로 몇 년 동안 추구할 혁신 전략을 채택하는 데 길잡이가 될 것이다. 더 나아가 경험 위주의 혁신은 회사의 경험적 기반과 관계가 있어야 한다.

모든 제품에 회사명을 사용하는 단일 브랜딩 전략을 구사하는 기업은 프록터 앤 갬블*Procter & Gamble*처럼 제품마다 다른 브랜드를 사용하는 기업에 비해 더 많은 이점을 얻는 것 같다. 후자의 경우, 기업의 혁신을 통해 결과적으로 고객들이 많은 혜택을 얻을 수 있지만 막상 고객들은 혁신으로 자신이 얻는 이익과 그 혁신을 수행한 기업과의 연관성을 잘 모를 수도 있기 때문이다.

혁신 계획을 너무 좁은 범위로만 한정하는 것은 피해야 한다. 기업이 새로운 기회를 찾는 데 방해가 되기 때문이다. 혁신 계획은 단지 회사가 내·외적인 의사결정을 하는 길잡이 역할만 담당하면 된다. 최소한 회사는 우선 주요한 대안이나 작은 혁신들, 마케팅 혁신 중 어느 것을 통해 경험적 혁신을 제공할 것인지 아닌지를 먼저 결정해야 한다. 게다가 혁신이 가능한 응용제품이나 제품군을 선별하여 회사가 취할 수 있는 방안을 일일이 나열해 보는 것도 상당한 도움이 될 수도 있다. 예를 들어 애플의 혁신은 언제나 애플의 경험적 기반과 조화되는 디자인, 유용성, 특징에 관한 것에서만 이루어진다.

고객경험과 신제품 개발

바람직한 고객경험은 회사의 근본적인 목표이어야 하기 때문에 획기적인 혁신을 지향하는 회사는 제품 개발 과정에 고객경험을 포함시켜야 한다. 불가능한 일이라고 생각하는가? 대부분의 회사에는 이것이 맞는 말이기도 하다. 대부분의 연구 개발 부서는 고객, 특히 마케팅 부서가 의뢰한 포커스 집단이 제안한 정보를 무시하는 경향이 있는 엔지니어와 기술자들로 이루어져 있다.

당신은 "엔지니어들과 기술자들 주장에도 일리가 있다"고 말할 수도 있다. 그리고 이렇게 주장할 수도 있다. "그들은 누구보다도 전문가다. 그들의 전문적인 의견과 본능을 믿는 것이 옳을 수도 있다. 고객들이 포괄적인 혁신을 고안하고 실제 신제품 개발에 유용한 의견을 제공할 수 있다고 믿는 것은 이치에 닿지 않는 일이 아닌가?"

확실히 고객정보는 도움이 될 뿐만 아니라, 특히 회사가 기술적으로 복잡한 상황에 직면했을 때 더욱 도움이 된다. 고객에게 생각해 보지도 못한 제품을 생각해 보라고 요청하거나 전통적인 포커스 집단에게 포괄적인 혁신에 대한 의견을 묻는 것은 시간 낭비일 수도 있다. 그러나 일단 회사가 분명한 생각과 모델을 가지고 있으면 반드시 고객들과 함께 경험적인 방법을 통해 그것을 시험해 보아야 한다.

필자는 신제품 개발에 고객경험을 반영하는 방법에 관한 워크숍을 몇 차례 지도한 적이 있다. 신제품의 성공과 실패를 여러 번 맛본 많은 회사들은 개발 과정 초기에 고객의 정보를 구하는 것이 성공에 얼마나 중요한 관건이 되는지 잘 알고 있다. 반면 종종 고객들이 원하는 것이 무엇인지 이해하지 못하면 그 결과가 제품의 실패로 나타난다.

라이크라 소프트 *Lycra Soft*는 1996년에 내의의 역할 외에 여성들의 체형을 보정해 주는 '보정용 속옷'을 처음 선보였을 때 기대만큼 성공을 거두지 못했다. 실패의 가장 큰 원인은 제품이 올바른 경험을 제공하지 못한 것이었다. 착용해 본 여성들은 속옷이 너무 편안해서 별로 효과가 없다고 믿었고, 더 날씬해졌다든가 몸매가 보정되었다고 느끼지 못했다.

여성들이 자신의 체형에 대해서 어떻게 느끼는가 하는 고객경험에 대한 정확한 이해를 함으로써, 제조사인 듀퐁 *Dupont*의 제품 개발팀과 마케팅팀은 회사가 목표로 하는 고객에게 가까이 접근할 수 있게 되었다.

어떻게 하면 고객경험을 개발 과정 초기에 포함시킬 수 있을까? 당신이 휴대전화와 PDA 생산업자라고 가정해 보자. 개발부서는 사람들이 이 제품을 어떻게 사용할지 이해하고 싶다. 사람들은 제품을 휴대하고 어떻게 움직이는가? 운동을 하면서 제품을 사용하는가? 그때마다 제품을 상의 안에 넣는가, 허리띠에 끼우는가? 다른 물건들과 자주 부딪히는가? 이 제품들은 어떻게 고객경험에 적용되고 보완되는가?

대부분의 회사들은 신제품 개발 과정 중 시장조사 단계의 일부분으로 광범위한 라이프사이클 연구와 경쟁현황 분석, 제품 포트폴리오 분석을 실시한다. 그러나 제품 개발의 이 첫 번째 단계에서부터 고객의 경험세계를 이해하려고 애쓰는 회사는 거의 없다.

제품 개발의 각 단계에서의 경험

그림 7.1은 많은 회사들이 사용하는 신제품 개발 과정의 전형적인 단계들이다.

① 시장 조사	고객의 경험 세계에 대한 분석
② 아이디어 생성	경험적 해결 방법의 산출
③ 컨셉 테스트	컨셉의 경험적 매력 테스트
④ 제품 디자인	제품 설계 명세서에 경험을 포함
⑤ 제품 테스트	고객의 사용 경험을 테스트

[그림 7.1] 신제품 개발의 5단계에 대한 CEM 접근법

앞 장에 제시된 것은 신제품 개발의 각 단계에 따른 경험적 접근법이다.

신제품 개발 과정 전체에 경험을 포함시키는 것은 흥미로운 고객 중심의 계획이다. 이 목적을 달성하기 위해서 신제품 개발 단계의 일환으로 고객의 경험 세계를 이해하고 그에 따른 디자인 견본을 여러 단계의 연구 과정에 포함시키는 것이 중요하다. 더 나아가 디자인 팀은 고객들로부터 의견을 받는 데 주저하지 말고, 독창적인 방법으로 적절한 응용과 해결책을 개발해야 한다.

휴대전화나 PDA, 혹은 다른 휴대용 디지털 기기와 같은 휴대용 전자 제품의 개발 과정에 고객경험을 포함시키기 위해, 개발자들은 다음의 6단계 과정을 이용하면 좋을 것이다.

1. 고객의 경험세계에 대해 광범위한 개념적·경험적 분석을 하라(시각적 기법과 멀티미디어 디스플레이를 활용한 혁신적이고도 현실적인 조사 기법을 이용한다).
2. 전자 제품에 대한 고객의 요구를 알아내기 위해 그래픽 방식의 여러 선택 사항을 만들어 테스트하라.
3. 특별하고 바람직한 고객경험이나 라이프스타일을 실현하기 위해 제품에 구현할 수 있는 특수한 기능이 있을지를 충분히 이해하라.
4. 핵심적인 기능을 강조한 제품의 다양한 디자인 견본을 개발하고 테스트하라.
5. 견본품이 가진 특별한 경험적 기능을 개발하고 테스트하라.
6. 타깃 고객들이 자기만의 라이프스타일에 푹 젖어 있을 때, 제품이 얼마나 유용할지에 대해 연구하고 그에 따라 디자인을 조정하라.

이 과정을 통해 개발부서와 고객은 서로 영향을 주고받는다. 즉 고객의 정보가 디자인 팀에 제안되기도 하고, 그 반대 과정이 이루어지기도 하는 것이다. 덧붙여 이 과정에서는 경험적 척도기법이 사용되어야 하는데, 경험을 얻기 위해서는 다음의 세 가지 척도를 사용할 수 있다.

1. 다양한 제품 사용 환경에서 경험적 호소력을 가진 제품의 기능성과 유용성에 관한 척도
2. 제품에 대한 전반적인 느낌에 관한 척도
3. 감각, 느낌, 생각, 행동, 친밀함 등 특별한 경험적 영향력에 관한 척도 (제1장과 제5장에서 언급한 EX 척도와 비슷하다)

이런 척도는 일부분은 언어적이고 일부분은 여러 감각을 활용하는 자극제를 사용하여 얻는 정보를 근거로 해야 한다. 측정의 일부분은 척도일 수도 있고, 일부분은 혁신 과정을 평가하는 데 도움이 되는 채점표일 수도 있다.

박스 7.1 소니 : 프렉 아웃 *Freq Out*에서 사이크 아웃 *Psyc Out* 까지

2000년 초반 소니 전자 *Sony Electronics* 는 독특하고 시각적 효과가 뛰어난 반투명 플라스틱 케이스 디자인을 채용한 워크맨과 라디오 플레이어를 성공적으로 시판했다. 소니의 제품개발 디자이너들은 버몬트 주 벌링턴 *Burlington* 에 있는 그래픽 디자인 컨설팅

회사인 재거 드파울로 켐프*Jaeger DePaulo Kemp*와의 공동 연구로 제품을 개발했는데, 당시에 필자가 개발한 경험적 컨셉을 이용하였다. 소니는 제품개발에 앞서 스케이트보드를 타는 사람들과 스케이트보드 문화 등 젊은이들 위주인 타깃그룹의 경험에 대한 대규모 조사를 수행하였다. 그리고 10~12세의 아이들로 이루어진 포커스 그룹과 타깃고객들 사이에서 통용되던 속어 중에서 뽑아낸 브랜드명에 관해서도 테스트했다. 최종적으로 제품에는 충격을 받아도 안전하고 허리띠에 매달 수도 있는 기능 등이 포함된 플라스틱 케이스를 덧붙였다. 평범했던 카세트 플레이어는 아주 멋진 Y세대 기기로 다시 태어났다. 기존의 포화된 시장에서 시장점유율을 6% 올리는 대대적인 성공을 거둔 이후, 새로운 기능과 디자인의 디스크맨*Discman*과 워크맨, 헤드폰 등이 '사이크*PSYC*'라는 라벨을 붙이고 출시되었다. 이 말은 심리학을 뜻하는 'psychology'의 앞머리로 10대들 사이에는 '흥분시킨다'와 같은 의미로 통용되었다. 풀어쓰면 '젊은이 문화를 나타내는 제품 *Products Signifying Youth Culture*'이다. 이 제품들은 밝은 색의 반투명 플라스틱으로 만들었는데 착시현상을 일으키는 소용돌이 장식과 기하학적인 버튼, 새로운 충격방지 디자인, 사용자가 제품을 만지면 흔적이 남는 손가락 감응장치 등의 새로운 요소를 갖추고 있다.

고객경험과 작은 혁신들

앞에서 언급했듯이 혁신이 반드시 대약진, 획기적인 혁신, 철저한 개발 연구일 필요는 없다. 제품 라인이나 브랜드 확장, 신제품 개발 단계에서 이루어지는 작은 혁신만으로도 고객경험을 획기적으로 향상시킬 수 있다.

제3장에서 의사결정 과정 중에 고객 접점을 추적하는 방법으로 더 나은 경험을 전달할 수 있음을 설명한 바 있다. 이러한 아이디어는 고객경험을 개선하는 수많은 작은 혁신을 개발하는 데도 이용할 수 있다. 영화 관람 경험을 예로 들어 몇 가지 주요 결정 단계에서 작은 혁신을 실현하는 방법을 예로 들어보자.

- **의사결정** : 고객들이 인터넷 사이트에서 예고편을 보면 어떤 영화를 선택할지 더 쉽게 결정할 수 있다.
- **구매** : 전화나 인터넷 예매를 함으로써 영화관 매표소 앞에서 줄을 서야 하는 귀찮은 경험을 하지 않을 수 있다.
- **소비** : 편안한 좌석과 초대형 스크린, 디지털 사운드 시스템, 영화 상영 전 휴대폰 매너 안내 등을 통해서 고객경험을 크게 개선시킬 수 있다.

미국 전역에 대규모 체인의 멀티플렉스를 소유하고 있는 AMC는 영화 관람 경험에서 실제로 이러한 작은 혁신을 만들어내고 있다. AMC의 2001년 연례보고서를 보면 '우리는 보다 나은 영화 관람 경험을 예견하고 일찍부터 멀티플렉스 전략에 전념하였다'고 보고하고 있다. 이 전략에는 1995년부터 2000년까지 1만 개 이상의 새로운 영화관을 건립하는 것이 포함되었는데, 그 중 83%는 미국에서 가장 큰 25개 시장에 있고, 나머지는 유럽과 환태평양 지역의 주요 시장에 위치해 있었다.

멀티플렉스는 영화 이외에도 다양한 서비스를 제공하는 복합 상영관이다. 2002년 텍사스 주 달라스에서 개관한 한 멀티플렉스에는 총 4,400명의 관객이 관람할 수 있는 24개의 상영관이 있다. 또한 어린이 전용 놀이방과 전문 매장, 레스토랑 등이 구비되어 있다. 영화 관람 경험을 향상시킨 가장 큰 요소로는 이렇듯 많은 관객을 수용할 수 있는 규모와 대형 스크린, 뛰어난 화질과 음향 설비, 팔걸이에 컵 홀더가 있는 좌석, 체형에 맞춰서 허리를 편안하게 받쳐주는 AMC의 트레이드마크인 '러브시트(LoveSeat, 연인 등을 위한 2인용 좌석으로 중간의 팔걸이를 올렸다 내렸다 할 수 있어 팔짱을 끼거나 기대기 좋게 되어 있다. – 옮긴이 주)' 등이 있다. 영화 관람 전의 경험을 향상시키는 혁신에는 편리한 인터넷 예매 서비스(movie tickets.com)와 영화광 회원들을 위해 일정 금액으로 모든 영화관을 이용할 수 있는 시즌 패스와 팝콘과 음료를 무료로 제공하는 서비스 등이 특징인 멤버십 서비스 무비와처*MovieWatcher*가 포함된다.

고객경험과 마케팅 혁신

마케팅 혁신의 목표는 독특한 커뮤니케이션이나 특별한 이벤트, 기타 모험적 마케팅을 통해 시장에서 대성공을 거두는 것이다.

고객이 "와!"하고 감탄할 때, 마케팅 혁신이 먹혀들어간다는 사실을 당신은 잘 알고 있다. 마케팅 혁신은 깜짝 놀랄 만하고 흥미로우며 때로는 자극적이기도 하다. 그것은 독창적인 아이디어를 짜내고, 용기를 내어 위험을 무릅쓴 결과다.

무역전시회나 로드쇼, 후원회와 같은 마케팅 이벤트에서 역시 마케팅 혁신의 사례를 찾아볼 수 있다. 2001년 말 인텔리트렌드 *Intellitrends*의 연구에 따르면 마케팅 이벤트, 특히 독창적으로 성공한 이벤트 마케팅은 비용 대비 수익으로 볼 때 광고나 판촉, 홍보보다 더 높은 효과를 낼 수 있다.

'브랜드 기념행사*Brand celebration*'에서도 마케팅 혁신은 가능하다. 잡지의 경우에는 매년 창간일을 기념해 특별호를 발행한다. 브랜드 기념일을 통한 마케팅은 점점 더 획기적이고 대대적이며 호화로워지고 있다. 기념행사는 고객과 연결되는 좋은 방법이기도 하며 회사 내부의 사기를 높여주기도 한다.

2001년 인디언 모터사이클*Indian Motorcycles*은 옛 공장이 있던 매사추세츠 스프링필드에서부터 지금의 공장이 있는 캘리포니아 길로이까지에 이르는 5,300마일을 달리는 100주년 기념 자동차 경주대회를 열었다. 공장장이나 고위 경영진으로 구성된 팀도 경주에 참가했다. 2주일에 걸친 경주 기간 동안 참가자들은 미국을 횡단하면서 여러 곳의 인디언 모터사이클 대리점을 방문했다.

많은 회사들이 기념일에 대성공을 거둘 기회를 놓쳐버리고 만다. 작곡가의 100번째 탄생일이 돌아오면 흔히들 야단스럽게 이 날을 기념한다. 그러나 브랜드가 특별한 생일을 맞이하는데도 회사는 독창적인 축하 계획을 세우지 못한다.

혁신을 널리 퍼트리는 데 다른 사람들을 참여시키면 그것만으로도 '입소문' 캠페인이 시작된다. '와!*Wow*' 마케팅 아이디어를 '입소문*buzz*'이라는 마케팅 아이디어로 바꾸기 위해서는 아이디어 자체가 독창적이고 공유할 수 있으며 가치가 있는 것이어야 한다. 〈비즈니스위크 *Business Week*〉에 따르면 이것이 바로 '입소문' 캠페인이 가져야 할 본 모습이다. 한 여름에 선셋 플라자*Sunset Plaza*나 멜로즈*Melrose*나 로스앤젤레스 곳곳에 있는 서어드 스트리트 프로메네이드*Third Street Promenade* 같은 카페에 가보면 한껏 단장을 한 아주 매력적인 오토바이 광들을 만날 수 있다. 이들은 아이스 라테(우유를 탄 에스프레소 커피를 차게 한 것─옮긴이 주)를 마시면서 언제든 당신과 친해질 준비가 되어 있다. 눈부신 오후의 태양 빛을 받아 반짝거리는 베스파(Vespa, 스쿠터 브랜드로 영화 '로마의 휴일'에서 오드리 헵번과 그레고리 펙이 함께 탔던 것으로 유명하다.─옮긴이 주)에 대해 듣기 좋은 말로 칭찬을 해 주면, 그들은 기꺼이 메모지를 꺼내 주소와 전화번호를 적어준다. 그런데 적어준 것을 들여다보면 거기 씌어 있는 것은 개인 주소와 전화번호가 아니라 베스파 판매 대리점의 주소와 전화번호다. 아마도 래퍼인 시스코*Sisqo*와 영화배우 산드라 블록*Sandra Bullock*이 출연한 영화 장면을 그대로 따라하는 것일 게다. 그제서야 비로소 당신은 진실을 알게 된다. 이 만남이 결코 자연스럽게 이루어진 게 아님을 말이다. 스쿠터를 타고 있던 그 모델들은 베스파에서 월급을 받고, 최근에 발표된 유러피안 바이크(European bike, 각국의 내로라하는 오토바이 선수들이 참여하는 국제적인 오토바이 경주대회─옮긴이 주) 경주에 대해 우호적인 입소문을 퍼트리기 위해 고용된 직원들이었던 것이다.

입소문이라는 말은 새로운 경향이다. 베스파의 예처럼 캘리포니아에서만 있는 경향은 아니다. 입소문은 레이저 스쿠터(Razor Scooter, 우리나라에서는 킥보드로 알려진 제품이다.─옮긴이 주)에서 해리 포터(Harry Potter, 영화가 개봉되기 전에 책을 읽는 초등학생들 사이에서 이마에 해리 포터와 똑같

은 상처를 그리고 안경을 쓰고 주문을 외우는 것이 유행처럼 번졌다. ─옮긴이 주)
와 블레어 위치 프로젝트(The Blair Witch Project, 공포 영화인 블레어 윗치 개
봉 전에 이 대학생 실종사건이 실제 일어난 것처럼 가장한 인터넷 사이트를 개설
해 입소문을 퍼뜨린 바 있다. ─옮긴이 주)와 같은 저예산 컬트영화에 이르기
까지 고객들 사이에서 성공한 모든 제품을 설명할 때 사용되는 말이다.
비주류이며 실험적 전략으로 인식되던 입소문 마케팅 전략은 몇 년 만에
주류의 대열로 합류했다. 산업보고서에 따르면 포드, P&G, GE 등 전통
적인 기업에서부터 나이키, Palm, 파워바 *PowerBar* 같은 유행에 민감한
기업에 이르기까지 모든 주요 브랜드가 입소문 전략을 사용한다. 이유는
입소문 마케팅 전략이 비용대비 효과가 크고 일반 대중들의 주의를 끄는
데 효과적이기 때문이다.

그런데 컨셉과 실행이라는 측면에서 입소문은 좀더 흥미로운 면을 가
지고 있다. 그것은 전통적인 기업이 흔히들 하고 있는 통제된 전략관리
및 커뮤니케이션 영역 밖의 독창적인 기법이다. 일단 한번 퍼지면 독자
적인 역동성을 가지고 마치 바이러스처럼 퍼지는 특성을 가졌다.

《입소문으로 팔아라 *The Anatomy of Buzz*》의 저자 엠마뉴엘 로젠
*Emanuel Rosen*은 입소문을 '주어진 시간에 사람들 사이에서 교환되는
모든 의견의 집합' 으로 정의한다. 고객이 스스로 입소문을 낸다. 이것이
버즈 마케팅 *buzz marketing*, 즉 입소문 마케팅의 가장 중요한 특징이다.
고객들은 대중매체 광고를 이용한 기업의 커뮤니케이션 전략에 대해 이
전보다 훨씬 더 회의적인 시각을 가지고 있다. 하지만 고객들은 여전히
주위의 친구들에 대해서만은 신뢰를 버리지 않는 것 같다. 맥킨지
*McKinsey & Company*의 2001년 보고서에 의하면 미국 고객들의 67%는
상품을 구매할 때 입으로 한 선전의 영향을 받았다.

박스 7.2 미니가 돌아온다

1990년대 후반, 폭스바겐*Volkswagen*은 뉴 비틀*New Beetle*로 다시 돌아왔다. 1960년대에나 팔리던, 이제는 고전작품이 되어버린 자동차가 새로운 천년을 맞이하면서 부활한 것이다. 그와 같은 것이 또 있다. '미니'다. 한 세대의 상상력을 자극했던 또 다른 옛날 자동차 미니 쿠퍼*Mini Cooper*의 부활과 함께 '복고' 혁신이 계속되고 있다는 사실을 전할 수 있어 기쁘다.

1958년 디자이너 알렉 이시고니스*Alec Issigonis*는 첫 번째 미니를 만들어냈는데, 이것은 어른 4명이 타기에 공간이 넉넉하면서도 스포츠카와 같은 느낌을 주는 가정용 소형 세단이었다. 미니는 영국이 유행을 주도하던 60년대를 나타내는 상징이 되었고 코미디언 피터 셀러스*Peter Sellers*와 비틀즈*Beatles*는 그 차를 갖고 있다는 것을 자랑으로 삼았다. 로버 미니*Rover's Mini*의 'S' 버전은 1960년대의 몬테카를로 자동차경주에서 우승을 휩쓸었다.

그로부터 40년이 지난 지금 영국 자동차 산업은 위기로 접어들었고 BMW가 로버를 인수하여 이 옛날 자동차를 개조하는 데 엄청난 돈을 쏟아 부은 후에야 미니에 변화가 일어났다. 그 결과는 깜짝 놀랄 만했다. 새로운 미니 쿠퍼는 오리지널 미니의 디자인 특징을 물려받아서 4개의 바퀴 모두를 최대한 귀퉁이 쪽으로 가까이 붙여서 만든 구조이고 무게중심이 낮다. 그리고 혁신을 통해 좀더 안전하고 강한 자동차로 변하였다. BMW의 미니는 원형보다 더

크고 약 450kg 정도 더 무겁다. 그 차의 부품은 마치 보석이라도
되는 양, 그리고 인테리어는 '피카소가 떠올렸을 법한 와인이 곁
들여진 생기가 넘치는 우아한 토요일 밤' 이라 묘사되었다. 미니의
색상은 다양하며 흰색이나 검은색으로 된 지붕이 독특하다. 미국
과 다른 나라의 자동차 광들은 16,850달러라는 거금을 주고 미니
들을 덥석 사들이는 데 전혀 주저함이 없다.

Photography by Friedrich Busam

쇼룸은 플라저 & 프란츠 *Plajer & Franz* 스튜디오가 디자인했다.

입소문은 또한 기업의 가치를 증대시킬 수 있다. 많은 중소기업들이 입
소문 전략을 확대 · 발전시켜 대기업에 인수되는 전략을 취함으로써 큰돈
을 벌었다. 코카콜라 *Coca-Cola* 의 사만다 *Samantha* 인수, 펩시 *Pepsi* 의 스내
플 *Snapple* 인수, 에스티 로더 *Estee Lauder* 의 크림 드 라 메 *Creme de la Mer*

인수가 바로 그것이다.

　그러나 한번쯤 '조심'이라는 말을 생각해 볼 필요가 있다. 비록 입소문이 새롭게 창안된 활기찬 마케팅 기법이라 하더라도, 가짜 개인 전화번호 등 고객을 교묘하게 조종해야 하는 위험을 가지고 있다는 점 말이다. 입소문은 올바르게 사용해야 한다. 그러므로 고객들 스스로 경험 커뮤니티를 창조할 수 있을 때 가장 효과가 있다. 고객들이 제품이나 메시지가 널리 소문낼 만한 가치가 있다고 생각하게 해야 하고, 다른 독창적인 전략의 도움을 받아 입소문 전략의 효과가 계속되도록 쉼 없는 노력도 해야 한다.

요약 CONCLUSION …　CEM 이론에서 전략 실행 단계의 마지막 구성요소는 혁신이다. 여기에는 신제품에 의해서든 작은 혁신에 의해서든 마케팅 혁신에 의해서든 고객경험을 획기적으로 개선할 수 있는 방법이 모두 포함된다. 지속적인 혁신을 위해서는 경영관리의 접근법과 프로세스에서 역시 진취적인 태도를 고수해야 한다. 지속적인 혁신이나 '카이젠(kaizen, 끊임없는 개선을 뜻하는 말로 1980년대 말과 90년대 초에 일본에서 유래된 경영관리 개념－옮긴이 주)와 달리 경험 위주 혁신은 제품이나 제조 활동에만 중점을 두지 않는다. CEM은 고객경험을 R&D와 마케팅에 적용하여 모든 고객 접점을 개선하기 위한, 진실로 고객 지향적인 프로세스라고 할 수 있다.

CHAPTER 8

빈틈없이 통합된 고객경험을 제공하라

앞에서 살펴보았듯이 CEM은 고객경험을 관리하기 위한 단계적인 방법론을 제공한다. 그러나 실제로는 그 이상이라고 할 수 있다. CEM은 고객에게 완전하게 통합된 경험을 전달하려는 통합적인 접근법이지 단편적인 접근법이 아니다. 그러므로 CEM 방법론은 고객이 간헐적인 느낌을 띄엄띄엄 받는 대신 통합된 전체로 경험을 하게 할 때 성공적이다. 이 장에서는 CEM의 가장 중요한 목표인 통합에서 성공하는 방법을 설명한다.

실천적 주제로서의 '통합'

'통합 *Integration*' 이라는 용어는 이제 경영관리나 마케팅 부문에서 많이 사용하는 전문용어가 되어서, 실제로 그것을 통해 무엇을 달성할 수 있는지 여부와는 관계없이 자주 사용된다. 수직적인 통합, 수평적인 통합이라는 전략적인 관리 개념은 실제로 '비용절감' 이나 '규모의 경제'를 위한 경제적인 효율 혹은 '시너지' 와 '전략적인 협력' 이라는 애매모호한 목표에 초점을 맞춘 경영상의 개념에 지나지 않는다. 이 개념에는 구체적인 내용이 전혀 없다. 즉 매니저들이 어떤 상황에서, 어떤 방법으로 이러한 통합을 추구해야 하는가를 명확히 밝혀주는 개념이나 방법론이 전혀 없다. 결국 이런 모호한 개념에 따라 몇 년에 한번씩 스핀오프(spin-off, 회사의 특정 사업부문을 떼어내서 독립법인으로 분리시키는 것—옮긴이 주)와 셀오프(sell-off, 회사 자산이나 영업의 일부를 매각하는 것—옮긴이 주)를 통한 인수·합병을 거쳐 기업을 와해(와해와 붕괴를 뜻하는 disintegration은 통합의 반대말이다.—옮긴이 주)하거나 청산에 이르게 하는 것은 결코 놀라울 게 없다.

'통합된 마케팅 커뮤니케이션(Integrated Marketing Communication, 이하 IMC)' 이라고 해서 더 나은 것은 아니다. IMC 역시 커뮤니케이션 비용을 절약하는 운영이나 통합된 브랜드 이미지를 전달하기 위한 광범위한 전략에 초점을 맞추고는 있지만, 아주 세밀한 부분이 결여되어 있다. 즉 매니저들이 어떻게 커뮤니케이션 통합 계획을 세우고 실행할까? 그리고 마케터들이 성공하는 데 도움이 되는 개념과 방법론들은 무엇일까? 하는 것말이다.

CEM의 틀 안에서 통합은 그럴싸한 말이 아니라 실천적인 것이다.

CEM은 실천적인 아이디어와 다양한 경영관리 도구의 결합 위에 뿌리를 내린 접근법이다. 이 장에서 우리는 다양한 통합 단계를 살펴보고 어떻게 하면 모든 고객 접점에서 고객의 경험을 통합할 수 있는지를 검토할 것이다.

일관된 통합의 위력

일관된 통합은 다음과 같은 3가지 주요한 이점이 있다.

1. **통합은 차별화를 가져온다** : 제대로 된 통합은 거의 드문데다가 대부분의 비즈니스 캠페인과도 너무 달라서, 일관된 통합은 대단히 주의를 끌게 된다. 기업이 고객을 위해서 모든 요소를 통합하고자 하는 노력을 기울인다는 것은 대단히 인상적이다. 따라서 그런 노력을 하지 않는 회사와는 진정으로 차별화가 된다.
2. **통합은 고객과의 깊은 연결을 가져온다** : 일관된 통합은 고객들과 이성적·감정적인 연결을 가능케 해 준다. 참신하고 놀라운 방법으로 고객과 연관을 맺음으로써 오랫동안 기억에 남는 경험을 줄 수 있다. 그런 잊혀지지 않는 경험이 결국 고객과의 깊은 연결점이 된다.
3. **통합은 비용 절약을 가능하게 해 준다** : 통합적인 접근법을 사용해 고객과 연결을 맺으면 회사는 한 목소리를 내게 되므로 의사소통의 혼란으로 인한 시간이나 재정의 낭비를 방지할 수 있게 된다. 규모는 크지만 회사 내부 조직 간의 유대관계가 약한 대기업뿐 아니라 중소 규모의 기업들이 한정된 예산으로 소기의 성과를 달성할 수 있는 방

법을 제시한다. 더 중요한 것은 예산이 적으면 매니저들이 돈을 신중하고도 효과적으로 쓰게 된다는 것이다. 즉 통합은 회사의 메시지를 전달하는 이상적인 방법이다.

필자는 고객경험을 통합하고자 하는 몇몇 고객들과 함께 일을 한 적이 있었다. 이 통합 전략이 성공하려면, 기업은 각각의 다른 단계마다 그에 맞는 강력한 통합 도구를 사용해야 한다.

첫째, 분석과 전략과 실행은 단절이 없이 통합되어야 한다. 고객중심 분석은 핵심 타깃 집단에게 적절한 가치 있는 경험적 포지셔닝과 경험적 가치 약속을 제공하기 위해 꼭 필요한 절차다. 이러한 포지셔닝과 경험적 가치 약속은 제품과 커뮤니케이션, 매장과 출시 이벤트 등을 통해서 통합된 실행 테마로 구체화되어야 한다.

더 나아가 회사는 브랜드경험, 고객 인터페이스, 지속적인 혁신 등 모든 실행 영역에서 통합된 테마를 전달해야 한다. 그리고 각 요소들 내에서 통합이 어떻게 고객과 회사 모두에게 이익이 될 수 있는지 보여주어야 한다. 광고, 홍보, 매장 디자인을 포함한 브랜드경험의 요소들을 통합하여 한 가지 확실한 통합적인 커뮤니케이션 메시지를 전달해야 한다. 매장 판매직원이나 웹 사이트에서 제공되는 정보에 이르기까지 고객 인터페이스의 구성요소들은 통일되고 통합적인 서비스를 제공하도록 구성되어야 한다. 마지막으로 신제품을 출시하는 경우에 혁신적인 제품, 티저 캠페인(teaser campaign : 제품이나 서비스를 드러내지 않고 궁금증을 일으키도록 하는 일련의 광고기법－옮긴이 주), 출시 이벤트 등은 회사가 통합적인 혁신을 시작하려고 노력한다는 점을 고객에게 분명히 전달할 수 있도록 만들어져야 한다.

가장 중요한 것은 기업이 모든 영역 전반에 걸쳐 통합을 제공하기 위해서는 브랜드경험과 고객 인터페이스, 고객 인터페이스와 혁신, 혁신과 브랜드경험을 연결하는 방법을 보여줄 필요가 있다는 것이다.

회사가 통합의 세 가지 단계를 달성할 수 있는 방법을 좀더 자세하게 살펴보자. 나는 그 방법을 '일관된 전략적 통합' 그리고 '실행 범위 내에서의 통합', '실행 범위들 간의 통합'으로 나누어 제시하고자 한다.(그림 8.1 참조) 다음의 개념과 방법론을 따르면 통합을 고객과의 연결을 실현할 수 있는 강력한 경영관리 도구로 이용할 수 있게 될 것이다.

머리부터 발끝까지 전략적으로 통합하라

CEM 프로젝트의 5단계를 통하면 일관된 전략적 통합이 가능하게 된다. 방식은 이러하다.

일관된 전략적 통합
- 분석, 전략, 실행의 연결

실행 범위 내에서의 통합
- 기호
- 테마

실행 범위들 간의 통합
- 연계

[그림 8.1] CEM 통합의 세 가지 유형

분석과 전략 단계에서는 고객에게 접근할 수 없다. CEM 프로젝트의 머리는 분석과 전략으로 이루어져 있지만, 고객에게는 보이지 않는다. 고객이 보고 얻는 것은 브랜드경험과 고객 인터페이스와 혁신이다. 왼쪽 페이지의 그림처럼 시각적으로 표현된 형태가 당신이 구상하는 전략의 핵심이다. 이러한 실행을 통해 당신은 최초의 분석과 전략의 질을 실현한다. 실행 범위에서는 당신의 회사나 브랜드의 이미지를 창조할 필요가 있다. 바로 이 범위가 경험적 가치 약속을 전달하고, 종합적 실행 테마에 생명을 불어 넣어야 하는 단계다.

CEM 이론의 몇 가지 특징을 활용하면 당신은 일관된 전략적 통합을 달성할 수 있다.

- 개념적으로 CEM 이론에는 한 가지 기원이 있다. '고객중심' 은 CEM 이론 전반에 걸쳐 나타난다. 다시 말해 각각의 단계에는 각 단계를 서로 연결시키는 무수히 많은 고객중심 컨셉과 아이디어가 있고, 한 단계는 자연스럽게 다음의 한 단계로 이어진다. 그에 반해서 많은 마케팅 전략과 전략적 경영관리 이론은 경제학과 사회학, 심리학, 군사전략이 뒤범벅된 것으로, '상식' 으로 여겨지게끔 은유와 일화로 덧칠되어 있다. 이런 이론을 바탕으로 전략적 통합을 이루는 것은 거의 불가능하다. 이것이 바로 제1장에 언급했듯이 많은 매니저들이 왜 실행 단계에서는 전략이 표현되지 못할까 실망하는 이유다.
- 기능적으로 5단계 사이에는 몇 가지 '연계되어 있는 개념' 이 있다. 2단계('경험적 기반')에서의 연계성과 그것들이 어떻게 뒤로는 1단계, 앞으로는 3, 4, 5단계로 표현되는지 생각해 보자. 경험 세계에

대한 분석은 포지셔닝의 선택범위를 체계화하는 데 사용된다. 경험적 가치약속은 브랜드와 고객 인터페이스, 혁신을 관리함으로써 발생할 수 있는 경험 유형(감각, 느낌, 생각, 행동, 관계)을 상술하기 위해 사용된다. 마지막으로 종합적 실행 테마는 스타일과 내용을 나타낸다. 즉 종합적인 실행 테마는 회사가 자신과 자신의 브랜드들에 대해 무엇을 이해시키기를 원하고 어떻게 표현하기를 원하는지를 알려준다.

- 방법론적으로 CEM 이론의 연구 조사 기술은 다양한 단계에서 사용할 수 있고, 그래서 그 이상의 연속성과 전략적 통합을 제공한다. 자연스러운 거주환경에서 이루어지는 연구조사는 고객들이 매일 어떻게 살아가는지를 이해하기 위해, 그리고 경험적 포지셔닝 옵션을 계획하기 위해, 매장 디자인이나 인터페이스를 조사하기 위해, 신제품 개발을 위한 아이디어를 도출하기 위해 사용될 수 있다.

개념적으로 그리고 기능적·방법론적으로 인정할 수 있는 전략적 통합에 대한 이론을 가지는 것만으로는 충분하지 않다. 전략적 통합은 회사의 전략기획과 조직, 그리고 경험 프로젝트에 대한 관리 능력 여하에 따라서 실패하게 될 수도 있다.

경험 프로젝트에서 성공하기 위해서는 모든 사람들이 한 배에 타고 고객경험에 초점을 맞추고 있다는 점을 확신하는 것이 중요하다. 이것은 엔지니어 중심이나 판매 중심 조직에서는 어려운 일일 수도 있다. 게다가 모든 사람들이 자기가 하고 있는 일을 잘 알고 있어야 하고 프로젝트의 어떤 부분에서든 계획을 세우고 실행할 때 그 지식을 고려해야 한다.

전략적 통합을 위해서는 발상의 전환뿐만 아니라 직원 간의 관계와 주도권 소유 구조도 변화해야 한다. 또한 전략적인 통합이 이루어진 후에는 이른바 '통합 챔피언' 격의 독립적인 부서나 책임을 떠맡은 위원회 또는 통합의 유지·관리를 위해 전문적으로 일하는 외부 자문집단이 필요하다. 누가되든 이는 통합된 분석과 전략, 실행을 주도해야 한다.

마지막으로 고객경험을 관리하는 것에 대해 진지한 회사는 세 가지 실행 영역을 관리하는 데 있어서도 끊임없는 가능성을 개발해야 한다. 그 가능성에는 경험 마케팅과 경험 위주의 인적 자원 훈련과 기술, 조직의 창의성이 포함된다. 제9장에서 이 중요한 가능성들에 대해 자세하게 살펴볼 것이다.

실행 범위 내에서의 통합

앞의 세 개의 장에서 우리는 CEM 이론의 실행 범위를 브랜드와 고객 인터페이스와 혁신이라 정의했다. 각 범위는 경험을 전달하는 특별한 실행 요소들을 가지고 있다. 그것은 '경험제공자' 들로《체험 마케팅》에서 소개했던 개념이다. 다음은 실행 영역에서 경험을 제공하는 요소들이다.

- **브랜드경험의 요소** : 회사, 브랜드명, 로고, 광고, 매장 디자인, 웹 디자인 등
- **고객 인터페이스의 요소** : 판매직원, 인터넷 상담, 전화 상담 등에서의 고객과의 상호 작용 등
- **혁신의 요소** : 신제품과 새로운 서비스, 생산라인 증설, 브랜드 확장, 새로운 입소문 캠페인 등

CEM 접근법에서는 이런 다양한 요소들을 통합하는 것이 중요하다. 그 방법에는 두 가지가 있다.

첫 번째 기법은 직접적인 방법이다. 회사는 모든 요소들을 한 영역으로 결합시키기 위한 '기호'를 개발한다. 예를 들어 브랜드경험을 계획할 때는 로고나 매장, 광고, 웹 사이트와 같은 브랜드 요소에서 나타나거나 연상되는 시각적인 브랜드 기호를 만들어낸다. 여기에는 색채와 형태, 기호를 가진 아이콘과 그래픽 디자인 등이 포함된다. 고객 인터페이스를 위한 기호의 예를 든다면 직원들 모두가 고객에게 일관된 인사말을 건네는 방법 등이 있는데, 고객이 매장에 들어갈 때 혹은 인터넷으로 구매를 하거나 메일을 받을 때 사용한다. 마지막으로 혁신에 해당하는 기호는 신제품을 출시하고 마케팅을 하는 일관된 방법이 될 수 있다.

좀더 세련된 기법은 종합적인 실행 테마와 비슷하지만 좀더 구체적인 영역의 테마를 개발하는 것이다. 그것은 정확히 주어진 실행 영역의 모든 요소들, 말하자면 브랜드 테마, 공유 테마, 혁신 테마와 관련 있어야 한다.

버튼 스노보드 *Burton Snowboards*는 가장 성공한 스노보드 판매업체인데, 종합적 실행 테마로 '스노보드 사용자 모두를 위한 커뮤니티와 재미'를 이용했다. 역동적이며, 보는 이의 관심을 유발하는 그래픽 디자인 요소 등을 통해 브랜드경험 과정에서 역시 이런 종합적 실행 테마에 생기를 불어 넣었다. 회사는 모든 브랜드 커뮤니케이션과 온라인 웹진(www.showboardermag.com)에 이러한 브랜드 테마를 활용했다.

이 회사가 브랜드 테마를 활용하는 방법은 다음과 같다.
- 스노보드를 타고 아주 높이 점프를 하는 모델 사진을 여기저기 많

은 곳에 설치한다.

- 자극적이며 참신한 그래픽을 사용한다.
- 여러 다른 회사들과 함께 이벤트를 후원하면서 공동으로 브랜드 마케팅을 전개한다.

인터페이스 테마의 예로는 고객들이 W호텔에 머물 때 받는 서비스와 종업원들의 행위를 들 수 있다. 이곳의 인터페이스 테마는 격의가 없고 멋지고 친절한 서비스로 특징지을 수 있으며 호텔직원 모두가 이러한 서비스를 실행한다. 프론트 데스크의 직원은 검은색 정장 차림으로 프로처럼 행동하되 고객을 대하는 태도는 무척 자연스럽다. 전화교환원은 고객이 무엇을 요구하든지, 언제 어느 때 전화를 걸어오든지 상관없이 친절하게 응대하고, 전화를 받을 때는 항상 '무엇이든지', '언제든지' 라고 말할 수 있는 준비가 되어 있다. 그리고 수위와 바텐더, 심지어는 벨보이까지 멋진 관광지를 아주 많이 추천할 수 있다.

혁신을 위한 테마도 개발할 수 있다. '우리는 고객의 삶을 행복하게 만듭니다' 라는 제너럴 일렉트릭의 유명한 기업광고는 하나의 혁신 테마로 볼 수 있다. 이런 광고는 광고 슬로건 그 이상의 의미를 가진다고 봐야 한다. 회사가 수십 년 동안 해왔고 앞으로도 계속할 혁신을 전달하는데 이 슬로건을 사용하기 때문이다.

GE의 예는 그런 테마들이 실행 요소 상호간의 결합력뿐만 아니라 오랜 기간에 걸쳐 진행될 경험의 일관성을 보장해줄 수 있다는 점을 보여준다.

앱솔루트 보드카*Absolut Vodka* 역시 브랜드 테마로 그런 일관성을 제공하는 데 성공하였다. 앱솔루트 보드카는 브랜드 테마를 활용하여 자사의 술을 독창적이며 멋진 방식으로 선전하고 있는데, 이용할 수 있는 거의 모든 수단, 즉 일반광고, 옥외광고, 웹상에서의 광고 등을 활용한다. 2002년 60%에 이르는 시장점유율을 보인 앱솔루트 보드카는 150 종류 이상의 보드카 브랜드가 수입되는 미국 시장을 주도하고 있다. 앱솔루트 보드카의 미국 내 배급업자인 씨그램*Seagram's*이 2001년에 앱솔루트 보드카의 판권을 팔았을 당시, 앱솔루트 보드카는 씨그램 사의 전체 알코올 음료 부문 수익의 약 1/3을 차지하고 있었다. 잘 다듬어진 테마와 일관된 브랜드경험은 커뮤니케이션의 혼란을 없애버릴 수 있고 시장에서 아이콘을 만들어낼 수 있으며 브랜드 소유자를 위한 거대한 돈 버는 기계가 될 수도 있다.

우리가 지금까지 논의했던 것은 통합의 두 가지 유형으로, 하나는 분석에서 전략과 실행에 이르기까지의 일관된 통합이고, 다른 하나는 실행 범위 내에서의 통합이다. 그러나 CEM 접근법을 특히 매력적이고 혁신적으로 만드는 것은 세 번째 좀더 높은 수준의 통합이다. 이는 창조적이고 매우 복잡한 방법으로 실행의 세 가지 영역인 브랜드경험, 인터페이스, 혁신과 연결되어 있다.

실행 범위들 간의 통합

실행 범위들 간의 통합을 제공하는 것은 앞에서 논의된 통합의 유형을 달성하는 것보다 훨씬 더 복잡하다. 주어진 영역에서 고객경험을 실행하는 일은 특별한 훈련과 전문적인 기술을 요하기 때문이다. 브랜드경험의 실행은 내적으로는 마케팅 부서의 경험과 외적으로는 이른바 창조적인 전문 작업을 필요로 한다. 바로 광고, 그래픽 디자인, 웹 디자인 등인데, 외부에서 이런 일을 하는 기업들 대부분은 경영이나 마케팅 전문가가 아니라 예술이나 문학 분야의 전문가들로 구성되어 있다. 인적 자원의 기능은 외부의 서비스 컨설턴트와 함께 내부적으로 고객 인터페이스를 관리하는 것이다. 혁신은 R&D의 영역이고 그것이 마케팅 혁신을 포함하는 한 마케팅 부서와 이벤트 관리 회사의 영역이다.

전문가들은 그들만의 컨셉과 아이디어를 고집하며, 다른 전문 영역에는 고정관념을 가지고 있어 서로 원활하게 일하는 것이 어렵다. 이런 고정관념을 없애는 것은 어렵기도 하고 시간이 오래 걸리는 일이다. 고정관념을 피하고 사람들이 함께 일하도록 하려면, 훨씬 빠르고 유용한 방법으로 상호간 협력이 중요시되는 환경을 조성하는 강력한 관리 개념과 기법을 이용해야 한다.

실행 범위들 간의 통합을 위해서 취할 수 있는 최고의 컨셉과 기법은 '연계성을 만드는 것' 이다. 연계는 영역 내에서의 통합을 위해 사용할 수 있는 기호나 테마와는 다르다. 연계는 창조적이고 특별한 방법으로 고객과 결합하기 위해 두 개의 영역 또는 세 개의 영역 모두를 동시에 이용한다.

예를 들어 당신의 회사가 어떤 브랜드를 위한 독립형 매장을 개점하려 한다고 가정하자. 당신은 매장을 판매 공간만으로 이용하기보다 당신 회사 브랜드의 경험적 기반을 공표하기 위해 혁신적인 이벤트와 퍼포먼스, 판촉 활동을 벌이는 무대로 만들 수 있다. 이러한 이벤트와 퍼포먼스, 판촉 활동에는 패션쇼나 토크쇼, 공연, 강의, 디스코 파티 등 그 브랜드와 잘 어울리는 것이면 무엇이든 포함해도 좋다. 혁신적인 티저 캠페인의 일환으로, 매장을 공식적으로 개점하기 전에 이벤트 공간으로 사용할 수도 있다. 마치 박물관이나 미술관을 개점하기 전에 하는 행사와 비슷하다. 매장을 주변의 고객 커뮤니티와 접촉하기 위한 공간으로 활용해도 좋고 자사의 타깃 고객집단을 위한 혁신요소로 활용할 수도 있다. 일련의 이벤트를 기획하여 매장을 고객에게 널리 알리면서 PR 캠페인을 해도 좋을 듯하다. 혁신성이 돋보이는 제품을 개발하여 계획한 이벤트와 당신 회사의 브랜드를 고객이 다시 한번 상기하도록 할 수도 있겠다. 여기에서 가장 중요한 점은 전통적인 방법으로 매장을 개점하는 것보다 비용을 훨씬 덜 들이면서도 더 높은 효과를 이끌어낼 수 있다는 사실이다.

연계에 대해 자세하게 알아보기 위해 다음의 예들을 살펴보자.(그림 8.2 참조)

브랜드와 인터페이스 사이의 연계

'경험적 판촉' 으로 브랜드경험과 인터페이스 사이에 연결고리가 만들어진다. 경험적 판촉이란 매장에서, 인터넷상에서, 또는 브랜드경험과 연관되는 기타 인터페이스 등에서 발생하는 판촉 이벤트라고 할 수 있다. 경험적 판촉은 가격 할인 이벤트가 아니며 브랜드의 경험적 특징을 활용하는 것이다.

예를 들어 잠바주스 같은 기업이라면 에너지 부스트 *Energy Boost* 의 판촉활동의 일환으로 고객에게 무료여행권을 경품으로 줄 수 있다. 무료여행권의 여행지가 징코 빌로바 *Gingko Biloba* 나 다른 활력 충전용 비타민과 미네랄의 산지인 중국, '정신과 신체의 에너지' 가 하나 되는 곳이라

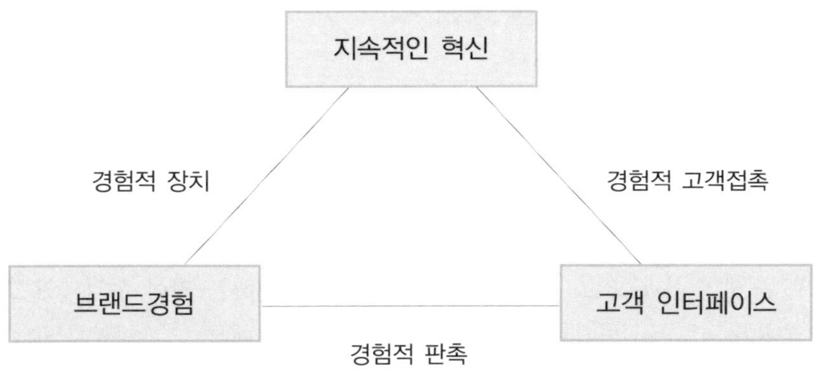

[그림 8.2] 연계의 예

면 더할 나위 없이 좋을 것이다. 호텔이라면 생일날 호텔에 머무는 고객을 위해 생일케이크 같은 뜻밖의 공짜선물을 제공한다면 좋을 것이다.

고객은 쾌락적인 요소에 더 만족하며 확실히 금전적인 보상보다는 경험적 보상을 더 좋아한다. 콜롬비아 비즈니스 스쿨의 동료 란 키브츠 *Ran Kivetz*와 이타마 시몬슨 *Itama Simonson*은 이것을 입증하기 위해 광범위한 연구조사를 실시한 바 있다. 그들은 쇼핑중인 고객들에게 직접 다가가, 설문의 대가로 돈을 원하는지 아니면 크루즈 여행이나 온천여행 같은 보상을 더 좋아하는지 물어본 적이 있다. 대부분의 사례에서 키브츠는 고객들이 금전적 보상보다는 즐거움이 있는 경험을 더 좋아한다는 것을 밝혀냈다. 고전적인 경제이론의 관점에서 보면 고객의 이런 태도는 전혀 이치에 맞지 않는다. 돈만 있으면 즐거움은 얼마든지 살 수 있고, 더 많은 선택의 기회를 얻을 수 있는데 말이다. 그러나 우리는 고객은 실체적인 경험을 선호한다는 사실을 알기 때문에 이를 충분히 이해할 수 있다. 너무나 인간적이지 않은가?

브랜드와 혁신 사이의 연계

이 연계는 필자가 '경험적 장치'라고 부르는 것이다. 경험적 장치는 회사나 브랜드의 입장에서는 새로운 제품이고 브랜드경험을 강화하기 위해 단독으로 존재하는 제품이다. 비록 경험적 장치가 입소문을 퍼트리는 중요 열쇠가 되고, 때로는 경험적 장치를 판매하는 것이 수익사업으로 변하기는 하지만, 원래 경험적 장치는 제품 판매량을 급격히 늘려줄 것이라 기대되는 요소는 아니었다.

많은 패션이나 화장품 브랜드에서는 특별한 향이 나는 양초와 향수가 고객의 브랜드경험을 강화하는 데 아주 효과적인 경험적 장치임이 밝혀졌다. 스타벅스에서 나누어주는 재즈 CD나 빅토리아 시크릿(Victoria's Secret: 내의, 의류, 구두, 액세서리 전문제조사 – 옮긴이 주)의 로맨틱한 테마송이 담긴 CD 등이 바로 경험적 장치들이다. 자동차를 위한 경험적 장치(열쇠고리, 선글라스, 넥타이, 자동차 미니어처 모형)를 판매하는 것 역시 대단히 성공적인 사업 영역임에 틀림없다.

제품의 다양성은 '경험적 장치'로 이용될 수 있고 입소문을 크게 내는 데 사용될 수 있다. 2002년 봄, 유명한 M&M 캔디 제조회사인 M&M 마르스*Mars*는 M&M의 일반 포장에 넣을 새로운 캔디의 색깔을 선택하기 위해 전 세계적인 대규모 고객 반응 캠페인을 펼쳤다. 1995년에 펼친 비슷한 캠페인에서 푸른색 M&M이 탄생했다(1948년에 보라색을 대신했던 황갈색을 또 다시 푸른색이 대체한 것이다). 캔디 애호가들은 두 달 동안 인터넷과 우편을 통해 자신들의 한 표를 던졌다. 결국 투표자의 41%가 자주색에 표를 던졌고 나머지 투표자들은 엷은 청록색과 핑크에 표를 던졌다. 그래서 7월에 M&M 마르스는 새로운 색은 자주색이 될 것이라고 발표했다. 이 투표에는 전 세계의 천만 명에 이르는 사람들이 참가했으며, 이는 M&M 마르스가 고객들과 상호 작용할 수 있는 아주 매력적인 기회였다. 더욱이 회사는 '투표에서 진 사람들' 이 이길 수 있는 방법도 함께 내놓았다. 표준 제품이 아닌 캔디를 원하는 애호가들은 웹 사이트를 방문하여 색깔 고르기 페이지로 들어가면 21가지 색 중에서 하나를 골라 자신만의 캔디를 주문할 수 있다.

인터페이스와 혁신 사이의 연계

인터페이스와 혁신을 연계하기 위해 회사는 '경험적 고객접점' 을 제공해야 한다. 경험적 고객접점은 역동적이며 상호작용이 가능하고 또한 혁신적이다.

예를 들어 회사는 후원자가 되거나 공동 이벤트를 열어 고객과의 상호 작용 기회를 만들 수도 있다. 또 할리 데이비슨*Harley-Davidson* 의 오픈 하우스 같은 정기 고객이벤트를 개최할 수도 있다(물론 이 오픈 하우스에는 새턴*Saturn*이나 BMW 같은 경쟁사의 고객도 참여할 수 있다). 더 나아가 1990년대 중반부터 시작된 인터넷과 전자상거래는 새로운 경험적 고객접촉의 기회를 제공해 주었다. 온라인 시장과 온라인 경매를 통한 B2C와 B2B 거래가 이에 해당한다. 앞으로 몇 년 안에 휴대전화와 같은 디지털 모바일 기기를 이용한 커뮤니케이션과 상거래가 회사와 고객들 사이에서 개인화된 새로운 경험적 고객접점을 제공할 것이다.

경험적 고객접점은 고객과 연결되어 그들로부터 가치 있는 정보를 얻을 수 있는 최상의 방법이다. 그런 의미에서 경험적 고객접점은 또 다른

복잡한 조사기법인 '자연스러운 주거환경' 조사기법으로도 사용될 수
있다.

요약 CONCLUSION …　통합은 다양한 단계에서 발생하는 강력한 도구다. 즉 분석에서 시작하여 전략 그리고 실행까지, 실행 영역 안에서 그리고 실행 영역을 넘어서까지 통합은 중요한 도구로 자리매김했다. 그러나 회사가 올바른 생각과 기법을 가지고 있다고 반드시 통합이 가능한 것은 아니다. 모든 고객경험 관리처럼 통합이 반드시 지적인 관리도구도 아니다. 조직 내에서 실제로 통합을 달성하기 위해서, 경영관리와 조직상의 필요조건이 충족되어야 한다. 마지막 장에서는 이런 조직상의 필요조건에 대해서 논의하고 유익한 고객경험을 전달하기 위한 완전한 CEM 모델을 살펴보겠다.

고객경험 관리를 위한 조직을 만들어라

이제까지 CEM 프로젝트를 관리하기 위한 이론과 고객 접점 전반에 걸친 경험을 통합하기 위한 이론을 살펴보았다. 이제 CEM을 효과적으로 전개하기 위한 조직정비 방법에 관해 살펴볼 것이다. 고객을 수익의 원천인 핵심적인 금융 자산으로 본다면, 회사는 더 많은 수익을 끌어내기 위해 고객경험에 투자해야 한다. 고객경험에 투자하려면 바로 CEM을 전개할 내부자원들을 적절히 배분해야 한다. 즉 조직을 갖추어야 한다는 것이다. 더욱이 회사는 직원들을 긍정적인 경험을 원하는 고객으로 여기고 그에 합당한 대우를 해 주어야 한다.

CEM 실행을 위한 조직 구성 원칙

CEM을 효과적으로 전개하기 위한 조직을 구성하는 데는 다음과 같은 세 가지 요소가 꼭 필요하다.

1. **고객을 위한 CEM의 재무계획을 세워라** : CEM의 궁극적인 목표는 회사와 고객 사이에 공정하며 상호간에 유익한 장기적 비즈니스 관계를 형성하는 것이다. 고객들은 특정한 회사의 상품과 서비스를 통해 자신의 삶과 비즈니스를 개선시킬 수 있기 때문에, 거래를 통해 재정적인 보상을 기꺼이 제공하는 것이다. 또한 충성스러운 고객이 되고 장기적으로는 새로운 사업기회를 가져다주기도 한다. 기업이 생각하는 고객의 가치는 고객주주 *customer equity*를 통해 증가하고, 그에 따라서 회사는 성장하여 수익을 낼 수 있을 것이다. 그러므로 고객은 회사가 CEM을 통해 투자하는 자산이라고 볼 수 있으며, 투자수익(Return On Investment : ROI)을 기대할 수 있다. 고객에 투자하기 위해 재무계획에 착수하면서, 회사는 고객경험이 고객가치에 영향을 미칠 수 있는 모델을 개발해야 한다.

2. **조직의 자원을 적절하게 배분하라** : 고객경험을 개선하고 고객가치를 증가시키려면 내부자원이 필요하다. 회사는 고객에게 지속적으로 매력적인 경험을 전달하기 위해서 CEM을 시작하는 데 재정·조직·인적자원이 얼마나 어떻게 필요한지 확인해야 한다. 이런 자원들은 앞에서 살펴보았던 고객경험의 세 가지 실행 영역인 브랜드경험, 고객 인터페이스, 혁신에 알맞게 각각 할당되어야 한다.

3. **직원경험을 증대시켜라** : 경험의 개념은 외부 고객뿐만 아니라 내부고

객, 즉 회사의 직원들에게도 적용된다. CEM을 인적자원 관리에 적용하는 것은 단순히 몇 가지 절차를 조정하는 것에 그치지 않는다. CEM은 직원들을 통제하고 도전과 협동을 강조하고, 그에 따른 보상을 주는 일반적인 형태의 인적자원 관리(HR : Human Resources)를 훨씬 뛰어넘는 전혀 새로운 인적자원 관리라고 볼 수 있다. 경험을 중시하는 조직에서는 회사의 전 계층에 걸쳐 모든 구성원들이 새로운 형태의 자기발전을 도모할 수 있다. 이것이 바로 회사가 직원에게 줄 수 있는 직원경험이다. 이런 조직의 직원들은 좀더 많은 경험을 즐기며 그래서 좀더 만족스럽고 생산적인 삶을 살 수 있다. 당연히 이런 직원들은 고객에게 멋진 경험을 전달하려는 동기부여가 확실하고 능력을 충분히 발휘한다.

여기 마지막 장에서 이 세 가지 광범위한 조직상의 테마와 임무를 중점적으로 다룰 것이다. 세 가지 테마는 바로 고객경험과 고객가치 사이의 관계를 정량화하고 정의하는 것, 조직의 자원을 효과적으로 할당하는 것, 직원의 경험을 강화하는 것이다.

완전한 CEM 모델*The complete CEM model*은 내부 인적자원이 고객경험에 어떠한 영향을 미치고, 반대로 고객경험은 어떻게 회사에 수익을 가져다주는지 보여준다(그림 9.1 참고). 이 모델은 앞의 장에서 논의되었던 CEM 이론과 조름 다른 개념이다. CEM 이론과 완전한 CEM 모델은 모두 중요한 관리 도구다. 이론은 CEM 프로젝트를 실시하기 위한 단계적인 항해 장치로, 적절한 개념과 방법론을 가지고 있다. 완전한 CEM 모델은 실질적인 결과물을 도출할 수 있는 고객경험과 조직구성상의 필요조건인 고객경험, 이 두 고객경험 사이의 경험적 관계를 정의하고 정량화할 수 있게 해 준다. 그 측정 기준을 통해 당신은 완전한 CEM 모델을 채점 기준으로 삼을 수 있다. 어떤 부분이 잘 되어가고 있고, 어떤 부분에서 개선이 필요한지 파악할 수 있게 되는 것이다.

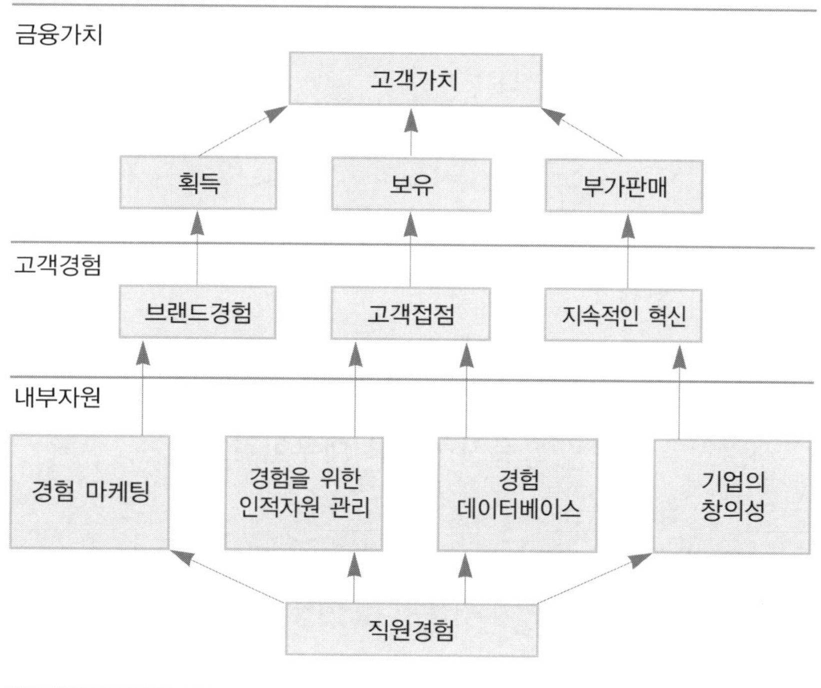

[그림 9.1] 완전한 CEM 모델

※ 부가판매 *add-on selling* : 짐 도만스키 *Jim Domanski* 의 책 《Add-on selling : How to squeeze every last ounce of sales potential from your calls?》에 등장하는 개념으로 고객과 전화로 접촉할 때 제품을 판매할 수 있는 여지를 마지막 한 방울까지 쥐어짜내는 법을 설명한 용어 – 옮긴이 주

그리고 CEM에 대한 투자로부터 기대할 만한 보답을 정확하게 뽑아낼 수 있다. CEM 모델은 당신이 정확한 정보에 근거해 투자, 내부인력, 기

술에 대해 결정을 내리는 데 도움을 줄 것이다.

모델의 가장 위쪽에는 이 장에서 가장 중요한 용어 중의 하나인 고객가치가 있다. 여기서는 우선 고객가치를 정의하고 그것의 구성요소를 논의할 것이다. 그러고 나서 고객경험의 다양한 실행 영역(브랜드경험, 인터페이스, 혁신)이 고객가치에 어떻게 영향을 미치는지 생각해 보려고 한다.

그 다음 모델의 아래쪽으로 내려가서 고객경험을 창조하고 상화하기 위해 필요한 조직적인 필요조건을 조사할 것이다. 이 필요조건들은 경험의 여러 가지 관점과 어떻게 관련되어 있는가? 이 장의 끝에서는 직원경험과 그것을 이용해 조직의 각 부문에서 동기를 유발할 수 있는 방법을 살펴보려고 한다.

고객가치 : 고객을 금융자산으로 대우하라

고객가치는 '모든 고객의 감가된 생애가치의 합'이라고 정의된다. 고객가치라는 개념은 마케팅과 경영관리를 재정적 성과와 연결할 필요에 따라, 1990년대 말 측정도구(박스 9.1 참조)로 등장한 개념이다.

고객가치라는 개념을 적용하면, 매니저는 재정적 평가기법과 고객에 관한 데이터를 활용하여 고객 라이프사이클 전체에 걸쳐 자산의 획득과 보유, 부가판매를 최적화할 수 있다. 이를 위해서는 다음과 같은 세 가지 단계가 필요하다.

1. 관련 있는 고객 데이터 특히 획득 비율, 보유 비율, 추가구입 비율에 관한 자료를 모으라.

2. 다음의 중요한 네 가지 측정지표를 계산하기 위한 자료를 준비하고
   마케팅 비용과 이윤을 산출하라. 네 가지 중요한 측정지표는 고객
   의 일생에 걸친 '기대 획득가치*expected acquisition equity*'와 '보유
   가치*retention equity*', '기대 부가판매 가치*ass-on selling equity*', 그리
   고 '종합적으로 기대되는 고객가치*overall expected customer equity*'
   이다.
3. 회사가 고객가치를 최대한 확보하기 위해 획득 전략과 보유 전략,
   부가판매 전략을 개발한다.

고객가치나 '고객의 생애가치'를 측정하기 위한 여러 가지 공
식이 있다. 콜롬비아 비즈니스 스쿨의 동료인 수닐 굽타*Sunil
Gupta*와 도널드 르만*Donald Lehmann*은 연간 판매 수익률을 고객
생애가치에 대한 평가로 전환하는 간단한 공식을 개발했다. 그렇
게 하려면 그들이 판매수익 배수*margin multiple*라고 부르는 인수
를 판매수익에 곱해야 한다. 판매수익 배수는 1/(1 + 감가율 - 보유
비율)이다. 감가율은 자본 비용이고 보유비율은 (시장 연구조사나
회사의 고객 데이터베이스로부터 평가받은 것처럼) 1년 동안 유지되는
고객의 비율을 말한다.

박스 9.1 고객가치의 측정

고객가치를 측정하는 또 다른 방법은 마코프*Markov*의 스위칭
매트릭스*switching matrix*에 의한 것인데, 스위칭 매트릭스는 브랜

드 스위칭*brand switching*을 만들어내기 위해 마케팅 담당자들이 오랫동안 이용해오고 있는 모델이다. 이 모델에서 고객은 다음에 제품구매를 할 때까지 최초 구매했던 제품을 생산하는 회사의 고객으로 유지될 가능성이 아주 높다는 것이다. 또한 마코프의 스위칭 매트릭스에서는 특정한 브랜드의 보유 가능성은 다른 경쟁사의 브랜드로 전환될 가능성이 항상 있다고 한다. 매트릭스를 구매 빈도와 양에 관한 정보와 결합시키면 개별적인 고객자산이 도출되고, 개별적인 고객자산을 모두 합하면 회사의 전체 고객가치가 나온다고 한다. 스위칭 매트릭스 만들기는 그리 복잡하지는 않다. 그러나 당신은 시장조사를 하고, 고객에게 정기적으로 다음과 같은 질문을 해야 한다.

"가장 최근에 사용한 제품은 무엇입니까? 나중에 후속 제품을 살 가능성은 얼마나 됩니까? 얼마나 자주 그 제품을 사용하나요? 매 구매를 위해 어느 정도의 시간을 소비합니까?"

그리고 회사는 고객가치를 계산하기 위해 수시로 할인율과 평균기여수익, 고객의 수, 시장의 크기 같은 경영관리와 관계있는 정보를 모으고 평가해야 한다.

또한 획득과 보유, 부가판매 자산과 같은 고객가치의 관점을 측정하기 위한 공식들이 있다. 그렇지만 중요한 문제는 고객가치를 측정하는 것이 아니고 CEM을 통해 그것을 관리하고 강화하는 것이다. 그렇게 하려면 고객경험과 고객가치 사이에 관계를 모델화해야만 한다. 이렇게 하려면 브랜드경험과 고객 인터페이스, 혁신이라는 세 개의 가치요소 각각의 측정 기준을 만들고 그것들을 시장조사를 통해 평가해야 한다. 그 다음에는 회귀분석모델과 같은

모델을 통해 위의 세 개의 가치요소를 고객가치 척도에 연결시켜
야 한다(박스 9.2 참조).

마지막으로 완전한 CEM 모델은 재무효과와 CEM의 투자수익률
*ROI*를 추정하는 데 사용될 수 있다. 고객가치의 요소를 개선하는
데 들어가는 비용을 자본투자로 여기면, 그 비용이 자본을 초과하
는지 아닌지 확인하기 위해 투자수익률을 계산해본 다음, 고객가
치의 개선이 수익성이 있는지 아닌지 결정할 수 있다.

※ Sunil Gupta and Donald Lehmann, 'Untangling the Values of Web Companies'
《Financial Times Mastering Management》, ed. James Pickford
(London : Prentice-Hall, 2001, 2.0 ed.), pp. 403~407.
Roland T. Rust, Valerie A. Zeithalm, and Katherine N. Lemon,
《Driving Customer Equity》, New York : The Free Press, 2000.

고객가치라는 개념은 브랜드가치를 연상시킬지도 모른다. 이 두 개의
아이디어는 마케팅 세계와 금융 세계를 연결하는 장치이며, 자산 관리에
관계된 것이다. 그러나 고객가치가 훨씬 더 유용한 개념이다.

브랜드가치는 '브랜드와 관련한 자산과 부채'로 정의하고, 이름과 로
고 인지도, 브랜드의 연합이라는 관점에서 종종 정량화된다. 그러나 여
기에는 문제점이 있다. 이 많은 브랜드가치 척도는 기억력, 인식, 이미
지, 평가 등을 일일이 추적해야 구할 수 있다. 그러나 고객가치와는 대조
적으로 브랜드가치는 고객행동에서 확실한 결과를 측정하지 못한다. 브
랜드 이론가들은 브랜드 인지도와 브랜드 연상이 고객충성도, 더 높은
수익률, 증가된 시장점유율, 높은 수준의 고객획득, 입소문의 증가 등과

관련 있다고 주장해왔다. 그러나 브랜드가치의 어떤 면이 측정된 결과와 관계있는지 그리고 효과는 얼마나 되는지 정확히 알지 못하면, 그 개념은 브랜드가치를 강화하고자 하는 전략에 투자한 고위 경영진과 투자자들에게는 거의 확신을 주지 못한다.

바로 이것이 브랜드가치 개념이 마케팅과 경영관리 분야에서 점점 더 많은 비판을 받고 있는 이유이다. 또한 고객중심 전략을 위한 통찰력과 안내를 거의 제공하지 못하는 '근본적인 제품 중심의 개념'으로 인식되면서 큰 도전을 받고 있다.

> 고객을 자산으로 보는 것은… 브랜드가치를 가장 중요한 마케팅 자산으로 다루는 것과는 상당히 다르다. 고객을 자산으로 보는 관점은 브랜드와 서비스 전 영역에 걸쳐 회사의 전체 미래 순현금 흐름에 중점을 둔다. 즉 브랜드라는 한정된 시각으로만 고객을 바라보는 게 아니라는 것이다.

결과적으로 회사들은 고객가치에 중점을 둔 전략보다 제품이나 브랜드에 중점을 둔 전략을 더 많이 활용하고 있다. 고객가치는 회사가 고객으로부터 얻는 가치를 극대화하도록 정량화 수단을 제공한다.

아직도 고객가치 척도는 고객이 회사에 제공하는 금융가치를 추적하는 데 도움이 되는 반면, 그 가치를 증가시킬 목적의 전략적 길잡이 역할은 별로 하지 못하는 단점이 있다. 이것이 CEM이 등장한 이유다. CEM은 고객가치를 만들어낼 수 있고, 고객경험이 어떻게 고객가치에 영향을 미치는지 명확하게 보여준다. 그래서 CEM은 회사가 고객에게 기꺼이 투자할 수 있도록 고객가치를 훨씬 유용한 개념으로 만들기도 한다.

고객경험을 고객가치와 관련시켜라

CEM 모델에 따르면 브랜드경험과 고객 인터페이스, 혁신은 고객가치를 만들어내는 중요한 요소이다. 그리고 각각의 실행 영역은 대체로 고객가치의 다른 구성요소에 영향을 미친다. 즉 브랜드경험은 보통 고객확보에 영향을 미치고 고객 인터페이스는 고객 보유에, 혁신은 부가판매에 영향을 미친다.

브랜드경험은 고객 확보에 영향을 미친다. 브랜드경험은 경험적 제품 특성, 형태와 느낌, 경험적 커뮤니케이션에 대한 고객의 인식을 나타내기 때문이다. 고객은 이 모두를 합하여 브랜드가 매력적인가를 판단한다. 브랜드가 매력적이지 않다고 생각하는 고객들은 선택권이 없거나 가격이 아주 싼 경우가 아니라면 그것을 사지 않는다. 그러므로 당신이 제품의 경험적인 면과 형태와 느낌, 경험적 커뮤니케이션을 관리하고 개선함으로써 브랜드경험의 가치를 증가시킬 때, 새로운 고객을 유치할 수 있다.

고객 인터페이스는 고객보유에 영향을 미친다. 왜냐하면 인터페이스는 주고받는 것이고, 고객이 회사와의 관계에 만족하여 다시 그 제품을 구매할지 말지를 결정할 때는 회사와의 상호 작용이 주요 역할을 하기 때문이다. 그래서 고객 인터페이스는 일반적으로 고객보유를 결정하는 데 가장 중요하다. 만약 고객들을 위해 인터페이스를 쉽고, 편리하며 재미있게 만들어서 새로운 가치를 창조한다면 고객들은 반복해서 제품을 사게 될 것이다.

마지막으로 혁신은 그것이 작은 변화건 돌파구를 찾기 위한 것이건 마케팅 혁신이건 간에, 부가판매에 결정적이다. 고객은 대부분 그들이 잘 알고 있는 회사에서 더 많이 구매한다. 그러나 그들에게 선전하는 부가 제품 또한 새롭고 혁신적이어야 한다.

통합은 부가적인 가치에 더 많이 기여한다. 통합이 성공하면 브랜드인 지도를 높일 수 있으며, 불완전하게 통합된 브랜드에 들이는 획득원가보다 더 낮은 비용으로 더 많은 고객들을 끌어들여 고객가치를 더할 수 있게 된다. 통합은 또한 다양한 인터페이스를 통해서 고객과 깊이 있는 관계를 만들어낼 것이고, 그래서 더 적은 비용만으로 더 많은 고객들의 충성도를 유지할 수 있게 된다. 그리고 마침내 통합은 제품 포트폴리오 안에서 신제품들을 더 중요하게 만들어 부가판매를 강화할 것이다.

고객을 획득하고 유지하며 오랜 기간에 걸쳐 그들에게 더 많은 제품과 서비스를 파는 것은 어느 사업에서나 필수적이다. 어떤 시점에서든, 회사는 고객 확보, 고객 유지, 부가판매에 집중함으로써 얻게 되는 최고의 것이 무언지 결정해야 한다. 그에 따라 자원을 브랜드와 인터페이스, 혁신에 적절히 할당하는 것이 좋다. 예를 들어 연구조사에 의하면 고객을 획득하는 데는 많은 초기비용이 소요되기 때문에, 처음 몇 년 동안 고객 유치에 따른 수익성은 그다지 높지 않다는 사실이 밝혀졌다. 그러나 시간이 흐를수록 충성고객에게 서비스하는 데 드는 비용은 낮아지고, 대신 고객들의 구매량이 늘고 주위에 추천을 해 주는 경우가 늘어나면서 이익은 커진다. 몇몇 연구에 따르면 고객 유지율이 5% 증가하면 수익은 25~90% 정도 증가한다. 그리고 충성도가 높은 고객은 또한 회사로부터 받은 제안을 더 많이 시험해 보고 그래서 부가판매 가치에 기여하려고 한다. 그 결과 회사는 브랜드경험과 인터페이스, 혁신을 개선하기 위해 자원을 다르게 할당할 수도 있다.

브랜드와 인터페이스, 혁신이라는 고객경험의 다양한 측면과 고객가치를 연관시키는 것은 최고의 전략이기도 하면서 실제로 효과가 뛰어나다. 그러나 이들 사이의 관계를 명확하게 하기를 원한다면 자신의 상황에 맞게 그것을 실제로 시도해 보는 실험을 통해 확립시켜야 한다. 고객가치와 세 가지 경험 영역을 위한 측정 기준을 개발하고, 그것들을 서로 결합시키며, 경험적 모델을 개발하고 그것을 통해 성공의 측정지표를 만들면 된다(박스 9.2 참조).

고객가치를 관리하기 위해 CEM을 이용함과 동시에 고객경험과 고객가치를 강화시키기 위해 조직적으로 무엇이 필요한지 자문해 보아야 한다. 이 장의 처음에 나오는 그림 9.1의 아래에서 설명한 이 문제를 한번 살펴보도록 하자.

CEM 조직의 필요조건

그림 9.1에서 보았듯이 바람직한 고객경험을 창조하기 위해서는 네 가지 조직상의 조건이 필요하다. 즉 '경험 마케팅'과 '경험을 위한 인적자원 관리', '경험 데이터베이스', '기업의 창의성'이 그것이다.

경험 마케팅에서 조직을 구성하는 기술과 능력은 올바른 브랜드경험을 디자인하는 데 중요하고, 경험을 위한 인적자원 관리와 경험 데이터베이스는 고객 인터페이스를 조직화하기 위한 인적·기술적 숙련도와 능력과 관련이 되어 있다. 기업의 창의성은 지속적인 혁신을 하기 위해서는 꼭 필요한 요소다.

박스 9.2 경험 범위에서 성공의 측정

바람직한 고객경험이 성공적으로 전달되었는지를 측정하려면 고객경험의 실행 영역인 브랜드경험과 고객 인터페이스, 혁신을 위한 각각의 측정기준이 개발되어야 한다.

브랜드경험은 경험적 특징, 형태와 느낌, 경험 커뮤니케이션을 평가하는 척도로 측정할 수 있다. 예를 들어 리케르트 *Likert* 척도나 의미론적 차이를 이용하는 척도를 이용하는 것이다. 전문가, 예를 들어 제품 디자이너나 포장 디자이너, 그래픽 디자이너, 광고 담당 매니저들을 대상으로 할 수도 있지만, 이상적인 것은 고객을 대상으로 하는 것이다. 또한 경쟁사의 브랜드경험이나 다른 산업으로부터의 경험적 벤치마킹을 해야 할 경우도 있다. 이 경우에 가능하면 갭 스코어(gap score : 두 요소 간의 차이나 간격을 수치화하여 점수로 나타낸 것 – 옮긴이 주) 계산법을 이용하는 것이 좋다.

비슷한 방법으로 인터페이스와 혁신의 측정도 전문가나 고객들을 대상으로 할 수 있다. 인터페이스의 경우 모든 거래와 상호작용을 평가하는 데 중요하며, 필요하다면 인터페이스들에 대해 그동안의 경험을 바탕으로 가중치를 주는 것이 중요하다. 그리고 혁신의 경우, 평가는 모든 신제품에 대해 행해져야 하며 3~5년 주기로 정기적으로 행해져야 한다.

마지막으로 통합을 측정해야 한다. 이것은 몇 가지 통합 척도를 사용하면 되는데, 세 가지 경험적 영역에서 회사의 전략에 일관성과 지속성이 어느 정도인지 고객에게 질문을 함으로써 측정할 수 있다.

필자는 위에 언급했던 것처럼 컨설팅의 일환으로 맞춤식 평가 방법을 개발해왔다. 더욱이 개인의 경험요소와 고객가치 전반에 걸친 통합의 효과를 측정하기 위해 간단한 회귀분석모델을 사용해 보면, 고객경험은 고객가치와 관련될 수도 있다. 회귀분석의 가중치는 비즈니스에 대한 각각의 경험 구성요소의 중요도와 통합의 중요도를 나타낸다. 당신은 또한 특별한 관계(예를 들어 브랜드 경험이 고객획득가치와 고객유지가치, 부가판매가치에 어느 정도 영향을 주는지)를 조사하기 위해 좀더 세련된 모델을 만들어낼 수 있다.

경 험 마 케 팅

제1장에서 설명하였듯이 전통적인 마케팅은 고객중심이 아니다. 대신에 그것은 기능적 특징과 제품의 편익이라는 부분에만 초점을 맞추고 있다. 즉 시장의 경쟁 현황을 크고 넓은 관점에서 보지 못하며, 고객을 합리적인 의사결정자로 취급한다. 전통적인 마케팅에서는 제품이 제공하는 이미지와 상상력의 특징을 설명할 수 없다. 따라서 고객이 자주 감정적으로 그리고 충동적으로 구매한다는 것을 알지 못하고 고객경험을 연구 조사할 적당한 방법을 제시하지 못한다.

고객경험 중심이 되기 위해서는, 마케팅의 전 분야와 마케팅 관련 기관들이 변해야 한다. 이론과 개념, 방법론뿐만 아니라 브랜드매니저, 제품매니저, 커뮤니케이션매니저 그리고 시장조사자들의 마음가짐도 변해야 한다. 마케팅은 조직적인 기술과 가능성으로 내가 경험 마케팅이라고 부르는 것을 채택해야 한다. 필자는 전작에서 이 새로운 마케팅 방법론에 대한 주요 개념을 소개했고, 이 책에서 그 구체적인 실행 방법에 대해 언급했다. 그리고 경험 마케팅 철학은 CEM 이론에 대한 기본 원리를 제공한다.

경험 마케팅은 제품 대신에 사용과 소비 환경에, 그리고 제품의 특징 대신에 경험의 유형에, 고객이 고객 접점에서 받는 자극을 모아 통합하는 데 중점을 둔다.

이런 이유로 마케팅 담당자들이 마케팅의 업무와 그리고 자신들의 직업을 새롭게 정의해야 한다고 본다.

바람직한 브랜드경험을 전달하기 위해 브랜드와 제품, 커뮤니케이션 매니저들은 스스로를 브랜드를 감시하고 보호하는 역할에서 그치는 브랜드 관리인으로만 생각해서는 안 된다. 이들은 브랜드를 만들어내는 역할도 해야 한다. 그래서 브랜드가 모든 고객 접점에서 살아 숨쉬는 존재가 될 수 있도록 말이다. 만약 당신이 은유법을 기대한다면, 전쟁과 법정은 잊어버려라. 대신에 영화와 쇼 비즈니스를 생각하라! 브랜드 생산자는 시선을 끌고 가치를 창조하는 브랜드경험을 무대에 올릴 수 있는 기회를 놓쳐서는 안 된다.

마찬가지로 마케팅 연구가들은 자신들이 자연적인 상황에서 현실적인 자극을 이용해야 한다는 사실을 이해해야 한다. 연구에서는 상품과 서비스를 이용할 때 고객들이 직면하는 상황을 적절히 나타내야 한다. 마케팅 연구가들은 경험을 중시하는 과학자이면서 동시에 고객을 연구하는 인류학자들이기도 하다.

이것을 실체의 변화는 없는, 단지 용어의 변화만으로 보지는 말라. 이러한 방식들은 기본적으로 마케팅의 직무를 정의하고 마케팅 분야를 고객과 회사에 실제로 가치를 제공하는 쪽으로 재정립하는 새로운 방법이다.

경 험 을 위 한 인 적 자 원 관 리

당신은 직원들이 고객에게 얘기를 하고 상호작용을 하며 정보를 제공할 때마다 바람직한 인터페이스 경험을 만들어낸다고 어떻게 확신할 수 있는가?

회사의 사명과 비전, 가치에 인간 행동을 동조시키려고 하는, 많은 전통적인 인적자원 관리 이론과 실천론은 너무 모호하고 광범위한 조직목표에 중점을 둔다. 우리가 필요한 것은 인적자원을 고객중심으로 훈련시키는 것이며 직원들의 행동을 이에 맞게 차츰차츰 변화시켜 고객에게 적절한 경험을 전달하는 것이다.

예를 들어 어떤 조직이 모든 인터페이스에서 고객과 분명한 커뮤니케이션을 하기로 결정했다고 가정해 보자. 모든 직원의 행동이 어떻게 바뀌어야 한다는 뜻일까? 직원들을 어떻게 고용할 것인가? 그리고 그들을 어떻게 훈련시킬 것인가?

필자는 그런 질문을 정확하게 처리하기 위한 방법론으로 '경험을 위한 인적자원 관리'를 개발했다. 경험을 위한 인적자원 관리는 바람직한 인터페이스 경험을 조정하기 위해 다음과 같은 5단계의 인적자원 프로세스를 사용한다(그림 9.2 참고).

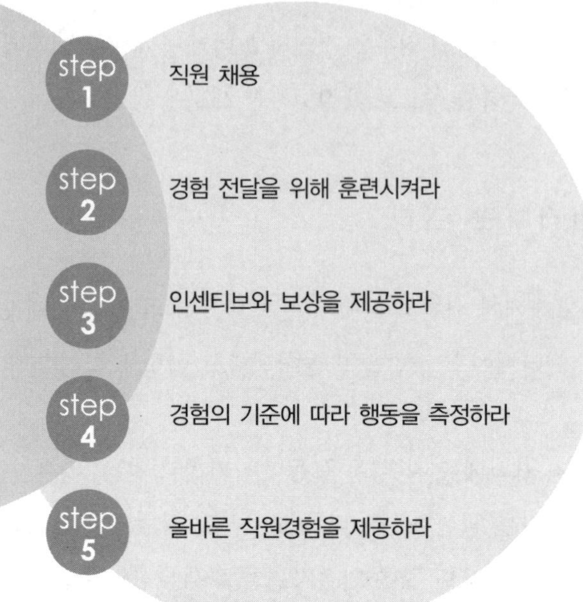

[그림 9.2] CEM을 중심으로 직원 행동을 조절하기 위한 5단계 프로세스

1. **직원의 채용** : 고객 인터페이스를 위해 직원들을 채용하려고 할 때, 당신은 단지 그들의 이력서를 충분히 조사하는 것 이상을 해야 한다. 그들의 경험과 태도를 살펴보고 고객경험에 중점을 두는 데 전력을 다할 사람인지 아닌지를 평가해야 한다. 그들은 사람들을 즐겁게 해 주는가? 고객경험의 중요성을 이해하는가? 고객들을 위해 기억에 남을 만한 경험을 제공하기 위해 기꺼이 정력을 소비할 것인가? 당신은 그것을 어떻게 알 수 있는가? 주어진 상황에서 무엇을 할 것인지 또는 어떤 역할을 할 것인지 그들에게 물어보라.

2. **경험 전달을 위해 훈련시켜라** : 일단 경험적 기술과 태도를 가진 직원들

을 고용하면, 그들이 올바른 경험을 고객에게 전달하도록 직장 내 훈련이 필요하다. 훈련을 시키는 것은 간단히 직원들에게 판에 박은 말을 가르치고 미리 만들어놓은 각본대로 연습시키는 것을 의미하는 것이 아니다. 직원들은 자신들의 역할이 얼마나 중요한지 이해해야 하고 고객경험을 증대시키기 위한 새로운 방법을 자유롭게 찾아야 한다. 당신은 또한 직원들이 어떤 역할을 하든지 항상 고객의 입장에서 생각하도록 그들을 격려해야 한다. 그들이 상품이나 서비스를 팔든 아니든 간에 직원들 스스로 고객의 입장이 될 수 있도록 해야 한다.

3. **인센티브와 보상을 제공하라** : 일반적인 훈련만으로는 직원들이 장기간에 걸쳐 고객중심이 되도록 하기에는 충분하지 않다. 직원들의 지속적인 고객중심 성과에 대해 보답하기 위해서는 인센티브와 보상을 제공하는 것이 중요하다.

4. **경험의 기준에 따라 행동을 측정하라** : 이런 격언이 있다. '측정할 수 있으면 이룰 수 있다.' 매니저들은 고객경험에 초점을 둔 성과기준에 따라 바람직한 직원 행동을 측정해야 한다. 직원들은 이 기준에 근거하여 자신들의 성과에 대해 피드백을 받아야 한다.

5. **올바른 직원경험을 제공하라** : 마지막으로 직원들을 인터페이스 디자인에 관련시키는 것이 중요하다. 당신은 고객 인터페이스에 대해 직원들이 가능한 한 많은 제안을 하도록 유도하고 그들이 제안한 것을 채용하도록 노력해야 한다. 이렇게 되면 직원들은 고객에게 최고의 서비스를 제공하려 할 것이다. 게다가 그들의 일이 도전적이며 개인적인 보상이 있을 거라는 사실을 확실하게 알려주어야 한다. 만약 직원들이 지루해하고 스트레스를 받거나 매니저가 자신들의 제안을

무시한다는 생각이 들면, 그들은 고객에게 훌륭한 경험을 전달하려
는 의욕을 잃게 된다.

경 험 데 이 터 베 이 스

고객 데이터베이스는 인터페이스, 특히 전자적인 인터페이스를 구성
하는 데 필요한 또 다른 내적 필요조건이다. 그러나 이러한 데이터베이
스는 고객이 그 인터페이스 예를 들어 은행계좌나 비행기 탑승 기록이나
온라인 주문 등에 접근하려고 할 경우, 경험에 초점을 맞춰야지 단지 내
부적인 기록이나 계정 도구에만 초점을 맞추는 것이어서는 안 된다. 즉
'경험 데이터베이스' 가 되어야 한다.

데이터베이스에 있는 세부항목들을 보면 고객은 회사의 우선적 고려
사항이 내부적인 경영인지 아니면 고객경험인지 확인할 수 있다. 예를
들어 고객이 자신의 패스워드를 선택할 수 있는가 아니면 회사가 그것을
일방적으로 지정하는가를 놓고 보자. 회사가 임의대로 고객의 패스워드
를 지정해줄 경우, 과연 고객이 패스워드를 중요하고 기억하기 쉬운 것
으로 바꿀 수 있을까? 패스워드는 선택하기가 쉬운가, 아니면 아주 복잡
한 규칙이 있는가(최소한 8개의 문자 중 적어도 2개는 숫자이어야 하며 하이픈
과 같은 기호여서는 안 된다 등). 고객이 패스워드를 잊어버렸을 때 무슨 일
이 일어날까? 새 패스워드를 만드는 것은 쉬운가, 아니면 느림보 메일
(snail-mail : 일반 우편 서비스를 가리키는 속어로 전자우편에 비해 엄청 느리다
는 뜻이다. ―옮긴이 주)을 이용해서 새로 패스워드를 받아야 할까? 고객은
회사가 자신들의 경험에 대해 얼마나 생각하고 배려하는지에 대해 아주
민감하다.

또 다른 예를 살펴보자. 고객과 직접적으로 접촉하는 영업직원들이 고객과 상호작용을 할 때 이용할 수 있는 정보는 무엇이 있는가? 직원들이 고객에게 더 나은 서비스를 하는 데 그 정보가 도움이 되는가? 최신 정보인가? 그것은 실시간 정보라고 할 수 있는가?

마지막으로 당신의 데이터베이스는 특별한 정보를 저장하기 위한 공간을 제공해야 한다. 데이터베이스에는 당신 회사 브랜드에 충성하는 고객의 특별한 기념일을 축하하기 위한 정보가 포함되어야 한다. 만약 당신이 항공 산업에 종사하고 있을 경우 고객이 50번, 100번, 500번의 해외여행을 했을 때 시스템은 당신에게 그 사실을 환기시켜 주도록 만들어져야 하며, 이런 일이 발생했을 때 당신은 고객을 위해 특별한 무엇인가를 준비해야 한다. 만약 당신이 전화 회사에 다닌다면, 고객의 생일날 문자 메시지를 보내야 한다. 그것이 바로 '경험 데이터베이스' 가 하는 일이다! 데이터베이스는 고객이 관심을 가지고 있는 정보뿐만 아니라 직원들이 고객에게 서비스하기 위해 이용할 수 있는 정보들도 기록해야 한다. 데이터베이스는 회사를 위해서는 내부자료를 보존하는 장치가 되어야 함은 물론이고, 차별화된 서비스를 제공하도록 분명히 고객중심으로 구성되어야 한다.

기 업 의 창 의 성

창의성은 새롭고 독특하며 유용한 것이라고 할 수 있다. 혁신에서 기업의 창의성은 조직상의 주요 필요조건이다. 기업의 창의성은 혁신을 위한 내부적 전제조건으로서, 작은 아이디어부터 근본적인 혁신에 이르기까지 무엇이든 새로운 것을 만들어낸다.

몇 년 동안 심리학자들은 창의성이 자유로운 방향 전환이고 여러 갈래로 나뉜 생각이며 브레인스토밍 현상이라고 강조해왔다. 창의성의 단계를 보면, 주의환기*attention-guided*, 집중하여 생각하기*convergent thinking*, 지적 몰두*brain focusing*의 프로세스로 구성되어 있다. 이러한 조직적인 단계가 없다면 창조적인 생각은 새롭고 독창적이기는 하겠지만 실제로 유용하지는 않다. 사실 창조적인 과정은 종종 집중하여 생각하기로부터 시작하는데, 이것은 나중의 분산적으로 생각하기*divergent-thinking* 계발 단계를 용이하게 하기 위한 분석적인 단계이다. 창조적 프로세스의 마지막 단계에서 또 다른 조직적 단계가 필요한데, 이는 그 아이디어가 얼마나 독창적인 것인지 판단하기 위해서이다.

혁신을 위한 창조적 프로세스의 이러한 이중적 성격을 찾아내는 것은 조직에서 할 만한 일이다. 매니저는 이것을 어떻게 할 수 있을까? 필자는 그 방법을 자세하게 설명한 책인《당신 자신의 차고를 만들어라 : 회사의 숨겨진 창조성을 해방시키기 위한 청사진과 도구(Build Your Own Garage : Blueprints and Tools to Unleash Your Company's Hidden Creativity)》를 공동 집필한 적이 있다. 이 책에서 필자들은 기업은 겉보기만으로는 양립할 수 없는 비즈(bizz, 기술)와 버즈(buzz, 가능성)를 합쳐야 한다고 제안했다. 비즈과 버즈는 모두 혁신이 일어날 수 있다는 것을 보장한다. 비즈는 기초적인 경영관리 규칙을 말한다. 즉 유효성이 입증된 절차이며 경영관리 행동의 원칙이다. 반대로 버즈는 흥분과 위험을 무릅쓰고 틀을 깨는 방식으로 생각하기 등 창조성을 자극하여 유발하는 분위기를 말한다.

구조적으로 경영자는 혁신프로젝트에 비즈와 버즈를 포함시켜야만 한다. 당신은 다른 부서출신으로 당신과는 다른 기술을 지닌 직원을 받아들이고, 성향이 다른 직원을 받아들여 상호간 보완이 가능한 프로젝트

팀을 구성할 수 있다. 프로젝트가 진행되는 동안 어느 때는 비즈를 선택하고 또 다른 때는 버즈를 택하는 등으로 혁신프로젝트를 이끌어도 좋다. 그리고 이 책에서 설명했던 창조적 통합이나 균형, 진동 등과 같은 확실한 긴장상태 해결수단을 사용할 수도 있다. 당신이 어떤 수단을 사용하든지 언제나 '비즈와 버즈'를 동시에 생각해야지 '비즈 또는 버즈'라고 따로따로 생각하면 안 된다!

박스 9.3에서는 브랜드경험을 디자인하고 고객 인터페이스를 구축하며, 지속적으로 혁신을 하기 위해 필요한 조직상의 필요조건을 어떻게 측정할 수 있는지 알려 준다. 그러나 그것보다 훨씬 더 중요하고 특별한 필요조건은 전체 조직에 두루 걸쳐 강력한 동기를 불어넣는 좀더 폭넓은 조직상의 필요조건이다. 바로 회사직원들의 경험에 대한 문제이다.

박스 9.3 내적자원 측정하기

고객가치와 고객경험을 측정하기 위해 측정기준을 개발하는 것처럼 또한 우리는 내적 자원과 그것의 다른 측면을 측정하기 위한 기준을 개발할 수 있다. 이 일은 조금 더 어려운 일이다.

내부정책 때문에 조직 안에서 '남몰래*behind the scene*' 하는 측정은 객관적이지 못하고 그래서 신뢰할 수 없는 것 같다. 경영컨설턴트들은 조직과 친해지고 난 후에야 회사를 평가할 수 있다.

경험 마케팅을 위해 우리는 마케팅 담당자를 인터뷰하고 구조화된 채점표에 그들의 업무와 행동을 기록한다. 이런 방법으로 우리는 마케팅이 제품중심이냐 경험중심이냐, 그리고 단편적인 계획인가, 통합적인 계획인가 등에 대해 평가할 수 있고 그 정도를 쉽게 이해하게 된다. 또한 '경험을 위한 인적자원관리'와 '경험 데이터베이스' '기업의 독창성'에 대해 측정하기 위해 비슷한 절차를 이용할 수 있다.

일단 이런 측정 기준을 개발하면 그 측정기준들을 그림 9.1에서 제시한 모델의 다른 두 단계인 고객경험과 고객가치와 연결할 수 있고 완전한 CEM 모델을 시험해볼 수 있다. 그 결과는 미래의 자원을 할당하는 데, 의사결정 과정에서 그리고 성과를 추정하는 데 사용할 수 있다.

직 원 경 험 의 개 선

대부분의 회사에서 직원들은 자신의 업무에 별로 신경을 쓰지 않는다. 800명의 직원을 무작위로 선정하여 진행된 갤럽*Gallup*조사에 따르면, 직원들 중 25%만이 자신들의 업무에 '적극적으로' 참여하고 나머지 75%는 적당히 일처리를 하는 것으로 나온 바 있다. 인적관리 전문가이며 미시간 대학교의 경영대학원 교수인 데이브 울리치*Dave Ulrich*는 '업무 중압감'이 증가하고 있음을 밝혀냈다. 직원이 업무에 중압감을 느끼는 상태에서 고객에게 훌륭한 경험을 전달할 수 있으리라 기대해서는 안 된다. 그러므로 울리치가 '직원의 기여도'라고 부르는 직원의 충성도는 사업 활성화에 중요한 열쇠를 쥐고 있다.

직원의 기여도는 중대한 비즈니스 이슈가 되었다. 더 적은 직원으로 더 많은 성과를 내려면 회사는 직원들의 육체적 건강뿐만 아니라 정신적 건강까지도 관심을 가져야만 했기 때문이다.

당신은 모든 직원들의 마음과 정신을 어떻게 사로잡을 수 있을까? 권한 부여, 도전적인 업무, 공동작업, 커뮤니케이션, 재미있게 일하기 등 인적관리 전문가들이 추천하는 방법을 따르면 훌륭한 시작이 될 것이다. 그러나 매니저들은 이보다 더 깊이 생각해야 한다.

위에서 추천한 것들은 더 나은 성과를 얻기 위해 필요한 특별 인센티브다. 이런 추천은 제품에 중점을 두고 있다. 즉 업무에 초점을 맞추고 있는 것이다. 인적관리 전문가들의 추천내용은 고객에게 중점을 두지 않고 있는 게 문제이다. 바로 직원들 말이다.

만약 직원들이 내부고객이라면 그들을 고객으로서 대하고 이 고객들이 원하는 것을 찾아야 한다. 시카고 대학교의 심리학과 교수이자 전前 학장이었던 미하이 칙센트미하이*Mihaly Csikszentmihalyi*는 사람들이 자신들의 일에서 원하는 것에 대한 흥미로운 연구를 몇 가지 한 바 있다. 그는 사람들이 업무를 몰입의 관점에서 경험하고 싶어 한다는 것을 알아냈다. 몰입이란 무엇인가? 그것은 일에 너무 열중하여 시간가는 줄 모를 때 사람들이 얻는 상태다. 그것은 과정에 전념하는 것과 같다. 몰입은 인생에 있어서 최적의 경험이고 즐거움이다. 그런 일이 일어날 때, 일은 일처럼 느껴지지 않고 일과 여가의 분리는 의미가 없어진다. 일과 여가는 하나가 된다. 즉 진정한 삶이 되는 것이다.

이제 직원들이 어떻게 그런 상태에 이르고 회사는 그 상태에서 직원들에게 어떤 도움을 줄 수 있을까? 권한 부여, 도전적인 업무, 공동작업 등이 역할을 한다. 이것들은 직원들이 업무중압감에서 벗어나도록 해 줄 수 있을 것 같다. 그런데 정말 권한 부여, 도전적인 업무, 공동작업 등이 직원들을 최고의 상태로 만들어줄까? 실제로는 그렇지 않다.

직원을 고객의 입장에 놓고 보상적인 직원경험을 만드는 것은 CEM 단계를 실행하는 것만큼이나 간단하다. 직원들이 진정으로 무엇을 원하는지 알아내려면 그들의 경험세계에 대해 배워야 할 뿐만 아니라 그들이 무엇을 바꾸고 싶어 하는지 물어보아야 한다. 직원들이 새로운 업무환경을 만들어내도록 해 주자.

또한 직원들이 브랜드에 참여하도록 만들어라. 브랜드와 그것이 그들에게 의미하는 것에 대해서 토의할 수 있는 내부 워크숍을 운영하라. 매일의 일상 업무와 개인적인 삶에서조차 회사의 브랜드를 생각할 수 있는 방법이 있는지 직원들이 제안하도록 만들어라.

직원 인터페이스에 대해서 생각해 보자. 직원들과 회사 사이에 과연 어떤 접촉과 상호작용이 있는가? 언제 그리고 어디에서 일어나는가? 어떻게 향상시킬 수 있을까?

혁신에 관해 직원들이 무언가를 제시하도록 만들어라. 회사는 R&D에 엄청난 돈을 쓰고 있다. 그러나 이것만으로는 충분하지 않다. 신제품을 개발할 때 유행과 고객들의 선호도에 관한 통찰력을 얻으려면 직원들에게도 눈을 돌려야 한다. 그들에게 아이디어가 있는지 물어보고 혁신을 만들어나가는 데 함께 참여시켜야 한다.

간단히 말해서 직원들을 내부 CEM 운동에 참여시켜야 한다. 직원과 회사 사이의 모든 접점을 포함하기 위해 회사의 접근법을 통합해야 한다. 직원들을 위한 전체적인 경험적 기반을 확립하라. 그리고 그들이 깨닫고, 느끼고, 생각하며, 행동하고 관계하도록 만들어라. 만약 당신이 직원들의 경험에 주의를 기울이면 그들은 더 즐겁게 일하고 생산적이며 혁신적인 구성원이 될 것이다.

꿈 같은 이야기인가? 그렇다. 유감스럽게도 오늘날 많은 기업들은 아직도 명령과 통제 시스템에 따라 움직인다. 최고경영진이 기업전략을 만든 다음 그 전략을 하부의 영업조직까지 강제로 확산시킨다. 그런데 시장에 대한 두려움이 지배하는 영업전선에서 그 전략이 얼마나 효과가 있을까? 경험을 파괴하는 이런 군대식 조직 모델로는 긍정적인 직원경험이 창조해낼 수 있는 혁신적이고도 가치창조적인 힘을 인지하는 데 실패할 수밖에 없다.

요약 CONCLUSION ⋯ 이 장에서는 완전한 CEM 모델을 구성하는 개념에 대해서 살펴보았다. 이 모델은 세 가지 조직적인 업무를 다룬다. 즉 고객가치의 관점에서 재무계획, 경험 마케팅, 경험을 위한 인적자원 관리, 경험 데이터베이스, 기업 창의성과 같은 조직상의 자원 할당, 그리고 직원경험의 강화다. 이 개념들은 고객의 경험을 관리하고 그 경험을 실제적인 결과 및 조직상의 자원에 연결시키는 데 유용하다. 앞의 장에서 설명한 CEM 이론과 함께, 완전한 CEM 모델은 이러한 접근법에 대한 유일한 해결책임을 보여준다. 다른 마케팅 이론 및 경영관리 이론과는 달리, CEM은 분석적이고 독창적이다. 그것은 전략과 실행에 관한 것이고, 기업의 내적 · 외적인 면 모두에 중점을 둔다.

감사의 글

많은 분들이 이 책을 쓰는 데 도움을 주었다. 닉 피터슨*Nick Peterson*은 여러 사례를 조사하기 위해 기업이나 기관 등을 찾아야 할 때마다 출입허가서를 받아 주었으며, 출판사와 연락을 취하거나 사진을 구하거나 편집해야 할 때 여러 모로 도움을 주었다. 동료 대학교수인 로라 브라운*Lau ra Brown*, 서닐 굽타*Sunil Gupta*, 클라우디아 라비아다*Claudia Laviada*, 데이브 메이어스*Dave Myers*, 데이비드 로저스*David Rogers*, 데이비드 서스맨 *David Sussman*에게 특별히 감사드린다.

존 와일리 앤 선즈*John Wiley & Sons* 출판사의 편집자 에어리 스튜어트 *Airie Stuart*에게도 감사의 말을 전하고 싶다.

이 책을 콜롬비아 비즈니스 스쿨의 교수였으며 임팩트 플래닝 그룹 *Impact Planning Group*의 공동설립자였던, 고故 빌 브랜트*Bill Brandt* 님께 헌정하고자 한다. 빌은 내가 이 책을 쓰는 도중에 운명을 달리하고 말았다. 그는 많은 이들에게 사랑을 받았는데 그가 준 친절함과 주위 사람들에 대한 아낌없는 후원 그리고 냉철한 직업의식 덕분이라고 생각한다. 그는 이 세상에 위대한 유산을 남겼다. '전 세계적으로 400개 이상의 기업이 어떻게 고객 지향, 시장 지향, 외부 지향적인 회사가 될 수 있을까' 하는 주제를 가지고 그에게 컨설팅을 받은 바 있다. 진정으로 헌신적이며 인간애로 충만했던 그는 나의 멘토이자 스승이었다.

| 지은이 소개 |

>> 번트 H. 슈미트 *BERND H. SCHMITT*

콜롬비아 비즈니스 스쿨의 마케팅 교수이자, 글로벌 브랜드 리더십 센터의 이사. EX 그룹의 CEO이자 컨설턴트로도 일하고 있는 그는 소니, 포드, 프록터 앤 갬블, 에스티 로더, 듀퐁, IBM 등 전 세계 유명 기업의 파트너로 활동하고 있다. 베스트셀러인《체험마케팅*Experiential Marketing : How to Get Customers to Sense, Feel, Think, Act, and Relate to Your Company and Brands*》이후 CEM이라는 새로운 분야를 개척하였다. 그에 관한 좀더 많은 정보를 알고 싶으면 인터넷 http://www.meetschmitt.com 을 클릭하면 된다.

| 옮긴이 소개 |

>> 정해동

경기도 양주에서 태어났으며, 경기고등학교, 중앙대학교 광고홍보학과를 나왔다. 같은 대학 신문방송대학원에서 석사 학위를, 미국 노스웨스턴대학에서 IMC학으로 석사 학위를 받았다. 나라기획, 메리트 커뮤니케이션즈, 엘지애드를 거쳐 현재는 데이터베이스를 활용하는 IMC회사인 커스토머 인사이트 대표이사로 재직 중이다.
《통합된 마케팅 커뮤니케이션-IMC》,《마케팅 PR》,《광고보다 빠른 세일즈 프로모션》등을 썼다.

>> 임도영

경기도 여주에서 태어났으며, 대원고등학교, 경희대학교 신문방송학과를 졸업했다. 같은 대학 언론정보대학원에서 언론학 석사를 받았으며, 코리아 리서치센터에서 조사연구원, Ogilvy One의 CRM 책임 컨설턴트 등을 거쳐 현재 커스토머 인사이트 책임컨설턴트로 재직 중이다.